kritik & *utopie* ist die politische Edition im mandelbaum *verlag*.
Darin finden sich theoretische Entwürfe ebenso wie Reflexionen aktueller sozialer Bewegungen, Originalausgaben und auch Übersetzungen fremdsprachiger Texte, populäre Sachbücher sowie akademische und außeruniversitäre wissenschaftliche Arbeiten.

Johanna Adickes
8. 9. 2022

BROT UND GESETZE BRECHEN

Christlicher Antimilitarismus auf der Anklagebank

herausgegeben von Jakob Frühmann
und Cristina Yurena Zerr

mandelbaum *kritik & utopie*

Gedruckt mit Unterstützung von

 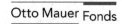

© mandelbaum *kritik* & *utopie*, wien, berlin 2021
alle Rechte vorbehalten

Lektorat: Elvira M. Gross
Satz: Kevin Mitrega
Umschlag: Martin Birkner
Illustrationen: Dan Burgevin
Druck: Primerate, Budapest

Inhaltsverzeichnis

7 Vorwörter

JAKOB FRÜHMANN, CRISTINA YURENA ZERR
15 Abrüstung von unten
Annäherung an ein radikales Christentum

ROSALIE G. RIEGLE
90 Widerstand gegen Atomwaffen
*Eine Einführung zur Pflugscharbewegung
aus US-amerikanischer Perspektive*

SEBASTIAN KALICHA
129 Direkte Aktion, ziviler Ungehorsam und gewaltfreier Widerstand in der antimilitaristischen Bewegung

Kings Bay
151 Zur Aktion in Kings Bay
159 Biographien der Aktivist*innen
163 Verteidigungsreden der Kings Bay Plowshares

Büchel
209 Zur Aktion in Büchel
212 Biographien der Aktivist*innen
215 Verteidigungsreden aus Büchel

278 Epilog

Wer ein Buch aufschlägt, öffnet eine Tür zu Begegnungen. Die Menschen, denen wir in diesem Buch begegnen dürfen, werden zukünftigen Geschichtsschreiber*innen als die wahrhaft Großen unserer Zeit gelten – größer als jene, die heute Schlagzeilen machen. Diese Behauptung stelle ich mit voller Überzeugung in den Raum.

Die Sterne der Pflugscharbewegung, die in diesem Buch aufleuchten, können uns auf dem Weg zum Überleben der Menschheit zu Leitsternen werden, denn dazu brauchen wir heute dreierlei, und das verkörpern diese oft ganz einfachen Menschen vorbildlich: *Einsicht*, *Betroffenheit* und tatkräftigen *Einsatz*. Sie sind also leuchtende Vorbilder in den drei Bereichen spiritueller Lebendigkeit: Denken, Fühlen und Wollen. Denken können wir zwar alle, aber nur hellwaches Denken wird durch die Information, die uns zur Verfügung steht, auch zur nüchternen Einsicht höchster Gefahr aufwachen. Auch fühlen können wir alle, aber nur ein lebendiges Fühlen wird der Einsicht der Gefahr im rechten Maß gewahr werden – zu viel wäre lähmend, zu wenig würde zur Untätigkeit verleiten. Gerade auf tatkräftigen Einsatz aber kommt es an, und dieser entspringt einem Wollen, das nicht Willkür ist, sondern willige Antwort auf die Herausforderung durch Einsicht und Betroffenheit.

Einsicht, wie sie diesem Buch zugrunde liegt, ist uns allen bekannt: »Der einzige Weg, den Atomkrieg auf lange Sicht zu verhindern, ist die völlige Beseitigung von Atomwaffen und ihre völkerrechtliche Ächtung.« Diese Formulierung stammt nicht von irgendeinem Träumer, sondern von General George Lee Butler, der in den Jahren 1991 bis 1993 Oberbefehlshaber des gesamten US-Atomraketenarsenals war. Sechzig Generäle und Admiräle weltweit schlossen sich seinem Aufruf zu totaler atomarer Abrüstung an, denn seine Einsicht entstammt der Erfahrung, die er so zusammenfasst:

> »Wir sind im Kalten Krieg dem atomaren Holocaust[1] nur durch eine Mischung von Sachverstand, Glück und göttlicher Fügung entgangen, und ich befürchte, das Letztere hatte den größten Anteil daran.«

Wie ist beim Anblick einer solchen Gefahr unsere Gleichgültigkeit überhaupt möglich? Kommt sie nicht totalem Wahnsinn gleich? Wir wissen uns von der Katastrophe nuklearer Selbstvernichtung unmittelbar bedroht – und wer es nicht weiß, kann im Internet jede Menge von Statistiken finden zum gegenwärtigen Stand unserer Vernichtungskapazität – wann aber werden wir bei all diesem Wissen endlich zur Einsicht kommen, wie bedrohlich unsere Lage ist?

Betroffenheit setzt gesundes und reifes menschliches Fühlen voraus. Joanna Macy, die mutiger als andere Menschen ihr Herz dem Leid der Natur öffnet und dadurch weltweit zur großen Lehrerin wachen Bewusstseins wurde, weiß, dass wir Be-

---

[1] Der Begriff »nuklearer Holocaust« wurde bereits 1961 von Erich Fromm im Aufsatz »Russia, Germany, China: Remarks on Foreign Policy« verwendet, um auf die Gefahr eines drohenden Atomkrieges hinzuweisen. In den 80er Jahren war er in der westlichen Friedensbewegung weit verbreitet. Obwohl sich der Begriff »Holocaust« erst im Verlauf der zweiten Hälfte des 20. Jahrhunderts sukzessive etablierte, scheint er den Herausgeber*innen aufgrund der heutigen Verwendung, die insbesondere im deutschsprachigen Raum eindeutig auf die Massenvernichtung im NS-Regime verweist, missverständlich und problematisch.

troffenheit geradezu zum Maßstab unseres Menschseins machen dürfen: »Wie viel Trauer, Schmerz und Wut wir fühlen, ist ein Maß für unsere Menschlichkeit und unsere evolutionäre Reife.« Das Ausmaß unserer täglich anwachsenden Gefährdung droht uns so sehr zu überwältigen, dass es niemanden wundern sollte, wenn wir spontan unsere Herzen verhärten. Joanna Macy aber warnt uns:

»Die Weigerung zu fühlen, fordert einen hohen Preis. Sie führt nicht nur zur Verarmung unseres Lebens – Blumen werden blasser und verlieren ihren Duft, unsere Liebe verliert ihre Leidenschaft –, sondern diese psychische Betäubung behindert auch unsere Fähigkeit, Informationen zu verarbeiten und darauf zu reagieren. Die Energie, die wir aufwenden, um Verzweiflung zu unterdrücken, wird von kreativerem Einsatz abgelenkt; unsere Widerstandsfähigkeit nimmt ab, unsere Phantasie, die wir für neue Visionen und Strategien dringend brauchen, verblasst.«

Kurz gesagt: Wir können uns Abstumpfung nicht leisten. Der Preis ist zu hoch. Es geht um unser aller Überleben. Wer von dieser Einsicht zutiefst betroffen ist, wird sich mit allen Mitteln gegen die Gefahr einsetzen wollen.

Einsatz darf nicht davon abhängen, dass uns das Ziel erreichbar erscheint.

»Wir sind aufgerufen, gewaltfrei zu leben, auch wenn die Veränderung, für die wir uns einsetzen, unmöglich erscheint«, sagt der Jesuit Daniel Berrigan, einer der Großen in der Pflugscharbewegung. Veränderung kann möglich sein, auch wenn sie noch so unmöglich erscheint, erfordert aber unseren Einsatz. Eines spricht jedenfalls für den Versuch, durch Gewaltfreiheit unsere Ausrichtung auf Selbstzerstörung umzukehren, meint Berrigan, nämlich »die völlige Unfähigkeit von Gewalt, etwas zum Besseren zu verändern«. Einsatz ist ja nicht Anstrengung unserer Willensgewalt, sondern einfach wache Antwort auf das, was das Leben uns Augenblick für Augenblick entgegenbringt. Dazu nochmals Joanna Macy:

> »Einsatz ist keine Last, die geschultert und herumgeschleppt werden muss, sondern etwas, das wir sind. Die Arbeit, die wir tun müssen, dürfen wir einfach als gelebte Lebendigkeit verstehen. Es ist mehr als ein moralischer Imperativ, es ist ein Erwachen unserer wahren Natur, eine Freisetzung unserer Gaben.«

Sie träumt:

> »Zukünftige Generationen, wenn die Welt ihnen noch Lebensmöglichkeit bietet, werden auf die heutige epochale Verwandlung zu einer lebensbehütenden Gesellschaft zurückblicken, und sie vielleicht ›die große Wende‹ nennen.«

Ob dieser Traum von der »großen Wende« Wirklichkeit wird, hängt von uns ab, von Dir und mir. Im 5. Buch Mose (30,19) heißt es: »Leben und Tod lege ich dir vor, Segen und Fluch. Wähle das Leben!« Ist das nicht eine völlig überflüssige Aufforderung? Wer würde denn nicht Segen und Leben wählen? Die Antwort lautet leider: Wir selber sind es; wir wählen den Fluch der Atomwaffen und den Tod, den sie bringen – einfach durch unsere Untätigkeit, einfach dadurch, dass unser Denken, Fühlen und Wollen schon jetzt halb tot sind. Das große Geschenk dieses Buches ist es, dass die Begegnung mit Menschen der Pflugscharbewegung in ihrer Lebendigkeit auch uns beleben und aufwecken kann. Vielleicht werden nur wenige ihnen in voller Radikalität nacheifern können, aber ihre Einsicht und Betroffenheit können wir uns alle zu eigen machen. Daraus wird dann ganz organisch ein Einsatz entspringen, der – unseren eigenen Lebensumständen entsprechend – Wagemut mit Sanftmut verbindet. Etwa immer wieder in Gesprächen auf den verbrecherischen Wahnsinn von Nuklearwaffen hinzuweisen, ist eine Aufgabe, die wir alle erfüllen können.

Es ist dies ein Buch, das etwas von uns verlangt. Die inspirierenden Zeitgenossen, denen wir darin begegnen, machen uns aber auch Mut zum persönlichen Einsatz. »Die große Wende« ist nicht nur notwendig, sie ist möglich. Und Du kannst entscheidend dazu beitragen – ja, Du. Wer sonst? Das ist die ernste Herausforderung dieses Buches, aber auch sein freudiges Versprechen.

David Steindl-Rast OSB
Oktober 2020

www.dankbar-leben.org

> *»An Dutzenden von Orten weltweit – in Raketensilos, die in unserer Erde eingegraben sind, auf U-Booten, die durch unsere Ozeane navigieren, und an Bord von Flugzeugen, die hoch oben an unserem Himmel fliegen – gibt es 15 000 Objekte, die die Menschheit zerstören können.*
>
> *Vielleicht ist es die Ungeheuerlichkeit dieser Tatsache, vielleicht auch das unvorstellbare Ausmaß der Folgen, was viele dazu bringt, diese düstere Realität einfach zu akzeptieren. Die ihr tägliches Leben führen wollen, ohne an diese Instrumente des Wahnsinns um uns herum zu denken. Doch es ist Wahnsinn, wenn wir zulassen, dass diese Waffen uns regieren.«*

Mit diesen Worten leitete Beatrice Fihn als Laudatorin für ICAN – der Internationalen Kampagne zur Abschaffung von Nuklearwaffen – ihre Rede bei der Verleihung des Friedensnobelpreises an ICAN in Oslo 2017 ein.

Atomwaffen sind eine globale Gefahr und eine der großen Krisen der Menschheit. Die katastrophalen Konsequenzen von Nuklearwaffen übersteigen die Vorstellungskraft von uns allen. Dennoch sind die 13 400 Atomwaffen weltweit eine reale Gefahr – für uns alle und nicht nur für jene, die Atomwaffen besitzen. Darauf müssen wir aufmerksam machen und etwas dagegen tun – wir alle.

Weltweit gibt es an tausenden Orten Menschen, die sich einen Gegenentwurf vorstellen können: eine Welt frei von Atomwaffen. Sie arbeiten daran, diese Welt zu verwirklichen.

ICAN als internationale Kampagnenkoalition hat sich bei ihrer Gründung im Jahr 2007 zum Ziel gesetzt, als Plattform für die Zivilgesellschaft zu fungieren und an der Abschaffung von Nuklearwaffen zu arbeiten. Eine Kampagne engagierter Menschen, Aktivist*innen und Organisationen, die aus den unterschiedlichsten Hintergründen und Richtungen kommen und mit verschiedenen Mitteln in der Friedensarbeit aktiv sind. Gemeinsam gehen wir als ICAN Schritte in die erhoffte Zukunft – eine tagtägliche Herausforderung für alle unermüdlichen Aktivist*innen auf der ganzen Welt.

Als Höhepunkt unserer Bewegung wurde 2017 durch unser Engagement ein Schritt von der Theorie zur Praxis vollzogen, als 122 Nationen einen UN-Vertrag aushandelten und verabschiedeten, um diese Atomwaffen zu verbieten.

Damit sind Demokratie und Mitbestimmung in das Feld der nuklearen Abrüstung angekommen. Mutige Vorreiterstaaten, darunter Österreich und vor allem Staaten aus dem Globalen Süden, haben sich gegen die »großen« Nationen aufgelehnt und gemeinsam mit einer global vernetzten Zivilgesellschaft den Verbotsvertrag von Nuklearwaffen Wirklichkeit werden lassen.

Die Empörung über den Wahnsinn, den Nuklearwaffen darstellen, wie es Beatrice Fihn benannt hat, stand am Anfang des Erkämpfens einer Rolle der Zivilgesellschaft an den Verhandlungen. Beginnend bei indigenen Gruppen, die Opfer von Nukleartests wurden, und den Hibakusha, den Überlebenden von Hiroshima und Nagasaki, bis zu den heutigen Aktionen gegen Nuklearwaffen war und ist ziviler Ungehorsam Bestandteil der Methoden.

Ergänzt durch klassischen politischen Lobbyismus und Advocacy-Arbeit haben es ICAN und ihre vielen Partnerorganisationen geschafft, an der Ausgestaltung des Atomwaffenverbotsvertrag maßgeblich mitzuwirken. Der Mut und die Kraft, die ziviler Ungehorsam erfordert, halfen dabei, das erforderliche Auswirken auf Regierungen zu bewerkstelligen und auf multilaterale Prozesse positiv einzuwirken.

Das Buch *Brot und Gesetze brechen* ist ein anregender und diskussionswürdiger Beitrag, um die Abrüstungsbewegung kennenzulernen und zu begreifen, dass diese und der vollbrachte Verbotsvertrag von Nuklearwaffen nur denkbar sind, da wir auf den Schultern von so vielen stehen, die den Status quo nicht anerkennen.

Direkte Aktionen, Abrüstung von unten und starke Symbole bereichern einen vielseitigen Kampf. Teil der Friedensbewegung und antimilitaristischer Aktionen waren immer auch Christ*innen; nicht selten führte sie deren Überzeugung, sich für eine gewaltfreie Welt einzusetzen, auch ins Gefängnis. Die hier vorgestellten Aktionen und Verteidigungsreden von Aktivist*innen in Europa und den USA verdeutlichen das beeindruckende, konsequente und langjährige Engagement auf dem Weg in eine atomwaffenfreie Welt.

Nadja Schmidt, Obfrau ICAN Austria
Februar 2021

www.icanw.org

JAKOB FRÜHMANN, CRISTINA YURENA ZERR

Abrüstung von unten

Annäherung an ein radikales Christentum

Kurz vor der Festnahme ist der Wachhabende einfach auf uns zugegangen. Er war nicht bewaffnet. Er hat nicht geschrien. Er wusste, wer wir waren. Er wusste, was wir waren, was wir vorhatten. Friedensaktivisten, gewaltfreie Friedensaktivistinnen. Wir saßen da. Wir lasen unsere Erklärung vor. Wir lasen in der Bibel. Wir haben gebetet. Wir saßen einfach da und warteten. Er kommt auf uns zu und sagt: »Ihr merkt schon, dass ihr hier in Schwierigkeiten steckt, oder?« (Hennessy 2020)

Die drei Frauen, eine über achtzig, zwei über sechzig und vier Männer in ähnlichem Alter bleiben in Anbetracht der angedrohten Schwierigkeiten gefasst. Die Festnahme dauert bloß einige Momente, doch hierher getrieben hat die sieben eine Unruhe, die sie seit Jahrzehnten begleitet. Ähnlich wie jene, die vor der Klimakatastrophe warnen und sich gegen die vorherrschende Politik stemmen, leisten die sieben gegen globale Aufrüstung und eine Atomkatastrophe Widerstand. Es sind nur wenige, die auf die Gewalt von nuklearen Waffen aufmerksam machen und sich dagegen wehren – Abrüstung, Antimilitarismus und Frieden sind vor dem Hintergrund anderer Krisen und einer abgeschotteten Wohlstandsgesellschaft ein Randthema. Die Unvorstellbarkeit der finanziellen Ausgaben, die Unbegreiflichkeit der

Gefahren und die Unsichtbarkeit der Produktion von Atomwaffen mögen ein Grund dafür sein, warum der Protest so klein ausfällt oder überhaupt kein Thema ist.

Dennoch machen sich im Angesicht von tosenden Feuern einige wenige daran, mit Eimern zu löschen. Es ist ein schier aussichtsloser Kampf, doch eines ist klar: Wir setzen uns gegen das Feuer zur Wehr! Und vor allem wird laut gerufen: Es brennt! Die Feuerwehr spielen oft Menschen fortgeschrittenen Alters, nur vereinzelt sind auch Jugendliche dabei. Ihr Eimer Wasser ist ein Bolzenschneider, mit dem sie Militärgelände betreten, ihr Wasserschlauch ein Hammer, um Atomwaffen symbolisch abzurüsten, ihre Löschkommandos Gebete und Gesang. Ähnlich wie beim Klimakollaps droht bei einer nuklearen Katastrophe ein Omnizid – die Auslöschung der Menschheit. Im Vergleich zum Kampf um Klimagerechtigkeit ist es jedoch nur eine Handvoll Leute, die auf diese Brände aufmerksam macht und dagegen Widerstand leistet. Von einigen dieser Menschen berichtet vorliegender Band. Einer derjenigen, der vehement darauf aufmerksam macht und das Thema auch zur Klimakrise ins Verhältnis setzt, ist Noam Chomsky. Im Gespräch mit dem kroatischen Philosophen Srećko Horvat betont er, dass die Menschheit zwei wesentlichen Bedrohungen gegenübersteht: einem Nuklearkrieg und der globalen Erwärmung: »Beide Bedrohungen können bewältigt werden, aber es bleibt nicht viel Zeit. […] Wenn wir das nicht tun, sterben wir.« (Chomsky 2020)

Warum verfallen wir angesichts dieser Diagnose nicht in Panik? Wo sind die Massen, die in Anbetracht globaler und nuklearer Aufrüstung protestieren? Warum erfahren Organisationen wie etwa ICAN (*International Campaign to Abolish Nuclear Weapons*), Trägerin des Friedensnobelpreises von 2017, keine breitere Öffentlichkeit? Diese Frage mögen an anderer

Stelle eingehender geklärt werden; was dieses Buch versucht, ist: von jenen Menschen zu erzählen, die wie viele andere daran arbeiten und darum kämpfen, dass Staaten abrüsten, (Nuklear-)Waffen der Vergangenheit angehören und Kriege gebannt werden – mittels radikalen zivilen Ungehorsams.

Einer der Arbeitstitel dieses Buches lautete »Schwerter zu Pflugscharen«. Erste Meinungen dazu holten wir direkt im Gespräch mit den anwesenden Personen im Mandelbaum Verlag ein. »In Österreich kennt das niemand, das war eine deutsche Angelegenheit.« »Der ist zu jung, den braucht ihr gar nicht erst zu fragen.« »Echt, das hat was mit der Bibel zu tun?« Das waren einige der Antworten, die bereits skizzieren, woran sich vorliegender Band abarbeiten möchte. Es ist nicht einfach, in zugänglicher und kritischer Form über die Frage von Gewalt und Frieden zu schreiben – ein polarisiertes Feld quer durch alle politischen Lager liegt vor uns. Gleichzeitig scheint es so einfach zu sein, wehrt sich doch kein Mensch ernsthaft gegen den Gedanken, in Frieden leben zu wollen.

Die pazifistische Vorreiterin Bertha von Suttner, antimilitaristische Gruppen in der Zwischenkriegszeit, das antifaschistische »Nie wieder Krieg!«, die 68er, die Friedensbewegung in der DDR und BRD – nur wenige Schlagwörter, die die Vielfalt und Geschichte pazifistischer Kämpfe im deutschsprachigen Raum und auch darüber hinaus umreißen. Dass es in der Gegenwart weder in der bürgerlichen Mitte noch am linken Rand, weder in der Kirche als Institution noch an deren befreiungstheologischen Rändern eine substantielle, das heißt durchgreifende und mobilisierende, Bewegung zur Abrüstung gibt, macht stutzig und ist besorgniserregend zugleich. Weder formiert sich unter bürgerlichen Vorzeichen eine Friedensbewegung, noch ein lauter Antimilitarismus in linken Kreisen. Die

Gründe dafür sind wohl mannigfaltig. Die Ablösung der Friedensbestrebungen durch das Vertrauen in den heute dominierenden Sicherheitsdiskurs – auch auf geopolitischer und globaler Ebene – und in die dazugehörigen Institutionen mögen eine Ursache hierfür sein, der Fokus auf die Herausforderungen rund um Migration und die ökologische Krise ein anderer. Selbst in Hoffnungsprojekten der Linken wie bei den Zapatistas in Mexiko oder im kurdischen Rojava scheint die Legitimität von Gewaltanwendung kaum eine Frage zu sein. Diese zwei Spitzen einer ganzen Reihe von Bewegungen begehren gegen autoritäre Zentralregierungen auf, die indigene Gruppen und Minderheiten unterdrücken und mit massiver Gewalt fremdbestimmen, oft auch in bewaffneter Aktion und Reaktion. Im selben Atemzug sei die Vielfalt dieser und vieler anderer sozialer Bewegungen erwähnt, die seit Jahrzehnten auch im gewaltfreien Widerstand agieren, oft unter unvorstellbaren Entbehrungen.

Selbst wenn über die Frage der Gewalt in Fülle debattiert wurde, halten wir es für notwendig und bereichernd, Impulse eines im gegenwärtigen und deutschsprachigen Raum nahezu unbekannten Kampfes zu präsentieren, die irritieren und zugleich Hoffnung geben können. Das bedeutet einerseits, ein in der Linken aus der Mode gekommenes Wort zu diskutieren – Frieden. Andererseits heißt das, einen ungebräuchlicheren Begriff – Antimilitarismus – starkzumachen. Hintergrund hierfür ist ein nicht minder unterbeleuchtetes Feld, nämlich jenes der globalen und nuklearen Aufrüstung.

Das Verhältnis der Kirche zur Linken ist facettenreich und mit vielen Hypotheken belastet. Dennoch boten unterschiedliche Strömungen Momente des vereinten Aufbegehrens für eine andere Welt im Hier und Jetzt, etwa die Christ*innen für den Sozialismus in Deutschland oder die Befreiungstheologien in Lateinamerika und in einigen weiteren Ländern des Globalen Südens. Deren Praxen waren und sind theoretisch fundiert, wenn auch oft in unterschiedlichen Sprachen geschrieben: Globale Ausbeutungsverhältnisse und eine imperiale Lebensweise[1] als Strukturen der Sünde[2], die Revolution als Reich Gottes, ein messianisches Denken als Kampf für Gerechtigkeit im Hier und Jetzt.

Kern dieses Buches sind Verteidigungsreden, die auf den ersten Blick ebenso wie die Taten, welche sie zu legitimieren versuchen, unterschiedlich wahrgenommen werden können. Verrückt? Verzweifelt? Überzeugt und konsequent? Es sind einige Dutzend Menschen, die von Weltfrieden sprechen, ein paar Zäune kaputt machen und sich manchmal einer beinahe anachronistisch anmutenden religiösen Sprache bedienen. In Anbetracht des Nuklearkomplexes und der globalen Rüstungsindustrie nicht lächerlich? Und werden so nicht Spiritualität und Politik auf unerhörte Weise vermengt? Er bleibt das Grundproblem, inwiefern religiös motiviertes Engagement und eine ebensolche Sprache heute Fernstehenden vermittelt werden kann. Wir versuchen dennoch Übersetzungsarbeit zu leisten. Die auch

---

[1] Dieser Begriff wurde von Ulrich Brand und Markus Wissen (2017) in die Debatte eingeführt und beschreibt eine Produktions- und Konsumweise des globalen Nordens, die auf der Ausbeutung von Ressourcen und Arbeitskraft in der restlichen Welt beruhen.

[2] In der Befreiungstheologie wurde dieser Begriff zentral, um von einem individualistischen und moralistischen Sündenverständnis loszukommen und Situationen und Strukturen der Unfreiheit zu benennen. So erhalten kulturelle und institutionalisierte Dimensionen von Gewalt, das heißt Ausbeutungsmechanismen des globalen Kapitalismus und Patriarchats, theologischen Ausdruck. Dementsprechend wird nicht bloß persönliche Umkehr, sondern vor allem ein radikales Ändern der Verhältnisse gefordert.

hierzulande laut nach der Trennung von Staat und Kirche Rufenden können wohl nur ihre Köpfe schütteln oder vielleicht lachen in Anbetracht dieser Handvoll Radikalen. Auf die oftmals vulgäre Kritik gegenüber einer politischen Theologie will hier gar nicht erst reagiert, vielmehr auf jene Traditionen verwiesen werden, welche in religiösen Erzählungen Präfigurationen politischer Befreiung lesen und in den gesellschaftlichen Verhältnissen transzendente Verweise erkennen. Die Rede von einer apolitischen Theologie oder Kirche ist aus einer solchen Perspektive eine ebensolche Mär, wie die phrasenhafte Forderung, das Religiöse ins Private zu verbannen, fragwürdig erscheint.

Vorliegende Texte sind ein starkes Zeugnis wider diese Vorstellung und knüpfen an den Gedanken an, dass zwischen Mystik und Widerstand ein Zusammenhang besteht. In den Taten und den Reden manifestiert sich Ähnliches, wie es die feministische Befreiungstheologin Dorothee Sölle in einem Brief an den Revolutionär, Dichter und Priester Ernesto Cardenal ausgedrückt hat: »Du hast sie beieinander gelassen: Religion, Politik und Liebe.«

Doch was bedeutet das konkret?, wird eingewendet werden. Fallen wir so nicht einer Rhetorik anheim, die, religiös überhöht, fernab realpolitischer Realität agiert?

In Anbetracht des performativen Charakters vieler Pflugscharaktionen oder des Symbolismus, dessen sich diese bedienen, drängen sich Fragen auf: Gehen diese Menschen nicht zu weit? Oder: Was bringt eine solche Aktion? Verfehlt ihre Strategie nicht ihr Anliegen? Solche Fragen stellt auch Kristen Tobey in ihrem Buch *Plowshares. Protest, Performance and Religious Identity in the Nuclear Age*. Glauben die Aktivist*innen, dass ihr Protest tatsächlich Sinn macht? Hier könne relativ einfach mit *Ja* geantwortet werden. Komplexer sei die Antwort auf die Frage, *inwieweit* dies der Fall ist, denn die Pflugscharaktionen gehen aus

> »von einer sakramentalen, liturgischen Weltanschauung, die mit sich überlappenden Ebenen politischer, metaphysischer und sozialer Wirksamkeit spielt. Die Ergebnisse einer Pflugscharaktion oder eines Gerichtsprozesses finden nicht nur auf einer symbolischen Ebene statt, sondern auch in sozialen Räumen, die mit Kritiker*innen und Unterstützer*innen gleichermaßen geteilt wird, und zwar durch Praktiken, die erkennbare Auswirkungen auf die größere Gemeinschaft haben, deren religiöse Welten ihre Taten, Worte, Überzeugungen und Engagement […] generieren«. (Tobey 2016: 19, Übersetzung JF)

Ivan Illich, prophetischer Denker und schonungsloser Kritiker der Institutionalisierung des Christentums, dessen ureigene Botschaft er als korrumpiert und in der Folge als pervertiert betrachtete, attestiert dem Kern des Christlichen etwas Närrisches. Die hier vorgestellten Aktionen und überwiegend christlichen Aktivist*innen entsprechen dem vielleicht: Sie verrücken nicht nur Konventionen und eine hegemonial gewordene Perspektive auf die Frage von Staatlichkeit, Gesetz und Gewalt, sondern rütteln auch an der Frage, welche Art von Widerstand angebracht ist und was Frömmigkeit bedeuten kann. Oder, wie der Jesuitenpriester Daniel Berrigan es formulierte: »Fromme Menschen werden mehr als fromm, sie werden Menschen.« (Berrigan 1972: 113)

Die eingangs genannten Personen sind Teil der *Kings Bay Plowshares 7*, die mit ihrem Einbruch in eine der wichtigsten US-Stützpunkte für Atomwaffen gegen ebendiese protestierten. Aufgrund der Aktion drohten ihnen bis zu 21 Jahre Haft. Andere Aktivist*innen folgten einer ähnlichen Stoßrichtung, indem sie auf die Stationierung von US-Atomwaffen in Deutschland aufmerksam machen wollten. Wenngleich die nun verhängten Haftstrafen geringer ausgefallen sind und kein großer öffentlicher Aufschrei erfolgt ist, werden deren beeindruckende Zeugnisse hier vorgestellt.

Einem Überblick zur rüstungspolitischen Gegenwart folgt eine Hinführung zur Catholic-Worker-Bewegung und dem damit verbundenen christlichen Anarchismus. Im Anschluss daran wird die Pflugscharbewegung, um die es in dem Buch vornehmlich geht, jener der DDR gegenübergestellt, um dann die biblischen Textstellen, auf die sich beide bezogen und beziehen, genauer zu beleuchten. Vor diesem Hintergrund folgen einige Überlegungen zum Verhältnis von Religion und Politik; abschließend wird ein Ausblick auf die abgedruckten Verteidigungsreden gegeben. Zu deren Auswahl einige Bemerkungen: Obwohl nicht Teil der porträtierten Bewegungen, kennen die Herausgeber*innen viele der vorgestellten Aktivist*innen persönlich und zeigen sich hinsichtlich ihres Aktivismus solidarisch. Es könnte viel über Menschen und Gruppen, die in ähnlicher Absicht und mit ähnlichen Zugängen antimilitaristisch agieren, geschrieben werden – dennoch fiel die Wahl exemplarisch auf diese zwei konkreten Aktionen und Aktivist*innen. Rosalie Riegle ergänzt die Reden aus einer US-amerikanischen und der Pflugscharbewegung sehr nahestehenden Perspektive, Sebastian Kalicha gibt eine analytische Einordnung dieser und ähnlicher Aktionen in das Spektrum gewaltfreier Aktion. Sämtliche Zeichnungen im Buch entstanden während des Gerichtsprozesses zur *Kings Bay 7* Pflugscharaktion. Sie wurden von Dan Burgevin angefertigt.

Zur rüstungspolitischen Gegenwart

Innerhalb der heutigen neun nuklearen Mächte gibt es eine erhebliche Differenz in Bezug auf den legalen Status und die Anzahl nuklearer Sprengköpfe. So entfallen etwa 92 Prozent aller Sprengköpfe auf die USA und Russland; China, Großbritannien, Frankreich folgen in Bezug auf die Quantität abgeschlagen, sind aber ebenso offizielle Atommächte und Teil des Atomwaffensperrvertrags NPT (*Non-Proliferation Treaty*); Indien, Pakistan und Nordkorea sind nicht Teil desselben, bezeichnen sich aber als Atommacht. Israel kommentiert sein Atomwaffenprogramm nicht, betreibt aber laut SIPRI (*Stockholm International Peace Research Institute*) und anderen Angaben ein solches. Obwohl von den rund 70 000 Sprengköpfen der 1980er Jahre nur noch ein Fünftel (etwa 13 400; SIPRI 2020a) übrig ist, geht die quantitative Abrüstung mit einer qualitativen Aufrüstung einher, etwa in Bezug auf Sprengkraft und Zielgenauigkeit (Roithner 2020: 100). Zwar feiert die zivile Antinuklearbewegung Erfolge – wie etwa die Inkraftsetzung des Atomwaffenverbotsvertrags (*Treaty on the Prohibition of Nuclear Weapons* – TPNW) am 22. Januar 2021, welcher Entwicklung, Produktion, Test, Erwerb, Lagerung, Transport, Stationierung und Einsatz von Kernwaffen sowie die Drohung damit verbietet. Der Vertrag wurde bis dato allerdings nur von 51 Ländern ratifiziert, in Europa vom Vatikan, San Marino, Malta, Irland und Österreich. Mit dieser breiten zivilen Kampagne und dem Vertrag wird den Verboten von Biowaffen (1972), Chemiewaffen (1993), Landminen (1997) und Streumunition (2008) gefolgt. Gleichzeitig ist zu beobachten, dass bestehende Nukleararverträge obsolet werden, Erneuerung nicht stattfinden kann oder überhaupt aus Abkommen ausgetreten wird: Neu entwickelte Atomwaffen, welche die alten ersetzen sollen, haben eine zu erwartende Lebensdauer bis in die 2080er Jahre, womit die nukleare Abrüstung, die laut dem jetzt schon 50 Jahre alten Atomwaffensperrvertrag das Ziel ist, weiter hinausgeschoben wird. Gleichzeitig stieg etwa die USA 2019 aus dem Vertrag über nukleare Mittelstreckensysteme INF (*Intermediate Range Nuclear Forces Treaty*) aus. Diese Vereinbarung sah vor, alle landgestützten Flugkörper mit einer Reichweite zwischen 500 und 5500 Kilometer abzurüsten. Der bilaterale START-II- (*Strategic Arms Reduction Treaty*)-Vertrag zwischen den USA und Russland wäre im Februar 2021 aufgrund der Politik von Donald Trump ausgelaufen. Eine Einigung zwischen dem neuen Präsidenten Joseph Biden und Wladimir Putin konnte jedoch in letzter Minute erzielt werden, sodass der Vertrag um weitere fünf Jahre Gültigkeit hat. Gleichzeitig beunruhigen weitere Entwicklungen rund um das vollkommen intransparente Atomwaffenprogramm Nordkoreas. Aus dem Atomabkommen des Jahres 2015 mit dem Iran haben sich die USA 2018 zurückgezogen. Obwohl der Iran weiterhin beteuert, der Vertrag habe Gültigkeit, wird gleichzeitig betont, sich nicht mehr an die darin festgelegten Begrenzungen halten zu wollen. Anfang 2021 gab es erneut Berichte, dass der Iran daran arbeitet, hochangereichertes Uran herzustellen, welches für Atombomben vonnöten ist.

Allerdings betrifft die Diskussion um nukleare Aufrüstung nicht nur jene Staaten, die selbst Atomwaffen besitzen oder ein Atomwaffenprogramm anstreben. So lagern etwa insgesamt 150 US-Atombomben in Deutschland, Italien, Belgien, den Niederlanden und der Türkei – und sind damit nicht bloß ein Relikt des Kalten Krieges, sondern Gegenstand aktueller Sicherheitspolitik. In Deutschland wird weiterhin darüber debattiert, ob die nukleare Teilhabe verlängert wird; diese sieht vor, dass Länder wie etwa Deutschland am Atomwaffenprogramm der USA partizipieren. Zwar bleiben Letzteren die Codes zum Scharfmachen der Bomben vorbehalten, allerdings wären es deutsche Soldat*innen, welche den Abwurf der Atombomben zu erledigen hätten. Dieses Szenario eines Atomkrieges, in dem die deutsche Luftwaffe aktiv ist, wird auch in Büchel trainiert. Für die Lagerung auf deutschem Boden und die militärische Kooperation darf umgekehrt Deutschland am Abschreckungsangebot der USA teilhaben. Deutsche Politiker*innen argumentieren darüber hinaus, dass es der deutschen Regierung nur so möglich bleibt, im NATO-Gremium der Nuklearen Planungsgruppe mitreden zu können. Hans Kristensen, Experte für Atomwaffen und Direktor des *Nuclear Information Projects* bei der *Federation of American Scientists* in Washington meint, das deutsche Verteidigungsministerium glaube, so die USA und deren Nuklearpolitik beeinflussen zu können: »Soweit ich das beurteilen kann, ist das eine völlige Fantasie.« (Werkhäuser/Conrad 2020) Obwohl der Bundestag bereits 2010 die Bundesregierung aufgefordert hatte, sich für den Abzug der US-Atomwaffen aus Deutschland einzusetzen, ist bis dato nichts passiert – auch wenn 2020 etwas Bewegung aufgekommen ist und eine bundesweite Debatte über die »Zeitgemäßheit« der nuklearen Teilhabe aufgekommen ist. Dass dabei seit 45 Jahren gegen den von Deutschland unterzeichneten Atomwaffensperrvertrag verstoßen wird, war weniger Gegenstand der Debatte. Kirchliche Vertreter*innen und ihr nahestehende Organisationen wie Pax Christi oder der Versöhnungsbund versuchen in Deutschland seit Jahren ebenso Widerstand zu leisten wie säkulare Friedensinitiativen und antimilitaristische Gruppen. Parteipolitisch positioniert sich neben der Linken in jüngster Zeit auch teilweise die SPD, welche die Frage zum Wahlkampfthema machen will. Auch die Corona-Pandemie führt dazu, die nukleare Teilhabe und die zunächst kolportierten, dann relativierten Absichten Deutschlands, die alten Tornado-Flugzeuge durch neue F-18-Bomber zu ersetzen, infrage zu stellen. So postet Angelika Claussen, Psychiaterin und Vizepräsidentin der Internationalen Ärzte für die Verhütung eines Atomkrieges, im Juli 2020:

> »Ein bedeutender militärischer Aufbau in Zeiten der Corona-Pandemie wird von der deutschen Öffentlichkeit als Skandal empfunden […] 45 nukleare F-18-Bomber zu kaufen bedeutet, etwa 7,5 Mrd. Euro auszugeben. Für diese Menge Geld könnte man 25 000 Ärzte und 60 000 Pflegekräfte im Jahr bezahlen, 100 000 Intensivbetten und 30 000 Beatmungsgeräte kaufen.« (Claussen 2020)

Deutschland vollzog eine massive Steigerung der Rüstungsausgaben vom Jahr 2018 auf das Jahr 2019 um ganze 10 Prozent. Einer der Gründe für diese Aufrüstung ist wohl ein Beschluss der NATO aus dem Jahr 2014, der besagt, dass sich alle Mitgliedstaaten innerhalb von zehn Jahren dem Ziel annähern sollen, 2 Prozent ihres Bruttoinlandsprodukts (BIP) für Verteidigung auszugeben. Dennoch erfüllt Deutschland mit 1,3 Prozent des BIP diese Forderung nicht. Die Ausgaben Österreichs für militärische Belange liegen 2019 bei 0,7 Prozent des BIP oder 2,8 Milliarden Euro pro Jahr (SIPRI 2020b). Global betrachtet sind die Rüstungsausgaben enorm und steigen konstant. Im Jahrbuch von SIPRI (2020a) wird errechnet, dass sich die globalen Rüstungsausgaben für das Jahr 2019 auf 1917 Milliarden US-Dollar belaufen. Das entspricht 2,2 Prozent des weltweiten Bruttoinlandsprodukts und käme umgerechnet auf 249 US-Dollar für jede*n Erdbürger*in. Die Ausgaben betragen 3,6 Prozent mehr als im Vorjahr 2018 und 7,2 Prozent mehr als im Vergleich zum Jahr 2010. Für nukleare Aufrüstung wurde im Jahr 2019 um 7,1 Milliarden US-Dollar mehr als im Jahr davor ausgegeben, nämlich 72,9 Milliarden US-Dollar – was 138 699 US-Dollar pro Minute entspricht (ICAN 2020). Um mit einem einfachen Bild zu sprechen: Die neuen B61-12-Bomben mit nuklearen Sprengköpfen, die unter anderem im deutschen Büchel gelagert werden sollen, sind mehr wert als ihr Gewicht in Gold (Loehrke 2012) – es sind die teuersten nuklearen Sprengköpfe in der Geschichte der USA. Diese 400 neuen Atombomben sollen in den fünf Ländern Europas (Deutschland, Italien, Belgien, Niederlande und Türkei) die dort lagernden alten ersetzen. In den Kosten nicht miteinberechnet sind externalisierte Faktoren, wie etwa ökologische Schäden im Zuge der Produktion. Nicht selten wird dabei auch massiver Raubbau an indigenen Gebieten betrieben.[3]

Einige Zeilen seien in Bezug auf ein EU-Projekt hinzugefügt, das medial kaum präsent und vielen EU-Bürger*innen kaum bewusst zu sein scheint: Seit 2017 koordiniert PESCO (*Permanent Structured Cooperation*) Rüstungs- und Militärprojekte innerhalb der EU. Bis auf Dänemark, Malta und dem bereits aus der EU ausgetretenen Großbritannien, sind alle EU-Länder Teil dieser Zusammenarbeit, das neutrale Österreich eingeschlossen. Dieses militärische Kerneuropa forciert eine zunehmende Aufrüstung und Militarisierung im Kleid der Sicherheitspolitik. Tatsächlich stärkt eine solche Militarisierung nationale Eigeninteressen einzelner EU-Mitgliedsstaaten in Übersee und forciert eine Rüstungspolitik, die es in sich hat: So wurde zwischen den teilnehmenden Staaten vereinbart, dass der jeweilige Verteidigungshaushalt regelmäßig erhöht, Rüstungsausgaben auf 20 Prozent und Rüstungsforschung auf 2 Prozent des Verteidigungsbudgets angehoben werden. Neben diesen Im-

---

3   Siehe dazu u. a. Leona Morgan: www.ausgestrahlt.de/blog/2020/09/16/die-ganze-welt-drückt-die-snooze-taste [10.3.2021].

pulsen für einen Rüstungsmarkt sieht PESCO die Bereitstellung von Material und Personal vor, wodurch das langfristige Ziel der Gründung einer EU-Armee gefestigt wird. Schon jetzt sind EU-Militäreinsätze fragwürdig, so der Friedens- und Konfliktforscher Thomas Roithner:

> »In der Schnittmenge aus deutscher ›Verantwortung‹ und dem teils neokolonialen Interventionsgeruch der französischen Afrikapolitik liegen auch hoch umstrittene EU-Militäreinsätze. Nicht wenige Auslandseinsätze der EU hatten und haben zumindest einen indirekten Zusammenhang mit der Sicherung von Ressourcen«,

etwa am Horn von Afrika, im Tschad, im Kongo, in Georgien und Libyen (Roithner 2020: 48). Vor allem an der Aufstockung der Verteidigungshaushalte, der fehlenden demokratischen Grundstruktur innerhalb von PESCO und der militärischen Dimension ist Kritik zu üben, da so kein ziviles Kerneuropa zu erkennen sei:

> »Rüstung ist im künftigen EU-Haushalt erstmals ein Budgetposten, und der zivile Motor stottert. Dringend notwendig wäre eine engere und schnellere Zusammenarbeit bei ziviler Krisenprävention. Wir wissen […] viel über politische, soziale, ökologische und militärische Konfliktherde. *Early warning* ist im Ohr. Aber wie gelangen wir zu *early action*, also zivilem und klugem Eingreifen, bevor der erste Schuss gefallen ist?« (Roithner 2020: 369)

Obwohl Nuklearwaffen für das europäische Kerneuropa ein Tabu sind, sind Frankreich und Großbritannien Atommächte und US-amerikanische Bomben werden in europäischen Ländern gelagert. Darüber muss gesprochen werden:

> »Wenn nicht, besteht die Chance, dass die Europäisierung der französischen Atomwaffen ohnehin und ohne große

Debatte durch eine schleichende Entscheidungsfindung erfolgt. So wurden im Kalten Krieg zum Beispiel taktische US-Atomwaffen in Europa installiert: ohne große oder gar keine Debatte, geschweige denn Zustimmung der jeweiligen Parlamente.« (Sauer 2020)

Exkurs: Aufrüstung an der Grenze
Lediglich hingewiesen werden soll an dieser Stelle auf die zunehmende Militarisierung und Technologisierung der EU-Grenzüberwachung. Seit 2013 haben sich bei EUROSUR (*European Border Surveillance System*) als einem Teil von Frontex laut offiziellen Angaben Kosten von 338 Millionen Euro, laut einer Studie der Heinrich-Böll-Stiftung von 874 Millionen Euro, zu Buch geschlagen (Jakob/Schlindwein 2017: 195). Drohnen und Satelliten über dem Mittelmeer, die das Frontex-Hauptquartier in Warschau mit Daten versorgen, oder auch Technologien wie Herzschlagmessgeräte, Atemluftscanner oder Röntgenscanner zum Aufspüren von illegalisierten Einwander*innen an den Grenzen sind Teil des Integrierten Grenzmanagements, das Europas Abschottung vorantreibt. Die Ausgaben der EU hierfür werden darüber hinaus nicht nur auf dem europäischen Kontinent angewandt. Die EU-Außengrenzen werden externalisiert, das heißt, sukzessive geografisch verschoben und ausgelagert – nicht selten kooperiert die EU dabei mit diktatorischen und autoritär geführten Regimen, zum Beispiel mit Libyen, dem Niger oder dem Sudan (vgl. u. a. Jakob 2017: 174). Die Frage von Migration und deren Management ist also der Frage von Aufrüstung inhärent: Zäune und Überwachungssysteme etwa an der kenianischen Grenze zu Somalia oder in Saudi-Arabien stehen beispielhaft dafür, wie Europa sich Flüchtende relativ früh vom Leibe zu

halten weiß. In Saudi-Arabien etwa verdiente der europäische Rüstungskonzern EADS (jetzt Airbus) rund zwei Milliarden Euro. Deutsche Bundespolizist*innen halfen bei der Ausbildung der saudischen Grenzwächter. Dabei erhielten die Beamten ihre Spesen und Reisekosten von der Deutschen Gesellschaft für Internationale Zusammenarbeit, der wiederum das Geld aus Saudi-Arabien von EADS weitergeleitet wurde (Jakob 2017: 190). Hier wird ein militärisches Großprojekt im zivilen Gewand der Entwicklungszusammenarbeit abgewickelt. »Der afrikanische Kontinent mit seinen abertausenden Kilometern von unsichtbaren Grenzen ist der ideale Markt« (ebd.: 196) für europäische Rüstungsunternehmen. Da die Herkunftsländer der Menschen *on the move* sich die teure Technologie oft nicht leisten können, ermöglichen die EU-Mitgliedsstaaten Subventionen – so etwa das Auswärtige Amt in Deutschland, das aus dem Topf »Ertüchtigung von Partnerstaaten im Bereich Sicherheit, Verteidigung und Sicherheitsprojekte« Gelder in Millionenhöhe zur Verfügung stellt, um die Grenzaufrüstung in Tunesien (ebd.: 197) zu finanzieren. Der weltweite Gesamtumsatz mit Grenztechnologie soll von 15 Milliarden Euro im Jahr 2015 auf bis zu 29 Milliarden im Jahr 2022 steigen, so das Marktforschungsunternehmen Frost & Sullivan (ebd.: 200). Gleichzeitig hat Deutschland im Jahr 2020 Rüstung in der Höhe von 4,9 Milliarden Euro in eben jene Konfliktländer exportiert, welchen diese Grenztechnologie später verkauft wird, etwa Staaten im Nahen Osten und in Nordafrika (Standard 2021).

Wie kann es sein, dass eine der Hauptausgaben unserer politischen Gemeinschaft in das Militär und die Produktion von Vernichtungswaffen und Kriegsmaterial fließt? Seit 1988 haben die Staaten der Welt nicht mehr so viel für Rüstungsgüter ausgegeben wie heute. Wo bleibt die Empörung darüber?

Die Bilder von Vietnames*innen mit von Napalm verbrannten Körpern haben in vielen Teilen der Welt Betroffenheit und Protest ausgelöst. Doch wie viele Menschen wissen, von wem chemische Waffen wie Napalm oder Agent Orange, eingesetzt im Vietnamkrieg, um großflächig Wälder zu entlauben, hergestellt wurden? Wenn die türkische Luftwaffe kurdische Gebiete im Nordirak bombardiert, kommt es – wenn überhaupt – zu Verurteilungen der türkischen Regierung. Selten jedoch wird danach gefragt, wer das Kriegsgerät herstellt, mit dem hier Menschen getötet werden. Und wer diejenigen, die diese Rüstungsgüter herstellen, mit Krediten unterstützt. Eine Ausnahme hierfür bilden vielleicht die aufkeimenden Proteste gegen den deutschen Rüstungskonzern Rheinmetall, der den türkischen Staat mit Waffen beliefert.

Die US-amerikanische Aktivistin Emma Gonzales, die 2018 das Schulmassaker in Parkland, Florida, überlebte, stellt genau diese Fragen. Nicht der Schüler, der den Amoklauf verübte, stand im Mittelpunkt ihrer Wut, sondern die Waffenkonzerne und die Waffengesetze der USA, welche den Schusswaffenbesitz erlauben. In ihren Protesten wenden sich die Schüler*innen von Parkland gegen die Verflochtenheit von Politik und Waffenkonzernen, insbesondere gegen den großen politischen Einfluss der Waffenlobby *National Rifle Association*. Dass Investitionen in Rüstung und damit Krieg ein lukratives Geschäft sind, ist kein Geheimnis. Dabei ist zumeist ein Großteil der Bevölkerung – bewusst oder unbewusst – an diesem Kriegsgeschäft beteiligt, indem Geld auf Banken angelegt wird, die Kredite an Rüstungsunternehmen vergeben. Pax Christi und ICAN veröffentlichen 2018 einen

Bericht[4], in dem sie die Banken aufzählen, welche sich am weltweiten nuklearen Wettrüsten beteiligen, indem sie die Hersteller von Atomwaffen mit Krediten in Milliardenhöhe unterstützen. Laut dem Bericht haben bis zu zehn deutsche Banken seit 2014 rund 8,41 Milliarden Euro in Rüstungsunternehmen investiert, die Atombomben, Atomsprengköpfe und Atomraketen produzieren. Allen voran steht die Deutsche Bank mit 6,6 Milliarden US-Dollar, gefolgt von der Commerzbank mit 1,2 Milliarden US-Dollar, gefolgt von Allianz mit 1 Milliarde US-Dollar. Insgesamt haben Firmen, die an der Herstellung und Entwicklung von Atomwaffen beteiligt sind, 525 Milliarden US-Dollar von Banken weltweit erhalten. Von eben diesen Banken fordert ICAN ein *Divestment* – das heißt, ein klares Bekenntnis dazu, keine Kredite an Unternehmen mit Nuklearwaffenbezug[5] mehr zu vergeben. Dazu können sich zwar einige Banken durchringen, viel weniger sind es jedoch in Bezug auf Rüstung und Waffen allgemein.

Eine eher unkonventionelle Forderung nach Kürzung öffentlicher Ausgaben für Waffen twittert im Sommer 2020 Bernie Sanders kurz vor der Präsidentschaftswahl. Er zitiert dabei folgenden Ausschnitt aus Dwight Eisenhowers Rede »Chance for Peace« aus dem Jahr 1953 und schlägt vor, das Pentagon-Budget um zehn Prozent zu kürzen.[6]

»Jede Kanone, die gebaut wird, jedes Kriegsschiff, das vom Stapel gelassen wird, jede abgefeuerte Rakete bedeutet letzt-

---

4   Siehe hierzu die Website www.dontbankonthebomb.com und www.atombombengeschaeft.de.
5   Problematisch ist, dass viele Produkte oft einer zivilen und militärischen Verwendung zugeführt werden können (*dual use*).
6   Vgl.: twitter.com/BernieSanders/status/1285240174826397699 [10.1.2020].

lich einen Diebstahl an denen, die hungern und nichts zu essen bekommen; denen, die frieren und keine Kleidung haben. Eine Welt unter Waffen verpulvert nicht nur Geld allein. Sie verpulvert auch den Schweiß ihrer Arbeiter, den Geist ihrer Wissenschaftler und die Hoffnung ihrer Kinder. Die Kosten für einen modernen Schweren Bomber sind: eine moderne Backsteinschule in mehr als 30 Städten; zwei elektrische Kraftwerke, die jeweils eine Stadt mit 60 000 Einwohner*innen[7] versorgen; zwei gute, voll ausgestattete Krankenhäuser; etwa 50 Meilen Betonpflaster [Autobahn]. Wir zahlen für ein einziges Kampfflugzeug mit einer halben Million Scheffel Weizen. Wir zahlen für einen einzigen Zerstörer mit neuen Häusern, die mehr als 8000 Menschen beherbergen könnten.« (Übersetzung CZ) Auch wenn sich der ehemalige US-General und Präsident der Vereinigten Staaten in dem Statement klar gegen die zunehmenden militärischen Ausgaben ausspricht, verschärft sich der Kalte Krieg während seiner Amtszeit. Doch macht er deutlich, dass Militärausgaben und darum auch Atomwaffen schon vor ihrer Verwendung töten und immensen Schaden anrichten, da die Ausgaben an anderer Stelle fehlen (beispielsweise im Gesundheitssektor).

Auf der anderen Seite stehen die enormen ökologischen Folgen, die die Herstellung und Entsorgung von Nuklearwaffen bedeuten. Einige der Angeklagten machen in ihren Reden auf diese immense Zerstörung der Umwelt aufmerksam. Bei

---

7   Zitate wurden, wie angegeben, von den Herausgeber*innen übersetzt, ebenso wie alle auf Englisch gehaltenen Reden. Da im Englischen kaum genderspezifisch unterschieden wird, haben wir uns entschieden, solche Begriffe gendersensibel ins Deutsche zu übertragen.

der Gewinnung von Uran werden Menschen von ihrem Land vertrieben und das Trinkwasser verschmutzt, was die Bevölkerung krank macht und Ökosysteme zerstört. In den Fabriken, in denen Atombomben gebaut werden, ist die Zahl kranker Arbeiter*innen außerordentlich hoch, Tod durch Krebs ist nicht außergewöhnlich. Die über zweitausend Atomtests, welche seit 1945 erfolgten, fanden fast ausschließlich auf indigenem Land statt, weswegen Atomgegner*innen von einem nuklearen Kolonialismus gegen indigene Bevölkerungen sprechen. ICAN schätzt, dass aufgrund der oberirdischen Atomtests bisher ungefähr 2,4 Millionen Menschen an Krebs gestorben sind (ICAN 2017: 17).

Die Folgen eines tatsächlichen Einsatzes von Nuklearwaffen wären verheerend und hätten zahlreiche kaum zu bewältigende humanitäre Konsequenzen, die eine fundamentale Bedrohung für die Umwelt und für das Überleben der Menschen darstellen. Auf diese einzigartige Zerstörungskraft machen ICAN und die Organisation der *Internationalen Ärzte für die Verhütung des Atomkrieges* (IPPNW) in ihren Kampagnen aufmerksam: Bei einem Einsatz werden riesige Mengen Energie als Druckwelle, Hitze und Strahlung freigesetzt. Diese würden innerhalb von Sekunden Menschen töten, Feuerstürme auslösen und Großstädte komplett zerstören. Die Aussetzung der Strahlung würde entweder zu einem raschen Tod oder im weiteren Umfeld zu Krebs und genetischen Erkrankungen führen. Abgesehen von dem Umstand, dass aufgrund der zerstörten Infrastruktur keine humanitäre Hilfe möglich ist, sind die mittelbaren Folgen katastrophal: Ein regionaler Atomkrieg, bei dem etwa hundert Atombomben mit der Kraft einer Hiroshimabombe eingesetzt werden würden, würde nicht nur Millionen Menschen sofort töten, sondern etwa zwei Milliarden

Menschen in eine Hungersnot bringen, da die landwirtschaftliche Produktion und das globale Klima schwer geschädigt wären. (vgl. ICAN 2017)

Obwohl der Pazifismus aus christlicher Überzeugung eine vielseitige Geschichte hat, wird im Folgenden vornehmlich von jenen Personen und Bewegungen die Rede sein, in deren unmittelbaren Kontext sich viele der vorgestellten Aktivist*innen einschreiben. Trotz des Engagements der Catholic-Worker-Bewegung während des Zweiten Weltkrieges, markieren die Protestkriege gegen den Vietnam einen ersten Höhepunkt des christlichen Antimilitarismus, gefolgt vom Widerstand gegen (nukleare) Abrüstung.

Die Catholic-Worker-Bewegung und christlicher Anarchismus

Am 17. Mai 1968 dringen neun Personen in eine Einberufungszentrale in Catonsville, Maryland, ein, entnehmen 378 Einberufungsakte für wehrdienstfähige Soldaten, die in den Vietnamkrieg eingezogen werden sollten, und verbrennen diese mit selbstgemachtem Napalm auf einem nahegelegenen Parkplatz. In einer Videoaufnahme sind die neun Christ*innen in Sonntagskleidung und Priestergewändern zu sehen. Sie stehen um das Feuer und beten gemeinsam das Vaterunser. »Wir entschuldigen uns, gute Freunde und Freundinnen, für den Bruch der guten Ordnung, das Verbrennen von Papier anstelle von Kindern«, schreibt Daniel Berrigan (in Forest 2017: 5, Übersetzung CZ) zuvor im Statement der *Catonsville 9*,[8] wie sich die Gruppe selbst nannte.

---

8 Daniel Berrigan schrieb kurz darauf ein Theaterstück mit dem Titel *The Trial of the Catonsville Nine*, welches bis heute international aufgeführt wird.

Zahlreiche Reporter sind anwesend, es werden Fotos gemacht und Interviews mit den Beteiligten geführt. Vor laufender Kamera erklärt Tom Melville, Priester und Ordensmann:
»Unsere Kirche hat es versäumt, öffentlich zu handeln, und wir glauben, dass wir als Einzelne im Namen des Katholizismus und des Christentums unsere Stimme erheben müssen. Und wir hoffen, dass unsere Aktion zur Inspiration anderer Menschen, die christliche Prinzipien oder einen dem Christentum ähnlichen Glauben haben, auch entsprechend handeln werden, um die schreckliche Zerstörung zu stoppen, die Amerika in der ganzen Welt anrichtet.« (Tropea & Cyzyk 2013)

Dann warten sie auf das Eintreffen der Polizei, welche die neun im Polizeiwagen abführt.

Die Zerstörung von Einberufungsbefehlen für Männer der Kategorie 1-A, die mit hoher Wahrscheinlichkeit in den Vietnamkrieg eingezogen worden wären, war das primäre Ziel der direkten Aktion der *Catonsville 9*. Vereinzelte Individuen hatten schon vor dieser Aktion ihren Einzugsbefehl verbrannt, doch wurde diese Taktik nach dem Vorfall von 1968 eine immer populärere Weise, dem Krieg tatsächlich und symbolisch zu widerstehen. Was in Catonsville geschah, wurde zum Anstoß für über hundert ähnliche *Anti-draft* und *Anti-military* Proteste in den späten 60er und 70er Jahren. Es ist unbekannt, wie viele Menschen deswegen tatsächlich nicht eingezogen wurden, jedoch schreibt die *New York Times* 50 Jahre später, dass diese Aktionen dazu beigetragen hätten, die Rekrutierungen und damit den Vietnamkrieg selbst zu beenden; und doch: »50 Jahre später herrscht darum noch immer eine Kontroverse.« (Astor 2018) Die Aktion der *Catonsville 9* war einer der ersten Proteste des zivilen Ungehorsams von Geistlichen und christlichen Laien, die sich gegen den Vietnamkrieg richteten. Sie erreichten eine breite nationale wie internationale Öffentlichkeit, doch zu Beginn hatten nur wenige Verständnis für diese Art von Aktion.

Nachdem die neun Kriegsgegner*innen im Oktober desselben Jahres schuldig gesprochen und zu Gefängnisstrafen bis zu dreieinhalb Jahren verurteilt wurden, gingen fünf von ihnen in den Untergrund, als sie ihre Haft antreten sollten. Besonders prominent wurde der Fall des Priesters Daniel Berrigan, der vom FBI auf die Liste der meistgesuchten Menschen gesetzt wurde. Während der vier Monate, die er im Untergrund verbrachte, tauchte er immer wieder in verschiedenen Städten auf, hielt Antikriegsreden und Gottesdienste. Völlig unbeachtet blieb die Geschichte der Krankenschwester und Hebamme Mary Moylan, die sich auch gegen eine Einlieferung entschied und ganze zehn Jahre im Untergrund lebte, bevor sie sich, zermürbt von der Situation, selbst dem FBI auslieferte und ihre Gefängnisstrafe antrat.

Im ganzen Land werden in den nächsten Jahren ähnliche dezentral organisierte Aktionen ausgeführt: Die *Milwaukee 14* verbrennen 1968 zehntausend Einberufungsakten mitten auf einer Straßenkreuzung. Im Jahr 1970 brechen fünf Frauen, die sich als *Women Against Daddy Warbucks* bezeichnen, in acht New Yorker Einberufungszentralen ein und zerstören tausende Akten, die sie zu Konfetti schreddern und auf eine Menschenmasse am Rockefeller Platz regnen lassen, während sie auf die Polizei und das FBI warten.

Wie auch bei den *Antidraft*-Aktionen werden bei späteren Pflugscharaktionen immer wieder einzelne Personen – meistens die Brüder Berrigan – als Anführer und Helden zelebriert und von der Bewegung wie auch den Medien ins Rampenlicht gerückt, während die Mitarbeit von Frauen oftmals nur wenig Beachtung findet. Eine Ausnahme ist die ehemalige Nonne

Elizabeth McAllister, die mit ihrem Ehemann Philip Berrigan manchmal als Mitbegründerin der Bewegung genannt wird und noch im Alter von 80 Jahren mit den *Kingsbay Plowshares 7* ihre letzte Aktion durchführte.

Trotzdem sind die Brüder Berrigan in der Bewegung ein zentraler Referenzpunkt für viele der Aktivist*innen von Pflugschar-, aber auch anderen direkten gewaltfreien Aktionen gegen den Militärapparat. Daneben und damit verwoben steht die christlich-anarchistische Catholic-Worker-Bewegung. Der Großteil der Angeklagten aus vorliegendem Buch ist im Umfeld dieser Bewegungen und Traditionen zu verorten.

Die Catholic-Worker-Bewegung ist, obgleich sie sicherlich manche thematische Überschneidungen aufweisen, klar von der katholischer Arbeitnehmer*innenbewegung im deutschsprachigen Raum zu trennen. Letztere ist und war immer institutionalisierter Teil der Katholischen Kirche. Als Gründerfiguren Ersterer gelten die Sozialaktivistin Dorothy Day (1897–1980) und der Arbeiter und Visionär Peter Maurin (1877–1949). Der aus Frankreich stammende Peter Maurin suchte 1932 Dorothy Day in New York City auf, um ihr von seinen Ideen zu erzählen. Diese arbeitete dort als Journalistin für kommunistische und sozialistische Zeitschriften, und war – zum Entsetzen ihrer Genoss*innen – kurz nach der Geburt ihrer Tochter Tamar zum Katholizismus konvertiert; damals die Religion der ärmeren Schichten, insbesondere der irischen Minderheit in New York.

Angestoßen durch Peter Maurin gründeten sie gemeinsam zum 1. Mai 1933, im Jahr der Großen Depression, die Zeitschrift *The Catholic Worker*.[9] Diese sollte den Entrechteten, Ar-

9   Zunächst hat Peter Maurin als Zeitschriftentitel *The Catholic Radical* vorgeschlagen. Dorothy Day wollte hingegen den Klassenaspekt betonen (Forest 2015: 109).

beitslosen, Obdachlosen und Betroffenen der kapitalistischen Politik eine Stimme geben. Aus ihren Schriften und Manifesten wurde bald Praxis, und ein paar Jahre später lebten die Herausgeber*innen der Zeitung mit eben diesen Menschen in sogenannten *Houses of Hospitality* zusammen. Neben der Ausgabe von Essen und Kleidung an Bedürftige wurden dort Veranstaltungen und Vorträge organisiert. Parallel zu den *Häusern der Gastfreundschaft* in den Städten, wurden – angetrieben durch Maurins Idee einer grünen Revolution – Farmen auf dem Land gegründet, die sich der Landarbeit widmeten und oft die Häuser in der Stadt mit Lebensmitteln versorgten.

Auch wenn die Gründer*innen tief im Katholizismus und den Prinzipien der Katholischen Soziallehre aus der päpstlichen Enzyklika 1891 *Rerum Novarum* verankert waren, ist die Bewegung nie eine institutionelle und eindeutig konfessionelle gewesen. Menschen, die sich der Bewegung zugehörig fühlen und in von ihr inspirierten Häusern leben, kommen meist aus unterschiedlichsten christlichen Konfessionen, manchmal jedoch auch aus einer anderen Religion oder leben atheistisch.

Bis heute gibt es ein dezentrales Netzwerk, welches etwa 200 *Häuser der Gastfreundschaft* umfasst, in denen Kontemplation, Selbstorganisation und gewaltfreie Aktion gelebt werden.

Diese befinden sich überwiegend in den USA und Europa; aber auch in Neuseeland und Australien gibt es Catholic Worker Gruppen. In Europa werden in diesen Häusern zumeist Menschen ohne legalen Aufenthalt aufgenommen, die von Abschiebung bedroht sind und keine staatlichen Hilfen in Anspruch nehmen können. In Deutschland berufen sich etwa die Basisgemeinschaft *Brot & Rosen* in Hamburg und die Dortmunder *Suppenküche Kana* auf Peter Maurin und Dorothy Day. In den Niederlanden gibt es seit den 90er Jahren die *Noelhuis* Gemeinschaft in Amsterdam, aus der auch drei in diesem Buch vorgestellte Aktivist*innen kommen.

In den USA – einem Land mit besonders breiten Rändern – sind es neben Illegalisierten obdachlose Menschen, ehemalige Häftlinge, Bandenmitglieder, Drogenabhängige, queere oder trans* Personen, die dort ein Zuhause finden.

Die Werke der Barmherzigkeit, die auf die Gerichtsrede im Evangelium nach Matthäus referenzieren, sind damals wie heute Fundament der Bewegung: die Hungernden speisen, den Dürstenden zu trinken geben, die Nackten bekleiden, die Fremden aufnehmen, die Kranken und die Gefangenen besuchen. In spiritueller Hinsicht bedeutete Barmherzigkeit für Dorothy Day nicht nur für die materiellen Bedürfnisse zu sorgen, sondern auch eine Gemeinschaft zu bieten für die Suchenden, die Trauernden zu trösten und den Zweifelnden zuzuhören.

Diese Arbeit geht einher mit dem Erkennen, Benennen und Bekämpfen von struktureller Gewalt. Day war eine vehemente Kritikerin des Kapitalismus, aber auch einer Barmherzigkeit, die nicht an den Wurzeln des Übels rüttelte: »Wir müssen dieses System ändern. Wir müssen […] dieses verrottete, dekadente, faulige industrielle kapitalistische System stürzen […]« (Day 1956, Übersetzung CZ)

Wie auch Maurin war sie stark vom französischen Personalismus geprägt. Dieser beschreibt die Idee, dass die fundamentalste Revolution bei der einzelnen Person selbst beginnen muss. Wenn man selbst die revolutionären Maximen, die man vertritt, so weit wie möglich auch lebt, könne man das Denken und Handeln revolutionieren (Kalicha 2012).

»Wenn wir den Ernst der Lage erkennen, [den Krieg, den Rassismus, die Armut in unserer Welt,] dann wird uns klar, dass sich die Dinge nicht einfach durch Demonstrationen ändern werden. Es geht darum, das Leben zu riskieren. Es geht darum, unser Leben auf eine drastisch andere Art zu leben.« (Day 1975, Übersetzung CZ)

Ebendas wird in den Häusern der Gastfreundschaft versucht zu leben.

Heute wie in der Vergangenheit ist die Catholic-Worker-Bewegung im gewaltfreien Widerstand aktiv: Insbesondere der Antimilitarismus, die Unterstützung Streikender und Kriegsdienstverweigerer und die Solidarisierung mit Illegalisierten sind Schwerpunkte des Engagements.

Dorothy Day selbst protestierte gegen den aufkeimenden Faschismus in Europa, später gegen den Vietnamkrieg und die Rüstungspolitik im Kalten Krieg. In den 1950er Jahren weigerte sie sich, während Luftangriffsübungen in die Bunker zu gehen und setzte sich in dieser Zeit jeweils demonstrativ auf eine Parkbank, während der Rest der Bevölkerung in die Bunker ging. Jedes Jahr mussten sie und viele andere dafür dreißig Tage ins Gefängnis. 1961 hatten sich schließlich so viele Menschen dem Protest angeschlossen, dass die Gefängnisse überfüllt waren und New York City die Übungen einstellte.

Wie auch Aktivist*innen von *Antidraft*- und Pflugscharaktionen war Dorothy Day das Gefängnis nicht fremd – eine Tatsache, die in ihrem Heiligsprechungsverfahren womöglich nicht viel Gehör findet. Ihren ersten Gefängnisaufenthalt verbrachte sie 1917 als 20-Jährige, nachdem sie als Suffragette für die Einführung des Frauenwahlrechts protestiert hatte – auch wenn sie selbst ihr Leben lang nicht wählen ging. »Damals wie heute bin ich Anarchistin und habe die Wahlstimme, die die Frauen durch ihre Demonstrationen vor dem Weißen Haus gewonnen haben, nie genutzt«, schreibt sie im Rückblick in einer Kolumne der *Catholic Worker Zeitung* (Day in Terrell 2016). Statt

Komplizin eines Systems zu werden und das kleinere Übel zu wählen, geht Dorothy Day einen anderen Weg, indem sie sich durch ihre tägliche Arbeit gegen Krieg und Kapitalismus einsetzt. Die Nicht-Kooperation mit dem Staat manifestiert sich außerdem in der Ablehnung von staatlichen Förderungen. »Wer ein Rentner des Staates ist, ist ein Sklave des Staates«, (Maurin in Day 1980: 225, Übersetzung CZ) argumentierte Maurin.

Der erste Gefängnisaufenthalt von Day hinterlässt tiefe Spuren. In ihrer Autobiografie schreibt sie:

»Ich verlor das Gefühl für meine eigene Identität. Ich dachte über die Trostlosigkeit der Armut, des Elends, der Krankheit und der Sünde nach. Dass ich nach dreißig Tagen wieder frei sein würde, bedeutete nichts für mich. Ich würde nie wieder frei sein, niemals frei, wenn ich wusste, dass hinter Gittern auf der ganzen Welt Frauen und Männer, junge Mädchen und Jungen sind, die Zwang, Strafe, Isolation und Not erleiden für Verbrechen, an denen wir alle schuldig sind.« (Day 1980: 78, Übersetzung CZ)

Für Day wie für viele andere Aktivist*innen gewaltfreier Aktionen ist der Aufenthalt im Gefängnis darum ein Teil des Engagements. Doch – und das mag ein großer Unterschied zu säkularem, nicht christlichem Widerstand sein – hat das Gefängnis in den Augen dieser Menschen nicht den Beigeschmack der Niederlage, der verlorenen oder gar verschwendeten Zeit. Das Gefängnis »ist ein Ort, an dem es wichtig ist, als Christ*in präsent zu sein«, sagt Susan van der Hijden, eine der Angeklagten, die für eine Pflugscharaktion sieben Monate im Gefängnis saß.

Was nicht etwa bedeutet, dass das Gefängnis als Ort der staatlichen Gewalt befürwortet wird – im Gegenteil, Antirepressionsarbeit ist einer der Schwerpunkte des sozial-politischen Engagements vieler Gemeinschaften. Aber es ist ein Ort am Rand der Gesellschaft, in dem sich die Marginalisierten aufhalten. »Ich war im Gefängnis und ihr habt mich besucht«, sagt Jesus im Evangelium nach Matthäus zu seinen Jünger*innen. Und Daniel Berrigan in einer Predigt im Untergrund 1970:

»Wir haben uns dafür entschieden, in einer Zeit krimineller Macht machtlose Kriminelle zu sein. Wir haben uns dafür entschieden, von Kriegsverbrechern als Friedensverbrecher gebrandmarkt zu werden.« (Berrigan 2009: 158)

Viele der Aktivist*innen von Pflugscharaktionen, aber auch aus der Catholic-Worker-Bewegung ordnen sich dem christlichen Anarchismus zu. Die Verbindung von anarchistischem Gedankengut mit Religion stößt oft auf Unverständnis und Kritik: Die linke Überzeugung, dass anarchistische Herrschaftskritik nicht nur Staat, Kapital und Patriarchat, sondern auch Religion inkludiere, ist bis heute weit verbreitet (Kalicha 2019: 6). Eine ähnliche kritische Perspektive, meist jedoch erweitert um vorurteilsbehaftete Vorstellungen von Chaos und Gewalt, herrscht oft auf religiöser Seite vor. Christentum und Anarchismus in einem Atemzug zu nennen, scheint unerhört.

Während in der Geschichte des Anarchismus durchaus auch prominente Vertreter*innen keinen Widerspruch in Christentum und Anarchismus sahen, oder sich dem sogar zuordnen, ist die Verbindung von Anarchismus und Katholizismus noch um einiges ungewöhnlicher und mit offensichtlichen Konflikten verbunden – wie etwa der dem Katholizismus inhärenten Hierarchie. Im Folgenden wird der Versuch unternommen, die Idee eines anarchistischen Christentums zu skizzieren.[10] Ein grund-

---

10　An dieser Stelle kann ein solch kontroverses Thema nicht in seiner Tiefe behandelt werden – jedoch empfehlen wir hierfür folgende Literatur: Kalicha 2013, Ellul 1991, Christoyannopoulos 2011.

legender Gedanke jeder anarchistischen Spielart ist es, Herrschaftsverhältnisse zu kritisieren und diese zu überwinden. Das bedeutet entgegen einem bürgerlichen Verständnis keineswegs Regellosigkeit, Willkür oder Gewalt – sondern das Ringen um Selbstbestimmung, Freiheit und dem guten Leben für alle. Ein solches ist für christliche Anarchist*innen auch den biblischen Texten inhärent: Gott, der*die von irdischen, das heißt Mensch gemachten, Ausbeutungsmechanismen befreit, wird zur konkreten Leitfigur in Jesus. »Jesus war ein anarchistischer Retter. Das erzählt uns das Evangelium«, so Ivan Illich (1988, Übersetzung JF), der das Christliche durch seine Institutionalisierung und quasi Verstaatlichung als korrumpiert betrachtet. Diesen historischen und politisch revolutionären Jesus freizulegen, versucht jedoch nicht nur der christliche Anarchismus: Viele Bewegungen in der christlichen Geschichte haben sich auf diese Wurzeln eines Jesus in schlechter Gesellschaft (Holl 2012) besonnen. Seine Zuwendung zu den Marginalisierten, seine Kritik am System, welches diese mit Gewalt ausstößt, das Revoltieren gegen staatliche und religiöse Autoritäten und die Gewaltfreiheit sind zentrale Praxen, welche den Status quo radikal infrage stellen. Und seine Kritik ist konstruktiv: In den christlichen Urgemeinden weht ein für die damalige Zeit unerhört selbstbestimmter Geist, in dem auch heute christliche Anarchist*innen Gegenentwürfe zur Gegenwart sehen – eine an den Bedürfnissen orientierte Gütergemeinschaft, ein Egalitarismus über ethnische und gesellschaftliche Grenzen hinweg, das Hinterfragen patriarchaler und familiärer Normen, die Ablehnung staatlicher Fremdbestimmung, das Verweigern des Kriegsdienstes.

Eine der ersten Persönlichkeiten, die einer anarchistischen Tradition im Christlichen zugeordnet werden können, ist Leo Tolstoi. Der vornehmlich für seine großen Erzählungen bekannte Tolstoi bringt seine Gedanken zum Glauben im Werk *Das Reich Gottes ist in Euch* aus dem Jahr 1894 zum Ausdruck. Seine Überlegungen wurden zur Inspirationsquelle vieler linker Strömungen und um die Jahrhundertwende in beachtlicher Weise in unterschiedlichen Kontexten rezipiert, etwa in der frühen Kibbuzbewegung, von religiösen Sozialist*innen wie Leonhard Ragaz, bei Mohandas Gandhi oder in der US-amerikanischen Bürgerrechtsbewegung (vgl. Kalicha 2019: 9). Tolstois Forderung nach radikaler Gewaltfreiheit reflektiert dabei ein Gewaltverständnis, das über die Ablehnung von direkter Gewalt hinausgeht: vom Staat selbst, von der Kirche, von den großen Institutionen werden Verhältnisse aufrechterhalten, die Menschen fremdbestimmen und gewaltsam beherrschen. Seine Antwort war die umfassende Nicht-Zusammenarbeit mit dem Staat, was bedeutete, sich zu weigern, »für den Staat in den Krieg zu ziehen, […] Steuern zu zahlen sowie Geld vom Staat zu akzeptieren, staatliche Bildungseinrichtungen zu meiden, Berufe bei staatlichen Behörden und im Verwaltungssektor nicht anzunehmen«. (Kalicha 2013: 27) An solche Gedanken hat die Gründerin der Catholic-Worker-Bewegung, Dorothy Day, in vieler Hinsicht angeschlossen – jedoch nicht bloß aus theoretischer Überzeugung, sondern aus ihrer Erfahrung mit jenen Menschen, die vom staatlichen System ausgebeutet oder in den Tod getrieben wurden. Ihre vielseitigen und unterschiedlichen Kämpfe waren stets davon geprägt, die konkrete Person in den Mittelpunkt zu stellen, jedoch nie, ohne dabei dem System, das der Person Gewalt antut, zu verzeihen. Egal ob Obdachlose, Schwarze oder Kriegstote – sie sah darin stets auch die kapitalistische Ausbeutung, rassistische Verhältnisse und einen imperialen Militarismus. Entsprechend lebte sie ihr Engagement in den genannten Häusern der Gastfreundschaft ebenso wie auf der Straße bei Blockaden, Streiks, Protesten und Aktionen zivilen Ungehorsams. Im Verzicht auf Privilegien wurden diese selbstorganisiert geteilt und zugleich der Staat kritisiert.

Ammon Hennacy, selbst Teil der Catholic-Worker-Bewegung und profilierter Autor des christlichen Anarchismus, versucht eine solche Perspektive auf den Punkt zu bringen:

»Ein christlicher Anarchist ist […] jemand, der die andere Wange hinhält, die Tische der Geldwechsler umwirft und keinen Polizisten braucht, um sich gut zu benehmen. Ein christlicher Anarchist ist nicht von Wahlurnen oder Gewehrkugeln abhängig, um sein Ideal zu erreichen; er erreicht dieses Ideal täglich durch die One Man Revolution, mit der er einer dekadenten, verwirrten und sterbenden Welt begegnet.« (Hennacy in Kalicha 2013: 30)

In einer solchen sterbenden Welt ist Auferstehung vonnöten – nicht bloß im Jenseits, sondern in den vielen alltäglichen Momenten des Todes. Der Glaube an eine solche Auferstehung scheint vielen christlichen Anarchist*innen die Quelle für den täglichen Aufstand zu sein. Dass Dorothy Days Katholizismus und anarchistisches Verständnis zusammenhingen und zusammengingen, wird an ihrem facettenreichen Leben (Day 1997 und Forest 2011) ebenso ersichtlich, wie an jenen Aktivist*innen, die ihr nachfolgen. In den Häusern der Gastfreundschaft versuchen auch gegenwärtig Christ*innen einen Gegenentwurf zu leben. Jacques Ellul, französischer Soziologe, Theologe und wichtiger Denker des christlichen Anarchismus verweist in seiner Herrschaftskritik, die zur Selbstorganisation führt, unter anderem auf Mk 10, 42f:

»Da rief Jesus sie zu sich und sagte zu ihnen: ›Ihr wisst doch: Die als Herrscherinnen und Herrscher über die Völker gelten, herrschen mit Gewalt über sie, und ihre Anführer missbrauchen ihre Amtsgewalt gegen sie. Bei euch soll das nicht so sein! Im Gegenteil: Wer bei euch hoch angesehen und mächtig sein will, soll euch dienen.«"[11]

Ellul in seiner Auslegung:

»Mit anderen Worten: Seid nicht so besorgt darum, die Könige zu bekämpfen. Lasst sie sein. Errichtet eine Gesellschaft am Rand, die sich nicht für solche Dinge interessiert, in der es keine Macht, Autorität oder Hierarchie gibt. Tut die Dinge nicht so, wie sie in der Gesellschaft üblicherweise getan werden, und nicht solche, die ihr nicht ändern könnt. Schafft eine andere Gesellschaft auf einem anderen Fundament. [...] Jesus rät uns nicht, die Gesellschaft zu verlassen und in die Wüste zu gehen. Sein Rat ist, dass wir in der Gesellschaft bleiben und in ihr Gemeinschaften gründen sollen, die anderen Regeln und anderen Gesetzen gehorchen.« (Ellul 1991: 62, Übersetzung CZ)

Das oft unbequeme Zusammenleben in Gemeinschaft und mit den an den Rand Gedrängten, das theoretische Hinterfragen von Gewaltstrukturen und das gewaltfreie Bekämpfen derselben, die Bereitschaft, die Konsequenzen zu tragen und ins Gefängnis zu gehen, den Versuch, eine bessere, transformierte Welt vorwegzunehmen – all das unternehmen viele, die sich radikal in der Nachfolge Jesu verstehen. Das geschieht manchmal an den religiösen Institutionen vorbei oder gegen sie – was ebenso an Jesus und biblischen Traditionen anschließt.

---

[11] Alle Bibelzitate sind der Bibel in gerechter Sprache (2007) entnommen; siehe auch: www.bibel-in-gerechter-sprache.de.

»Schwerter zu Pflugscharen« in unterschiedlichen Kontexten

Im Garten des UN-Hauptquartiers in New York steht eine Bronzeskulptur des Künstlers Jewgeni Wiktorowitsch Wutschetitsch (1908–1974), die im Stil des Sozialistischen Realismus einen muskulösen Mann darstellt, der mit menschlicher Schaffenskraft ein Schwert zu einem Pflug umschmiedet. Das Werk wurde 1959 den Vereinten Nationen geschenkt – ob die Sowjetunion damit ernst gemeinte Friedensabsichten inmitten des Kalten Kriegs oder Propagandaabsichten verfolgte, sei dahingestellt. Der Titel *We shall beat our swords into plowshares* unterscheidet sich damit von der Formulierung der biblischen Texte in einem zentralen Punkt: Statt in der dritten Person wird hier in der ersten Person gesprochen, etwa bei Jes 2: »Dann werden *sie* ihre Schwerter zu Pflugscharen und ihre Lanzen zu Winzermessern umschmieden.«

> »Dadurch wird aus der prophetischen Heilsschilderung ein Gelöbnis, das von Soldaten oder kriegerischen Völkern – im Garten des UNO-Hauptgebäudes wird man an die Mitgliedsstaaten der UNO denken – gesprochen wird: Sie erklären, dass sie die Umsetzung der Heilsschilderung als ihre Aufgabe ansehen. Der Titel geht damit einen Schritt weiter als der biblische Text, da die Völker in ihrer Zusage schon zu tun beginnen, was der Prophet angekündigt hat.« (Koenen 2017)

Dass die Sowjetunion mit dieser Friedensgeste auf ein religiöses Motiv zurückgreift, ist wohl etwas irritierend. In der *Deutschen Zeitschrift für Philosophie* wird versucht, diese Geste zu reflektieren:

> »Welcher Marxist würde behaupten wollen, daß religiöser Glaube in dieser Form reaktionär sei und, obwohl er selbst noch kein wissenschaftlich fundiertes Bewußtsein darstellen konnte, unvereinbar mit Wissenschaft sei? Die-

ser humanistisch religiöse Glaube, als Ideologie fortschrittlicher Klassen, ahnt gewissermaßen die wissenschaftliche Erkenntnis einer klassenlosen Gesellschaft, in der es keine Kriege mehr gibt, voraus.« (Loeser 1982: 117)

Noch interessanter hingegen ist die Wirkungsgeschichte des biblischen Wortes. Damit ist weniger der Umstand gemeint, dass die internationale Staatengemeinschaft und die politischen Institutionen den antimilitaristischen Appell als solchen verstanden und damit ernst gemacht hätten, als vielmehr, dass sowohl in den USA, neben der Sowjetunion zentraler Akteure des globalen Wettrüstens, als auch in der postfaschistischen und ebenso realsozialistisch regierten DDR der Ruf, Schwerter zu Pflugscharen zu schmieden, von christlichen und nichtchristlichen Aktivist*innen wahr- und ernst genommen wurde – und zwar explizit gegen staatliche Autoritäten und außerhalb der taktierenden Diplomatie des Kalten Krieges.

Am 5. Juni 1971 erscheinen am Cover des *Times Magazine* die Konterfeis der Brüder Berrigan mit der Überschrift: »Rebel Priests. The Curious Case of the Berrigans.« Zu diesem Zeitpunkt waren die zwei prägend für die linkskatholische Bewegung in den USA und unter den bekanntesten Anti-Vietnamkrieg-Aktivist*innen. Deren zahlreiche Aktionen ernteten bis in die 1980er Jahre mediale Aufmerksamkeit und ihre Schriften waren auch in Europa religiös und nichtreligiös motivierten Antimilitarist*innen ein Begriff. Obwohl in den darauffolgenden Jahrzehnten diese Bekanntheit zurückgehen sollte, blieben die zwei Ikonen eines radikalen Christentums, das sich in seiner Praxis der direkten, gewaltfreien Aktion und eines aufgeladenen Symbolismus verschrieb: 1967 wurde Blut über die Einberufungsakten in Baltimore geschüttet, 1968 ebensolche mit selbstgemachtem Napalm angezündet. Nicht nur zahlreiche Gefängnisaufenthalte waren die Folge, sondern auch der bewusste Gang in den Untergrund, etwas, dem Dorothy Day ablehnend gegenüberstand, da dadurch eine der Grundprinzipien gewaltfreien zivilen Ungehorsams Gefahr lief, infrage gestellt zu werden: die Bereitschaft, sich den Konsequenzen zu stellen (Tobey: 32). Allerdings war es »[…] genau jene traditionelle Vorstellung von Gewaltfreiheit, mit der die Berrigans in diesen Jahren zu brechen begannen. Beide Mittel, womit dies geschah – der Einsatz von Blut und Feuer und der Gang in den Untergrund – sollten nicht nur als eine schärfere Kritik an den Behörden verstanden werden und damit als stärkerer Widerstand gegen den Krieg, sondern auch als eine neue Kohorte von Aktivist*innen, wobei ihre Zahl auf diejenigen beschränkt war, die wirklich bereit waren, ernsthafte Konsequenzen für zunehmend gefährliche Aktionen zu tragen.« (ebd.: 29, Übersetzung JF) In den 1980er Jahren sollten die Berrigans mit einer Aktion bei Electric Motors den Vietnamkrieg als konkreten Anlass hinter sich lassen und den Widerstand auf die nukleare Aufrüstung der USA fokussieren. Beim Einbruch in eine Atomwaffenfabrik wurden zwei Sprengkopfhülsen mit Hämmern zerstört und eigenes, davor abgenommenes Blut wurde auf Maschinen und Konstruktionspläne verteilt. Diese Aktion der *Plowshares 8* wird gemeinhin als Geburtsstunde der Pflugscharbewegung in den USA gesehen.

Seitdem haben mehr als 200 Personen an über 100 Pflugscharaktionen teilgenommen (Laffin 2019). Die überwiegende Mehrheit der Aktivist*innen ist Weiß. Für die USA hat Tobey errechnet, dass ein gutes Drittel weiblich ist und um die 20 Prozent einem religiösen Orden angehören. Diese haben ihren Widerstand meist als Teil ihres religiösen Gelübdes verstanden und folgten der Pflicht, zu bezeugen und zu widerstehen. Diese religiöse Weltsicht leben viele der Aktivist*innen im Alltag – meist in sogenannten *intentional communities* wie den Catholic-Worker-Gemeinschaften. Unter *New Monasticism* wird vor allem im englischsprachigen Raum eine Vielfalt von Bewegungen verstanden, die in Anlehnung an klösterliche Strukturen gemeinschaftlich zusammenleben und oft radikalen Lebensentwürfen (Gütergemeinschaft usw.) in spiritueller Einbettung folgen. In Bezug auf die Catholic-Worker-Bewegung bedeutet das nicht zwangsläufig, dass die Personen sich als katholisch oder überhaupt christlich sehen – dennoch gibt es einen religiösen Bezugsrahmen, der wesentlich ist.

Die Aktivist*innen des vorliegendes Buches verstehen ihre Handlungen als religiösen Akt und führen sie auch als solchen aus. Sie stellen in ihren Augen eine adäquate Antwort auf die Gewalt von Atomwaffen und die Missachtung religiöser Gebote dar. Dementsprechend sind ihre Handlungen

> »durchdrungen von Elementen […], die tief nachhallen innerhalb ihres besonderen katholischen Milieus. Nach dem Weltbild der katholischen Widerstandsgemeinschaft, deren Teil sie sind, wird Jesus als politischer Revolutionär charakterisiert, der sich Spott, Verhaftung und schließlich dem Martyrium stellt und so stellen die Pflugscharaktivist*innen einen Höhepunkt des treuen Zeugnisses dar.« (Tobey: 37f, Übersetzung JF)

So werde mit Atomwaffen etwa der göttliche Schöpfungsauftrag hintergangen, sie stellen eine Art Götzendienst dar, der – theologisch gesprochen – dem Reich Gottes entgegenarbeite. Deshalb wird die absolute Abschaffung von Atomwaffen gefordert. Gleichzeitig ist wichtig zu betonen, dass die Aktivist*innen der Pflugscharbewegung nicht in ihrer religiösen Weltsicht verharren, sondern gesellschaftliche Verhältnisse politisch reflektieren: Armut und Ausgrenzung als Folgen des Kapitalismus; der Militärkomplex nicht bloß als moralisch schlecht, sondern als Teil eines ökonomischen Systems; die rassistische Verwobenheit von Nuklearwaffen; die imperiale Politik ihres Landes.

Ohne zu sehr auf den Beitrag von Rosalie Riegle, die die Geschichte der Pflugscharbewegung in den USA en detail vorstellt, vorgreifen zu wollen, sind folgende Aspekte der Bewegung charakteristisch: Im Dunstkreis einzelner Personen oder kleiner Gemeinschaften (wie der Catholic-Worker-Bewegung) fanden in den letzten vier Jahrzehnten vielfältige direkte und gewaltfreie Aktionen statt. Diese, von relativ wenigen Personen durchgeführt und selbstorganisiert geplant, erfuhren große mediale und teilweise politische Aufmerksamkeit. Die Aktivist*innen treten angesichts der massiven Kriminalisierung und Repression durch die staatlichen Institutionen reflektiert auf und nehmen die Konsequenzen ihrer Aktionen an. Die gewählten Methoden zielen auf symbolische und reale Abrüstung von unten. Solche Aktionen fanden bisher – wenn auch in weit geringerem Ausmaß – auch außerhalb der USA statt, etwa in Schottland, Australien, Neuseeland, England, Schweden und den Niederlanden.[12] In der BRD fanden 1983 und 1986 Pflugscharaktionen statt. Beide wurden von Wolfgang Sternstein, langjähriger Friedensaktivist, mitinitiiert, der von den Berrigans in den USA inspiriert wurde und in engem Austausch mit ihnen stand:

> »Die Aktionen der Brüder beeindruckten mich tief. Von solcher Radikalität waren wir in der Bundesrepublik meilenweit entfernt. Für uns gab es nur die Gleichungen: harmlos gleich gewaltlos oder radikal gleich gewaltsam.

---

[12] Eine Übersicht zu den bisherigen Pflugscharaktionen ist hier zu finden: www.kingsbayplowshares7.org/plowshares-history.

Die Verbindung von Radikalität und Gewaltlosigkeit war es, die mich vor allem faszinierte.« (Sternstein 2005: 330) In Begleitung von zwei deutschen Genoss*innen und dem US-amerikanischen Priester Carl Kabat, der bereits Erfahrung bei Aktionen in den USA gesammelt hatte, bis heute aktiv ist und über 17 Jahre im Gefängnis verbracht hat, wurde der Gottesdienst mit der Drahtschere, die benutzt wurde, um den Zaun zum Militärgelände zu durchtrennen, gefeiert: »Wenn Atomwaffen nach Bischof Kurt Scharf Gotteslästerung sind, dann, meinen wir, ist ihre Zerstörung Gottesdienst.« (Sternstein o. J.: 26)

Der Rekurs auf das biblische Diktum, Schwerter zu Pflügen zu schmieden, ist ein zentrales Motiv – interessanterweise auch abseits jener direkten Aktionen in den USA.

Ebendieses Bild des Umschmiedens wurde Ende der 1970er Jahre beinahe zum Markenzeichen der jugendlichen Friedensbewegung in der DDR und ist bis heute innerhalb der bürgerlichen Friedensbewegung ein Begriff. Maßgeblicher Impuls hierfür war die Evangelische Kirche, die seit 1980 sogenannte Friedensdekaden organisierte. Diese finden seitdem – mittlerweile unter ökumenischen Vorzeichen – zehn Tage vor dem Buß- und Bettag im November statt und haben zum Ziel, die Kirchenmitglieder und vor allem Jugendliche für Fragen der Friedenspolitik und die christliche Verantwortung hierfür zu sensibilisieren. Damit war in der DDR eine implizite Staatskritik angelegt, welche sich in den kommenden Jahren intensivieren und schließlich auch zum Fall der Mauer beitragen sollte. Der evangelische Priester Harald Bretschneider entwickelte für die erste Friedensdekade jenen Aufnäher, auf dem eben jene Figur, die im Garten der UNO in New York steht, zu sehen ist. Versehen mit dem Spruch »Schwerter zu Pflugscharen, Micha 4« wurde er in den folgenden Jahren im Alltag und bei Demonstrationen tausendfach getragen. Gedruckt auf Fließ, fiel die Herstellung unter Textiloberflächenveredelung und bedurfte somit keiner Druckgenehmigung. Bereits in der ersten Friedensdekade 1980 kündigte sich eine Konfrontation des BEK (Bund der Evangelischen Kirchen in der DDR) und dem DDR-Regime an. Neben den erwähnten und ungeheuer bekannt gewordenen Aufnähern wurden etwa landesweite Schweigeminuten mit Glockenläuten während des Probealarms zur Zivilverteidigung organisiert. Eine weitere Provokation war das Bemühen, systemübergreifend und ökumenisch mit der EKD (Evangelische Kirche Deutschland) in der BRD zusammenzuarbeiten. Schließlich stellte die Forderung der Dresdner Initiative *Sozialer Friedensdienst* die militärische Doktrin der DDR massiv infrage. 1981 wurden die Aufnäher dann verboten: *Wehrkraftzersetzung* und *Friedensfeindlichkeit* waren die »absurden Vorwürfe« (Schneider 2012: 58). Die Folge:

> »Viele Jugendliche widersetzten sich dem Verbot – andere nähten sich aus Protest weiße, unbedruckte Flecken auf die Ärmel – oder sie schrieben mit Filzstift ›Hier war ein Schmied.‹« (Ebd.)

Die Pflugscharbewegung – oder besser: die Pflugscharbewegungen – in den USA und in der DDR fanden und finden in unterschiedlichen Kontexten statt: Sowohl die konkret politischen Umstände, die Taktik der einzelnen Aktionen, inhaltliche Forderungen, aber auch deren Bekanntheitsgrad variieren. Während es sich in den USA um rund 100 Personen (ungeachtet der Vielzahl an solidarischen Unterstützer*innen) handelt, die im Laufe der Jahrzehnte meist isolierte und dezentral organisierte Go-Ins oder andere direkte Aktionen durchgeführt haben, handelte es sich in der DDR um eine breite Bewegung mit großem Zulauf. Auch wenn eine solch massive Öffentlichkeit für den BEK überraschend kam, war der Höhepunkt der Pflugscharbewegung in der DDR Anfang der 1980er zentral vom BEK initiiert und begleitet worden. Während in den USA weite Teile der christlichen und katholischen Kirchen das bürgerlich-konservative Establishment stützten, reagierte 1982 etwa die Berlin-brandenburgische Synode in einem Brief an ihre Gemeinden auf das Verbot, den »Schwerter-zu-Pflugscharen«-Anhänger zu tragen, mit einer klaren Position. So wurden

> »alle Träger und Nichtträger des Abrüstungssymbols ›Schwerter zu Pflugscharen‹ [ermutigt], an der Verheißung des Propheten Micha festzuhalten. [...] Jeder einzelne von uns ist aufgefordert, aktiv und phantasievoll einen Beitrag zu leisten.« (Silomon 1999: 171)

Die Kriminalisierung der Träger*innen war somit Abbild des staatlichen Bestrebens, sich einer eigenständigen kirchlichen Friedensbemühung und damit auch einer innenpolitischen Opposition entgegenzustellen. Die Aktivist*innen in den USA wehren sich ebenso vehement gegen die Rüstungspolitik ihres Staates, indem sie unbefugt auf Militärbasen eindringen und versuchen, Kriegsgerät – wenn auch oft nur symbolisch – zu zerstören. In der DDR wurde bereits das bloße Tragen eines Annähers oder laut geäußerte Kritik kriminalisiert. Beide Aktionen verbindet jedoch der Anspruch, gewaltfrei zu sein. So sehr sich die Kontexte also unterscheiden, so sehr scheint der Anspruch eines politisch engagierten Christentums – und die Bereitschaft, dafür folgende Repressionen in Kauf zu nehmen – zu einen. Ein Unterschied liegt jedoch offensichtlich darin, dass die ökumenischen Friedensdekaden ihr gefährliches Potential, das heißt ihre politische Sprengkraft, vor der Wende ausgespielt und – ungeachtet ihrer weiterhin existierenden und wertvollen Arbeit – an Bedeutung verloren haben. Das liegt wohl auch daran, dass die deutsche Wiedervereinigung erfolgreich war und die Forderungen nach Abrüstung zumindest am Beginn als verwirklicht angesehen wurden. Ob die Pflugscharbewegung als direkte und gewaltfreie Aktion weiterhin einen Stachel darstellt, mag diskutiert werden. So wie Rosalie Riegle in ihrem Beitrag vermutet, sind viele der religiösen Symbole jungen Menschen nicht mehr verständlich oder wirken abgenutzt. Und dennoch beeindrucken die politische Radikalität und der Glaube der vorgestellten Aktivist*innen, wenngleich Sternstein diese generell und klar von den Aktionen in den USA unterscheidet und fast schon pathetisch über Philip Berrigan nachdenkt:

»Welch ein Mensch! Welch ein Leben! Elf Jahre seines Lebens hat Phil in amerikanischen Gefängnissen zugebracht. Das ist für die USA nicht ungewöhnlich. Im Vergleich dazu verblasst alles, was die europäischen Pflugschärler auf sich genommen haben. Zugleich wird deutlich, woran es uns Europäern vornehmlich fehlt: an lebendigen Widerstandsgemeinschaften und an einer religiösen Grundlage, die praktische Arbeit für die Armen und Entrechteten mit dem Kampf gegen soziale Ungerechtigkeit, Rüstung und Krieg als die beiden Seiten ein und derselben Münze verbindet.« (Sternstein 2005: 444)

Schließlich einen die gemeinsamen Kämpfe in der Praxis und in der direkten Aktion, etwa im deutschen Büchel, wo US-amerikanische Aktivist*innen, die aus dem Kontext der Catholic Worker und der Pflugscharbewegung kommen, gemeinsam mit deutschen Friedensaktivist*innen in jenen Militärstützpunkt, wo wider deutsches Recht Atomwaffen gelagert werden, einbrechen. Allen gemein ist jedoch der Verweis auf das biblische Wort, Schwerter zu Pflugscharen zu schmieden. Was hat es damit auf sich?

Ein exegetisch-theologischer Befund des biblischen Textes

Aus dem bisher Gesagten lässt sich vielleicht erkennen, dass vorliegender Band auch den Anspruch erhebt, religiös distanzierten Personen oder überhaupt religiösen Analphabet*innen (Martin Jäggle) oder religiös Unmusikalischen (Habermas) Einsicht in den Aktivismus der porträtierten Angeklagten zu geben. Wir gehen dabei von einer gewissen Offenheit als Voraussetzung aus, welche die folgenden theologischen Überlegungen bei aller Kritik, Skepsis oder Ablehnung brauchen werden.

Sowohl die Pflugscharbewegung der DDR als auch der USA beziehen sich dezidiert auf biblische Überlieferungen, die im Alten oder Ersten Testament zu finden sind, genauer bei den Propheten. Auch wenn der religiöse Bezugshorizont des Pflugscharaktivismus ein christlicher ist, sei hervorgehoben, dass diese Texte ihre Ursprünge im jüdischen Glauben haben und dementsprechend Teil des Tanach sind. Die jeweiligen Stellen finden sich bei den Texten der Propheten Jesaja, Joel und Micha, die zu den sogenannten *Hinteren Propheten* (aufgrund der Stellung im Tanach) gerechnet werden. Während Jesaja für sich allein und als *Großer Prophet* steht, sind Joel und Micha Teil des *Zwölfprophetenbuches* oder *Dodekapropheton*, im Judentum *tre asar*, wo die *Kleinen Propheten* versammelt sind.

Die Rede, Schwerter zu Pflugscharen umzuschmieden, besitzt eine starke symbolische Kraft – so sprach sogar der Neomarxist Ernst Bloch in Bezug auf die Prophetie bei Micha (Mi) 4 und Jesaja (Jes) 2 vom »Urmodell der pazifizierten Internationale«, die allen Menschen zugänglich und verständlich sei, da ihre nächstliegenden Interessen darin zum Ausdruck gebracht würden (Bloch 1967: 578). So reizvoll das klingt und so breit die Rezeption dieser Stelle sich entwickelt hat, umso dringlicher scheint ein historisch-kritischer Zugang, um fundamentalistischen Engführungen zu entgehen, die den Kontext der Stelle selbst, aber auch den Kontext des gegenwärtigen Handelns, das heißt der politischen Verhältnisse außer Acht lassen. Obwohl die genannten Bibelstellen zentrale Bezugspunkte wiedergeben, werden diese nie absolut gesetzt; obwohl dem Gedanken, Kriegsgerät zu zerstören, radikal gefolgt wird, ist es kein blinder Gehorsam; obwohl die Aktionen ungewöhnlich sind, zeugen sie von Reflexion, politischem Dialog und einer Theologie, die über den Horizont lugt.

Die Exegese weiß um den Umstand, dass viele biblische Stellen mehrfach und oft widersprüchlich überliefert sind – so auch der Fall bei dem Abschnitt zu den Pflugscharen. Insofern lohnt ein genauerer Blick.

Zunächst ist sich die Exegese nicht darüber einig, welcher Text der ältere ist. Der Theologe Schneider (2012) vermutet in Bezug auf die aktuelle Forschung, dass Micha die ursprüngliche Variante ist. Andere vermuten, dass die Worte bei Jesaja und Micha auf eine – möglicherweise gemeinsame – ältere Überlieferung zurückgehen (Silomon 1999: 50). Jedenfalls haben wir es mit einem Text zu tun, der in etwa 2500 Jahre alt ist. Dabei handelt es sich um eine endzeitliche Verheißung – denn historisch gesehen hat Micha dem Volk Juda nur Unheil angesagt. Das bedeutet, dass die Vision, die hier gezeichnet wird – Gott schlichtet die menschlichen Konflikte, Krieg erübrigt sich und insofern können die Schwerter umgeschmiedet werden – eine nicht realisierte ist. Koenen (2017) argumentiert, dass die eigentliche Übersetzung von אֵת (*'et*) eigentlich »Hacke« sein müsste, die Übersetzung mit »Pflugschar« jedoch richtig sei, da »sie im Deutschen das Friedensbild besser zum Ausdruck« bringe als der Begriff »Hacke«. Außerdem betont er in Abgrenzung zu

Psalm 46, 10–12, dass es sich bei den Propheten gewissermaßen um ein Bild des selbstbestimmten und insofern politisch erzeugten Friedens handelt: Hier tritt Gott als Vermittler auf, die Völker zerstören ihr Kriegsgerät selbst. Im Unterschied dazu ist es Gott, der*die in der Psalmstelle Waffen zerstört und als mächtige*r Krieger*in die Völker unterwirft.

Die Stelle bei Mi 4, 1–5:

»1 Und es wird geschehen am Ende der Tage: Da wird der Berg des Hauses Adonajs[13] fest gegründet als der Höchste der Berge, erhabener als die Hügel sein. Und strömen werden zu ihm Nationen 2 und viele Völker werden gehen und sagen: ›Auf! Wir wollen hinaufziehen zum Berg Adonajs und zum Haus von Jakobs Gott, dass wir in Gottes Wegen unterwiesen werden und auf Gottes Pfaden wandeln!‹ Denn vom Zion geht Weisung aus und das Wort Adonajs von Jerusalem. 3 Und Gott wird schlichten zwischen vielen Nationen und starken Völkern Recht sprechen bis in ferne Länder. Und sie werden ihre Schwerter umschmieden zu Pflugscharen und ihre Speere zu Winzermessern. Kein Volk wird mehr gegen das andere das Schwert erheben, und sie werden den Krieg nicht mehr erlernen. 4 Und alle werden unter ihrem Weinstock wohnen und unter ihrem Feigenbaum – und niemand wird sie aufschrecken. Denn der Mund Adonajs der Himmelsmächte hat geredet. 5 Ja, alle Nationen wandeln jeweils im Namen ihrer Gottheit, und wir, wir wandeln im Namen Adonajs, unserer Gottheit, für immer und ewig.«

---

13 In der Übersetzung des Gottesnamens wird den Überlegungen aus der Bibel in gerechter Sprache (2007: 16–21) gefolgt.

Hier wird also eine universalistische Vision gezeichnet, in der die Völker und Nationen aufgrund einer religiös-ethischen Erwartung eine Art Rüstungskonversion betreiben (Schneider 2012: 54). Dieses Bild findet am »Ende der Tage« statt, das heißt, es handelt sich um eine endzeitliche Vision. Die Eschatologie als Auseinandersetzung mit den letzten Dingen erfährt im theologischen Diskurs eine zentrale und vielfältige Interpretation. Skurrile Rechnungen, die versuchen, den Beginn des Reiches Gottes zu datieren, oder Drohbotschaften, die im Jüngsten Gericht am Ende der Tage eine Plus-Minus-Auflistung im Sinne einer allzu irdischen Abwägung sehen, hat die Katholische Kirche in der Geschichte und unterschiedliche evangelikale Strömungen in der Gegenwart interessiert. Die hier eingenommene Perspektive versteht »Ende der Tage/Zeiten« nicht als Ende einer chronologischen Zeitrechnung, sondern im Sinne einer *Erfüllung der Zeit*. Diese Erfüllung kann und soll bereits in der Gegenwart passieren und in der christlichen Nachfolge Wirklichkeit werden. Dabei bleibt der Gedanke des eschatologischen Vorbehaltes: Das Reich Gottes ist »schon« und »noch nicht« da. Besonders in der Neuen Politischen Theologie – etwa eines Johann Baptist Metz – ist diese theologische Figur zentral: So ist das *Eschaton* – das Ende der Tage – durch die Offenbarung Jesu Christi schon angebrochen, allerdings noch nicht vollendet. Diese Vollendung verwirklicht sich durch die Wiederkehr Jesu; im Judentum steht die Ankunft des Messias überhaupt noch aus – sowohl die christliche als auch die jüdische Erwartungshaltung eines Befreiers wird als Messianismus verstanden. Ein Gedanke, hoch geschätzt etwa von Walter Benjamin oder Ernst Bloch, der das orthodox marxistische Geschichtsbild anfragt: Das Eingreifen des Menschen in die Geschichte verändert bereits jetzt schon (und bereitet das Reich Gottes beziehungsweise die Revolution vor), bedarf aber einer außergeschichtlichen Vollendung. Eine solche wird bei Micha und Jesaja verheißen. Für die Aktivist*innen der Pflugscharbewegung ist der politische Auftrag klar: Jener Tag, an dem die Völker ihre Waffen zu funktionellen Werkzeugen umschmieden, muss heute beginnen *und* er muss eigenständig herbeigeführt werden. Theologisch gekleidet spricht Schneider (2012: 55) so:

»Für den Propheten damals galt wie für uns heute: So ist es noch nicht. Aber weil er die Zukunft als Gottes Zeit sah, konnte er darauf vertrauen: Es wird so werden. Und daraus erwächst unsere Aufgabe nach dem uns gegebenen Maß menschlicher Möglichkeiten und Fähigkeiten: Zeugen von dem Anbruch des Gottesreiches in Wort und Tat der Liebe zu werden. Auch wenn Gott allein das Ende der Zeiten heraufführen wird, bleibt es seinen Gläubigen aufgetragen, so zu leben, dass die Ziele Gottes mit seiner Schöpfung in ihrem Leben aufscheinen und dass das Gottesreich im Hier und Jetzt schon erfahren werden kann.«

Im Kapitel 2 von Jesaja finden wir eine beinahe idente Version dieser Abrüstung von unten:

»2 Es wird geschehen am Ende der Tage: Fest stehen wird der Berg des Hauses Gottes als Gipfel der Berge und sich erheben über die Hügel, und zu ihm werden alle fremden Völker strömen. 3 Und viele Völker werden gehen und sagen: ›Auf, lasst uns hinaufziehen zum Berg Gottes, zum Haus der Gottheit Jakobs, damit sie uns lehre ihre Wege und wir gehen auf ihren Pfaden, denn von Zion wird Weisung ausgehen und das Wort Gottes von Jerusalem.‹ 4 Und Gott wird Recht sprechen zwischen den fremden Völkern und richten zwischen vielen Völkern. Dann werden sie ihre

Schwerter zu Pflugscharen und ihre Lanzen zu Winzermessern umschmieden, kein fremdes Volk wird mehr gegen ein anderes sein Schwert erheben, und niemand wird mehr Kriegshandwerk lernen. 5 Haus Jakobs: Auf und lasst uns im Licht Gottes gehen!«

Die kleinen Varianten, die auf eine lebhafte mündliche Überlieferung der Prophetie hinweisen und ein »Vorspiel der heutigen Beliebtheit der Losung« (Wolff 1987: 102) darstellen, sollen an dieser Stelle unbeachtet bleiben. Grundsätzlich kann die Verheißung bei Jesaja und Micha als ident betrachtet werden: Gottes Gemeinde soll und will jetzt jenem Weg folgen, »der für die Zeitenwende allen verheißen ist« (ebd.: 105), indem sie der Lebensweise des Volkes Israel folgen, die diese jetzt schon vorlebt. Nun kann und wird exegetisch und theologisch darüber gestritten werden, inwieweit solche Verheißungen politisch zu verstehen sind, das heißt als konkrete Gestaltungsaufträge an Gläubige. Im Kontext der DDR gab es etwa die Diskussion, dass dem Prophetenwort und damit einer Abrüstung nur in Gegenseitigkeit (das heißt, beide Blöcke: Ost und West) Folge zu leisten ist. Wolff widerspricht dem entschieden: »Das Hinarbeiten auf internationale Rechtsabsprachen zur Abrüstung ist zwar dringend zu wünschen, ersetzt aber nicht annähernd, was hier als Konsequenz« (Wolf 1987: 106) prophezeit wird.

Abschließend seien noch einige Bemerkungen zur Stelle bei Joel gemacht. Dieser Passus (»Pflugscharen zu Schwerter«) wird oft und aus unterschiedlichen Gründen angeführt, um die oben behandelten Visionen bei Jesaja und Micha (»Schwerter zur Pflugscharen«) anzufragen oder überhaupt zu diskreditieren. Wolff (1987: 95) kommt dabei zu dem Schluss, dass es sich hierbei um Sarkasmus handle und der Auftrag, »Pflugscharen zu Schwertern« zu machen, nichts sei als »ein glatter Hohn auf die Weltmächte, die sich mit ihrer Totalbewaffnung dem Gottesvolk – mühevoll genug – überlegen dünken.«

So beginnt die Stelle bei Joel 4, 9-12

»9 Ruft dies unter den Völkern aus: lebt für den Krieg, setzt die Soldaten in Bewegung, rückt heran, zieht hinauf, all ihr kampfgeschulten Männer!«

Erste Anklänge der Ironisierung, die dann folgt, sind zu hören. Eine solch spöttische Verkehrung von Jesaja bricht dann im nächsten Vers durch, wobei Wolff (1985: 96) betont, dass hier unbedingt das bei Joel häufig zu beobachtende Muster »prophetische Traditionen zu verarbeiten« zu beachten und die Zeile somit nicht »in ihrem ursprünglichen Sinn« zu verstehen sei.

»10 Schmiedet eure Pflugscharen zu Schwertern und eure Winzermesser zu Lanzen. Der Schwache spreche: Ich bin Elitesoldat! 11 Eilt und kommt, all ihr Völker aus dem Umkreis, sammelt euch!«

Hier wendet Wolff (1987: 94) kommentierend ein: »aber wozu? etwa zum großen Krieg und Sieg? Nein!« Sondern es geht darum, »dass Adonaj seine Helden ›zerschmettere.‹[14] 12 Die Völker sollen sich in Bewegung setzen, sie sollen zum Tal Joschafat hinaufziehen, denn dort werde ich sitzen und Recht sprechen über alle Völker des Umkreises.«

Enden die Visionen bei Jesaja mit dem Gehen im Licht und bei Micha mit dem Wandeln im Namen Gottes, weist Wolff (1985: 97) auf die Dimension der Bestrafung und Verurteilung

14 An dieser Stelle wird von der Übersetzung aus der Bibel in gerechter Sprache abgewichen und der Argumentation von Wolff 1985: 86f gefolgt. Er wendet sich gegen die Übersetzung »Dorthin lass, Gott, die hinabsteigen, die für dich kämpfen« mit der Begründung, dass in diesem Zusammenhang eine direkte Anrede Gottes »höchst unwahrscheinlich« sei und hier eine Korruptele vorliege.

von »Recht sprechen« hin, es handle sich also nicht um ein positives Richten. Somit wird bei Joel mit »kräftigem Spott« ein »Antreten zum vernichtenden Strafgericht als kriegerische Generalmobilmachung gezeichnet.« (Ebd.)

Befreiende Theologien – anachronistische Stachel und prophetische Zwischenrufe

Über die Buntscheckigkeit innerhalb christlicher Gemeinschaften soll hier nicht debattiert, wohl aber einige Positionen und Strömungen skizziert werden, die sich abseits herrschaftlicher und bürgerlicher Religiosität behaupten und in unterschiedlichsten Ausprägungen Widerstand gegen gewaltvolle Verhältnisse leisten. Die Frage nach christlichem Antimilitarismus ist dabei eine besonders interessante – so ist der Zusammenhang zwischen Glauben, den Kirchen und (Anti-)Militarismus ein geschichtsträchtiger, facettenreicher und widersprüchlicher. Während die ersten Christen den Militärdienst verweigerten und dafür staatlich verfolgt wurden, wurde das Christentum im vierten Jahrhundert nach der Zeitenwende selbst zur Staatsreligion. In Rekurs auf den christlichen Glauben scheint alles möglich zu sein – das Beaufsichtigen eines Konzentrationslagers ebenso wie der antifaschistische Widerstand aus Gewissensgründen. Bis heute gibt es vielfältige bedenkliche Zusammenhänge: in Österreich zum Beispiel institutionell verankert durch die Militärdiözese, die zu den anderen neun, an den Bundesländern orientierten Diözesen, als weitere dazu kommt; und mancherorts durch eine massive Verquickung, etwa bei evangelikalen Strömungen in den USA und ihrem Einfluss auf das Militär (vgl. dazu Ditscher 2013). Allerdings drängen sich die Widersprüche auf, denn gleichzeitig sind und waren es auch die christlichen Kirchen, die vielerorts gegen Krieg und Aufrüstung opponierten – Pax Christi oder der Internationale Versöhnungsbund leisten gegenwärtig einen wichtigen Teil zur Friedensbewegung.

Diese wiederum hat erschreckend geringen Zulauf. Es mag an anderen Themen, welche linksliberale Gruppen eher beschäftigen, liegen: vornehmlich die ökologische Krise, Rassismus und Fluchtbewegungen. Letztere betreffen direkt: Auch Europa muss sich um den Klimawandel Gedanken – und mehr! – machen und im Burggraben der Festung Europas ertrinken täglich Menschen. Aber Krieg? Rüstung? Nukleare Bedrohung? Vielleicht sind diese Gewaltphänomene zu weit weg, und das Hemd ist uns näher als der Rock? Mit Sicherheit weht ein anderer Geist als in den 1970ern – vorbei ist die Aufbruchsstimmung, der Ruf nach Weltfrieden und die Befreiung von bürgerlichen Konventionen. In der postmodernen Gegenwart werden Krisen heraufbeschworen, Existenzängste geschürt und globale Ausbeutungsverhältnisse zunehmend undurchschaubar und angreifbar. Das Abflauen einer politisierten und engagierten Religiosität bei jungen Menschen mag eine weitere Erklärung hierfür sein, bei Friedensmärschen und -demonstrationen wenig und vor allem grauhaarige Menschen anzutreffen. Die Katholische Kirche predigt also weiterhin den Weltfrieden, macht sich hie und da auch bemerkbar – in Friedensfragen mit vielleicht so eindeutigen und gewaltfreien Antworten wie seit 1700 Jahren nicht mehr –, aber das Gebiss scheint stumpf und durchlöchert. Und die radikale Linke? Auch hier war und bleibt Antimilitarismus ein Randthema. »Pazifismus sei Passivismus, meinen sozialistische Kritiker. Er sei als bürgerliche Sozialreform ohnmächtig, um die Widersprüche, Gegensätze und Übel des Kapitalismus und damit den Krieg zu überwinden.« (Beyer 2012: 45) Um nur kurz auf diese Kritik zu reagieren, sei an die oben skizzierte Markthörigkeit der globalen Rüstungsindustrie und die

Verquickung mit politischen Herrschaftsverhältnissen erinnert. Und ob der Pazifismus tatsächlich als bürgerliche Sozialreform abgetan werden sollte, mag in Anbetracht folgender Zeilen in Zweifel gezogen werden. Daniel Berrigan konterkariert damit den Einwand, christlicher Glaube sei konterrevolutionär und die christliche Friedensbewegung bürgerliche Passivität:

»Wir haben beansprucht, Friedensbringer zu sein, aber wir waren im großen und ganzen nicht gewillt, auch nur einen geringen Preis dafür zu zahlen. Weil wir den Frieden nur mit halbem Herzen, mit halbem Willen, mit halbem Einsatz gewollt haben, geht natürlich der Krieg weiter, denn die Kriegsführung ist von Natur aus eine totale, unsere Bemühung um den Frieden dagegen wegen unserer Feigheit nur eine partielle. So gewinnt der mit ganzem Willen, ganzem Herzen und ganzem nationalem Lebenseinsatz betriebene Krieg die Oberhand über den nur mit halbem Herzen angestrebten Frieden. In jedem nationalen Krieg seit der Gründung der Republik war es eine Selbstverständlichkeit, daß ein Krieg einen schmerzlichen Preis von uns verlange und daß wir diesen Preis hochgemuten Herzens bezahlen müßten. Wir nehmen es einfach hin, daß in Kriegszeiten Familien lange getrennt leben müssen, daß die Männer gefangen und verwundet werden, daß sie ihren Verstand verlieren, daß sie in fremden Ländern getötet werden. Zugunsten eines solchen Krieges stellen wir unsere Hoffnungen zurück – unsere Hoffnungen auf Ehe, Gemeinschaft, Freundschaft, auf ein anständiges Verhalten gegenüber Fremden und Unschuldigen. Wir werden belehrt, daß Entbehrung und Disziplin, privates Leid und öffentlicher Gehorsam unser Los sind. Und wir gehorchen. Und wir ertragen es; denn wir müssen es, denn Krieg ist

Krieg, gut oder schlecht. Wir sind mit dem Krieg und seinen Folgen schicksalshaft verflochten.
Aber wie steht es mit dem Preis, den wir für den Frieden bezahlen sollen? Ich denke an die guten, anständigen friedliebenden Leute, die ich zu tausenden kenne. Das gibt mir zu denken. Wie viele von ihnen sind von der Auszehrung des normalen Lebens so betroffen, daß sich ihre Hände, während sie sich für den Frieden entscheiden, mit krampfhaften Zuckungen instinktiv nach ihren Lieben ausstrecken, nach ihrem Trost, ihrem Heim, ihrer Sicherheit, ihrem Einkommen, ihrer Zukunft, ihren Plänen nach einem Fünfjahresplan der Studien, nach einem Zehnjahresplan des Berufsstands, einem Zwanzigjahresplan einer ganzheitlich gewachsenen Familie, nach einem Fünfzigjahresplan eines menschenwürdigen Lebens und seiner Krönung durch den natürlichen Tod. ›Natürlich wollen wir den Frieden‹, seufzen wir, ›aber wir wollen zur gleichen Zeit den Normalzustand erhalten, keinen Verlust erleiden, unser Leben unversehrt erhalten, weder Gefängnis noch den Verlust unseres guten Rufes oder unserer guten Beziehungen erleiden‹. Deshalb, weil wir das eine halten und das andere nicht verlieren wollen; deshalb, weil wir unsere Hoffnungen auf alle Fälle, um jeden Preis, nur auf eingefahrenen Gleisen erfüllt sehen können; weil es unerhört ist, daß das Schwert im Namen des Friedens gezogen wird, um jenes feingewobene Netz unseres Lebens zu zerschneiden; weil es unerhört ist, daß gute Menschen Unrecht leiden, Familien entzweit werden oder ein guter Ruf verlorengeht, deshalb schreien und schreien wir nach Frieden – aber es gibt keinen Frieden. Es gibt keinen Frieden, weil es keine Friedensbringer gibt. Es gibt keine Friedensbringer, weil der

Preis für den Frieden mindestens ebenso hoch ist wie der für den Krieg. Der Frieden stellt mindestens die gleichen Anforderungen, er birgt nicht minder die Gefahr der Spaltung, der Ungnade, der Gefangenschaft oder gar des Todes. Erwägt also die Worte unseres Erlösers. Seine Worte sind ernst, die Last seines Schicksals liegt schwer auf ihm. Erwägen wir seine Worte in unserer Ratlosigkeit mit bereitwilligem Herzen, begierig und zugleich mit einer Art kühler Anteilnahme, damit wir mit klarem Blick und mit Freude den Preis seiner Nachfolge erfassen.« (Berrigan 1972: 56f)

Die klassische Befreiungstheologie Lateinamerikas versuchte in ihrer Hinwendung zu den Armen und Marginalisierten stets die Verhältnisse für Mechanismen der Ausbeutung zu analysieren und anzugreifen. Ihrer Opposition zu autoritären Regierungen oder kapitalistischen Produktionsweisen wohnte auch eine Kritik am Staat und an seinen Institutionen inne, wenn diese auch nicht immer im Mittelpunkt stand. Damit wurde sie zu einer der profiliertesten und bekanntesten christlichen Gegenbewegungen, war aber beileibe nicht die einzige. Durch die Konstantinische Wende wurde das Christliche zwar korrumpiert, allerdings gibt es trotzdem und vielleicht deswegen eine vielfältige Geschichte des Widerstandes und der Kritik am (christlichen) Staat durch Christ*innen. Auch die Catholic-Worker-Bewegung und der Pflugscharaktivismus steht einem anarchistischen Christentum nahe, das sich heute in vielfältiger Weise zeigt (vgl. Kalicha 2013). Gemein ist beiden – und vielen gläubigen Ketzer*innen, widerständigen Mystiker*innen und revolutionären Christ*innen der Geschichte – die Rückbesinnung auf die christlichen Urgemeinden, den rebellischen Lebenswandel Jesu und die damit verbundene Radikalität der Nachfolge. Der biblische Text will dabei stets mit dem konkret geschichtlichen Kontext in Zusammenhang gebracht werden:

»Es gehört zur befreiungstheologischen Hermeneutik, die Situation der Menschen von damals ebenso ernst zu nehmen, die in der Bibel vorkommen, wie die der Menschen von heute, die aus der Bibel lernen, was es heißt, dass der Glauben an Gott und Christus Berge versetzen kann. Sie geht also sozialgeschichtlich vor, um sich und anderen Rechenschaft über die eigene gesellschaftliche Situation abzulegen. [...] Die biblischen Texte sind Testimonien, Zeugnisse Betroffener, die die ungeschminkte Wahrheit über ihre eigene Situation aussprechen und deutlich machen, was der Glaube und die Hoffnung auf Gott praktisch bedeuten, welche Schritte der Befreiung im Alltag mit dem Glauben verbunden sind. [...] Bibelauslegung hat also zwei Kontexten Rechnung zu tragen: dem eigenen Kontext und dem der Menschen, die in der Bibel zu Wort kommen. Für beide Kontexte ist der Glaube nicht zu trennen von der Alltagswirklichkeit, von der durch Wirtschaft, Politik und Militär meist mit roher Gewalt bestimmten Situation der Menschen. In diese Situation traf und trifft Gottes Wort. Es genügt nicht, als exemplarische Situation des Glaubens den einsamen Beter in seiner Kammer und den Kranken auf dem Sterbebett vor Augen zu haben. Auch Arbeitslose auf dem Marktplatz und hungernde Kinder, aber genauso die glückliche Mutter eines gesunden Kindes, die für seine Zukunft hofft und arbeitet, sind in ihrer konkreten Situation Subjekte des christlichen Glaubens. Die politischen und sozialen Verhältnisse müssen beim Namen genannt werden, wo vom Glauben gesprochen wird.« (Sölle/Schrottroff: 1985: 8f)

Daraus erwuchsen in der Geschichte der Christenheit bei allen Widersprüchen vielfältige widerständische Praxen – über die Radikalität der Ordensgemeinschaften und Täuferbewegungen, der Waldenser*innen und Quäker*innen bis hin zu den religiösen Sozialist*innen des 20. Jahrhunderts und den politischen Befreiungskämpfen von katholischen Priestern und Ordensschwestern gegen die Diktaturen Lateinamerikas, um nur einige wenige Schlaglichter zu nennen. In der lateinamerikanischen Theologie der Befreiung, deren Geburtsstunde zwar paradoxerweise in ihrem Gegenprojekt – der *conquista*[15] – lag, vor allem aber im 20. Jahrhundert auch politische Schlagkraft erlangte, manifestiert sich etwa der Auftrag, grundlegende Option für die Armen, Entrechteten und Marginalisierten zu sein. Der christliche Glaube wird als prophetische Kritik an den herrschenden Verhältnissen gelebt, die Kirche als wanderndes Volk Gottes durch die Geschichte verstanden und die biblischen Erzählungen als Inspiration für die Erlangung von irdischer Gerechtigkeit gelesen. An Marx geschult wurden Vertröstungsgedanken und spiritualistische Engführungen verworfen, um mittels materialistischer Analyse die Wirklichkeit besser zu verstehen. Damit begaben sich viele Gläubige – ob Laien oder im Klerus – in nicht selten lebensbedrohliche Gefahr. Eine politische linke Kirche musste in Zeiten der Militärdiktaturen häufig aus dem Untergrund agieren und erfuhr massive Repression fernab jeglicher Justiz und oft grausame Gewalt. Wie in den

15 Üblicherweise wird der Beginn der lateinamerikanischen Befreiungstheologie auf die 60er Jahre des 20. Jahrhunderts datiert. Diese ist jedoch *einerseits* eine Reaktion auf die Kontinuitäten des Kolonialismus, *andererseits* gab es bereits davor und mit Beginn der europäischen Expansion eine Geschichte des Widerstandes und der Befreiung. Vgl. dazu unter anderem Dussel (2012).

ersten nachchristlichen Gemeinden wurden Christ*innen, die in Opposition zum jeweiligen Regime und oft auch zur Amtskirche standen, verfolgt. Im Kontrast dazu stehen einander die antimilitaristischen Christ*innen heute einem vielleicht ungerechten, aber doch berechenbaren Rechtssystem gegenüber. Im besten Wissen um die Konsequenz ihrer Aktionen – meist der Gang ins Gefängnis – verüben sie diese dennoch und folgen ihrem Glauben.

Daniel Berrigan, selbst mehrmals im Gefängnis, bringt das Verhältnis von Gefängnis und Gesellschaft auf den Punkt: »Wie immer die persönlichen Überzeugungen eines Mannes, dem die Handschellen angelegt werden, sein mögen, eines ist klar: Die Gesellschaft hat andere Vorstellungen vom menschlichen Leben und Verhalten als er.« (Berrigan 1972: 104)

Und er verweist auf den biblisch-religiösen Bezug: »Sowohl bei Jeremias als auch bei Paulus hatte die Ursache, warum sie in öffentlichen Verruf und ins Gefängnis kamen, etwas mit der verschiedenartigen Auffassung vom ›Heiligen‹ zu tun. Diese Auffassung stand, so wie sie in moralisches Verhalten übersetzt und verwirklicht wurde, im Widerspruch mit den öffentlichen Sitten. Jeder der beiden Männer erhob den Anspruch, mit einem transzendenten Geheimnis in Verbindung zu stehen. Und dieses Geheimnis wurde materialisiert, das heißt, es verlangte nach einer sichtbaren ethischen Geste. Aber die Geste war durch staatliche Macht verboten.«

Dieser Drang nach Transzendenz, nach einem Überschreiten, wird in der Politischen Theologie geerdet: Es geht nicht bloß um ein Transzendieren im metaphysischen Sinn, um ein Greifen nach dem jenseitigen Paradies, sondern es meint auch ein Überschreiten, ein Hinter-sich-Lassen, ein Durchbrechen irdischer Beschränkungen – etwa des Kapitalismus oder der Geschlechterverhältnisse. Es geht, wie Dorothee Sölle nicht müde wurde zu betonen, darum, den Himmel zu erden. Oft sind es staatliche und auch kirchliche Apparate selbst, die ebendies verhindern. Während die klassische Befreiungstheologie Lateinamerikas trotz aller Heterodoxien ihren Ort in der katholischen Kirche hatte und somit auch Teil einer zentral geführten Institution war, üben christliche Anarchist*innen, Catholic Workers und antimilitaristische Christ*innen massive Kritik an ebendiesen Einrichtungen. Die Gruppen berufen sich zwar in unterschiedlichem Ausmaß auf die Bibel; verschiedene Kirchen oder Gemeinschaften, die sie unterstützen, organisieren sich aber dezentral und greifen in ihrem Aktionsrepertorie der direkten Aktion auf unterschiedliche Methoden zurück, die – trotz der Einbettung in ein wie auch immer gestaltetes größeres Ganzes – individualistische Aktionen bleiben und weit von einer Massenbewegung oder, wie bei der Befreiungstheologie, einer Sozialen Bewegung des *pueblo* (des »Volkes«) entfernt sind. Der hier vorgestellte christliche Antimilitarismus unterscheidet sich bei allen Schnittpunkten mit und Anknüpfungspunkten an die Befreiungstheologien nicht bloß in der Methodik und Strategie, Unrechtsverhältnisse zu bekämpfen, sondern auch in einem inhaltlichen Punkt: Obwohl der Mainstream der Befreiungstheologie klar um Frieden und um Gerechtigkeit bemüht war, verweigerten einige Akteure der lateinamerikanischen Befreiungstheologie den bewaffneten Widerstand nicht nur nicht, sondern suchten ihn aktiv oder befanden sich in dessen Nähe – als prominentestes Beispiel sei etwa Camillo Torres genannt. Die Debatte, inwieweit die Theologie der Befreiung sich auf einem Weg der gewaltfreien Revolution befand, oder in manchen Teilen nicht, muss an anderer Stelle geführt werden. Jedoch: Im Gegensatz zu vielen Befreiungsbewegungen Lateinamerikas handeln die vorgestellten antimilitaristischen Christ*innen aus privilegierten Positionen heraus. Zwischen den Freunden Daniel Berrigan und Ernesto Cardenal wurde dieses Dilemma verhandelt. Cardenal in einem Interview (1977: 122f):

»Aber es kann der Fall eintreten, daß die Revolution gewalttätig sein muss. Manchmal muss sie Gewalt benutzen, weil die Machthaber die Macht nicht freiwillig hergeben, das heißt, dem Volk übergeben. Und diese Gewalt ist vollkommen gerechtfertigt. Das ist das Recht auf Widerstand, das auch die Kirche immer allen Völkern zugestanden hat. Ich meine damit nicht den Begriff vom ›gerechten Krieg‹; den kann es vielleicht heute nicht mehr geben. Aber der Befreiungskampf und der Widerstand eines Volks kann nicht nur gerecht sein, sondern ist immer gerecht. Er kann gar nicht anders als gerecht sein. Eine Befreiung kann nicht ungerecht sein, sie ist immer gerecht.«

In einem lesenswerten offenen Brief wendet sich Berrigan an Cardenal. Darin äußert er Verständnis für die Situation Cardenals in der Unterdrückung durch das Somoza-Regime, unter anderem gestützt durch die USA, und betont, dass er in Bezug auf die Gewalt zu den USA keine Parallele ziehen könne:

»Was sind schon ein paar Gewehre oder gar ein paar hundert Gewehre in den Händen von Guerillas im Vergleich zu dem Weltuntergangs-Lager an nuklearen Schrecken, der in unseren Bergen und Bunkern lauert?« (Berrigan 1978)

Berrigan geht auf Cardenal ein, der die »Gewalt eines vergewaltigten Volkes« legitimiert, und verweist auf die lange Tradition der Selbstverteidigung. Allerding macht Berrigan unmissverständlich klar: »Der Tod eines einzigen Menschen ist ein zu hoher Preis für die Verteidigung eines Prinzips, und mag es noch so hoch und heilig sein.« Dass die Revolution ihre Kinder fressen würde, wurde Berrigan bei einem Besuch in Nicaragua 1984 bestätigt, wo ein obligater Militärdienst eingeführt worden war und Amnesty International erste Berichte über präventive Haft und Enteignungen von Minderheiten und Dissidenten veröffentlicht hatte (Forest 2017: 215f). Auch Cardenal selbst wandte sich 1994 enttäuscht von der Sandinistischen Partei ab. Gegen Ende des Briefes betont Berrigan:

»In der Tat hat die Religion in diesem blutigen Jahrhundert wenig zu bieten, wenig, das nicht kontaminiert oder gebrochen […] ist. Aber eines haben wir: Unsere Weigerung, Bomben oder Gewehre in die Hand zu nehmen, die auf das Fleisch von Brüdern und Schwestern gerichtet sind, die wir beharrlich als solche definieren, indem wir uns den Feindseligkeiten verweigern, die uns vom kriegstreibenden Staat oder der kriegssegnenden Kirche aufgezwungen werden.

Das ist eine lange Einsamkeit, und eine undankbare. Man sagt ›nein‹, wenn jeder Schmerz des Herzens ›ja‹ sagen würde.« (Berrigan 1978)

Radikale Umkehr

Werden Menschen nach ihren Zukunftswünschen gefragt, wird wohl kaum die Sehnsucht nach Unfrieden, Gewalt und Krieg artikuliert werden – das Gegenteil ist der Fall. Es klafft eine Lücke zwischen dem Wunsch nach Frieden und dem Einsatz dafür. Daniel Berrigan sieht den Grund, wie oben zitiert, in der fehlenden Bereitschaft, den Preis dafür zu bezahlen. Wir würden nicht genug aufgeben, nicht genug riskieren. Eine bürgerliche Staatsräson übersieht mehr oder weniger pazifistische

Bestrebungen als verträumt und verklärt; die Linke mag sie als zu passiv, harmonieorientiert und letzten Endes die kapitalistischen Widersprüche nicht ernst nehmend kritisieren – doch die hier porträtierten Aktionen einer Abrüstung von unten und die Radikalität, mit der die Aktivist*innen für Frieden eintreten, sprechen eine andere Sprache. Vor diesem Hintergrund stellt sich gleichzeitig die Frage, inwieweit gesellschaftliche Mitgestaltung heute möglich ist und welchen Handlungsspielraum westliche Demokratien erlauben. Sternstein formuliert provokant: »Heute leben wir in einer Demokratie. Jeder darf sagen, was er denkt, kann die Regierung kritisieren, kann opponieren, protestieren, demonstrieren. Es ist ganz ungefährlich – aber auch wirkungslos.« (Sternstein 2006: 346) Dass antimilitaristische Christ*innen daraus die Konsequenz ziehen, Brot *und* Gesetze zu brechen, führt wohl bei vielen zu Irritationen. Einerseits mögen die religiöse Sprache und Symbolik befremden, aus der Zeit gefallen wirken und vielleicht sogar als fundamentalistisch verengt verstanden werden. Andererseits können die Aktionen selbst hinterfragt werden: Gesetze werden gebrochen, Sachen beschädigt und gegen die etablierte Politik und Diplomatie revoltiert. Bevor diese einleitenden Gedanken solche kritischen Rückfragen zu reflektieren versuchen, müssen noch einige wichtige Hinweise zu den beschriebenen Aktionen und porträtierten Aktivist*innen nachgereicht werden: Obwohl wir versuchen, diese in einem Buch vorzustellen und unter einer Überschrift zu bündeln, unterscheiden sich die persönlichen Hintergründe, Überzeugungen und Zugehörigkeiten. Gleich bleiben der politische Kontext und die antimilitaristische Überzeugung der direkten und gewaltfreien Aktion. Trotz des gemeinsamen Kampfes spiegeln die Verteidigungsreden eine breite Vielfalt wider. Zunächst: Die Aktion in

Büchel war keine dezidierte Pflugscharaktion. Rund um den Militärstützpunkt haben sich in den letzten Jahrzehnten unterschiedliche Protestcamps, Aktionen und Gruppen gebildet, sodass hier fast von einem Begegnungsort gesprochen werden kann – wo etwa die Linke und christliche Gruppen nebeneinander campen. Menschen werden in gewaltfreier Aktion trainiert, Kampagnen geplant, Blockaden durchgeführt etc. Das hier beschriebene Go-In ist eine von vielen Aktionen, die dort stattfanden und -finden, oft spontan und lose.[16]

Die Aktion in *Kings Bay* hingegen war eine singuläre Aktion; diese wurde akribisch, im Geheimen und über einen Zeitraum von zwei Jahren geplant. Sie ist dezidiert eingebettet in die langjährige Tradition der oben beschriebenen Pflugscharbewegung der USA. Gleichzeitig stehen die Aktivist*innen aus Büchel dieser sehr nahe und waren teilweise bei früheren Pflugscharaktionen dabei.

Schließlich muss angemerkt werden, dass sich bei der europäischen Protestaktion nicht alle und so explizit in einen christlichen Horizont einschreiben, wie das bei den *Kings Bay 7* der Fall ist, die nicht nur christlich, sondern auch dezidiert katholisch sind. Alle hier vorgestellten Personen haben ihre Zustimmung gegeben, dass ihre Reden in einem Buch abgedruckt werden, der christlichen Antimilitarismus zum Inhalt hat; gleichzeitig ist an den Reden selbst erkennbar, wie unterschiedlich der Aktionismus aus religiöser Perspektive legitimiert wird. So sind bei den US-amerikanischen Reden beinahe märtyrerhafte Züge zu erkennen, die vielleicht irritieren. Etwa bei Martha Hennessy:

---

16 Zu Geschichte, aktuellen Entwicklungen und Prozessen rund um Büchel siehe: www.buechel-atombombenfrei.jimdofree.com [7. 1. 2021].

> »Es tut mir leid, dass mein Glaube mich zu solchen Maßnahmen veranlasst hat, die meine Familie und meine Gemeinde in den letzten Jahren in Not gebracht haben. Aber der Glaube erfordert Härte, wie wir es bei Christus am Kreuz sehen.«

Selbstaufopferung als Teil der Rhetorik entspricht hier der Überzeugung, radikal in die Nachfolge Jesu zu treten.

Susan van der Hijden, die für ihre erste Pflugscharaktion bereits im Jahr 2000 mehrere Monate im Gefängnis verbracht hat, verwendet zwar ebenso religiöse Figuren, kehrt diese aber in ihrer Rede gewissermaßen um, indem sie die Justiz mit ihrer eigenen Argumentation konfrontiert:

> »Sie werden mir sagen, dass Sie Verständnis dafür [für das Engagement gegen Atomwaffen, Anm. d. Hrsg.] haben, aber dass dies nicht der richtige Weg ist. Dass der Zaun heilig ist und nicht angerührt werden darf.«

Problematisch scheinen uns jedoch – und deshalb an dieser Stelle einige Anmerkungen – die wiederholt biblische Bezüge auf den angesprochenen Vers, Schwerter zu Pflugscharen zu schmieden oder auch das Anführen von Jesus als Motivationsgrund, etwa wenn Patrick O'Neil und Martha Henessy ihre Aktionen mit der neutestamentarischen Erzählung vergleichen, in der Jesus die Geldwechsler aus dem Tempel hinauswirft. Ohne hier eine Auslegung der genannten Stelle anzubieten, stellt sich die Frage, wo hier die Abgrenzung zu einem wortwörtlichen (und damit sehr problematischen) Bibelverständnis abseits historisch-kritischer Exegese liegt. Leicht könnte der Vorwurf geäußert werden, es handle sich hier um fundamentalistisches Fahrwasser. Wir halten dem entgegen, dass alle Aktivist*innen nach einer Abschaffung von Gewaltverhältnissen hier auf Erden und einem guten Leben für alle streben. Trotz der Überzeugung, dass staatliche Autoritäten Teil des Gewaltapparats sind und dagegen Widerstand geleistet werden muss, halten alle – nicht zuletzt aus ihrem christlichen Glauben schöpfend – die gemeinsamen Begegnung, das Suchen nach Wahrheit, die Relativierung der eigenen Person und Aktion, die Frage nach Versöhnung, das Lernen voneinander (und von anderen politischen und Glaubenstraditionen), die Gewaltfreiheit und sogar Feindesliebe hoch – Aspekte, die religiösen (und säkularen, auch linken) Fundamentalismen fremd sind.

Vor allem wenn es um die Frage nach Staatlichkeit, Gesetzen und deren (Nicht-)Anerkennung geht, wirkt eine religiöse Argumentation ambivalent: Zum einen kraftvoll und widerständisch, zum anderen etwas heikel. Anne Montgomery, Schwester des Ordens vom heiligsten Herzen Jesu (Sacré Cœur), war Teil der ersten Pflugscharaktion 1980 und bis zu ihrem Tod im Jahr 2012 unermüdliche Friedensaktivistin. Ihre sechste und letzte Pflugscharaktion führte sie 82-jährig im Jahr 2009 aus:

> »Ziviler Ungehorsam bedeutet Bruch eines von Menschen gemachten Gesetzes im Gehorsam gegen ein höheres Gesetz. Genauer, es ist eher Gehorsam als Ungehorsam, denn jedes Gesetz, das seiner fundamentalen Verpflichtung, menschliches Leben zu schützen und zu fördern, nicht gerecht wird, ist kein echtes Gesetz. Solche Gesetze müssen gebrochen werden, um ihre Illegalität zu enthüllen.« (Montgomery in Sternstein o. J: 49)

Der Gedanke, Gehorsam gegen ein höheres Gesetz oder göttlicher Gehorsam, ist auch ein zentrales Motiv im christlichen Anarchismus; Worauf sich wohl alle vorgestellten Personen einigen können, ist ein Gedanke, den der langjährige Friedensaktivist, Historiker und Politikwissenschaftler Howard Zinn formuliert. Er selbst war mit Daniel Berrigan 1968 im Vietnam.[17] Bei einer Rede an der John Hopkins Universität richtet er sich an das Publikum:

> »Sobald Sie das Thema ziviler Ungehorsam aufbringen, sagen Sie, unser Problem ist ziviler Ungehorsam. Das ist nicht unser Problem … Unser Problem ist ziviler Gehorsam. Unser Problem ist die Anzahl der Menschen auf der ganzen Welt, die dem Diktat der Führer ihrer Regierung gehorcht haben und in den Krieg gezogen sind, und Millionen sind wegen dieses Gehorsams getötet worden. […] Unser Problem ist, dass die Menschen überall auf der Welt gehorsam sind im Angesicht von Armut und Hunger und Dummheit, und Krieg und Grausamkeit. Unser Problem ist, dass die Menschen gehorsam sind, während die Gefängnisse sich wegen Bagatellen füllen, während die ganze Zeit die großen Verbrecher das Land regieren. Das ist unser Problem!« (Zinn 1970, Übersetzung JF)

Dieser Ungehorsam gegenüber Gesetzen wird von den Angeklagten mitunter mit Verweis auf historische Gesetzesbrüche und damit die Kontingenz menschlicher Gesetze legitimiert. So erinnert Mark Colville an die Rassentrennung und Sklavengesetze in den USA in seinem Appell an die Jury während seiner Schlussrede:

> »Wenn Sie also in diesen Beratungsraum gehen und die Ihnen vorgelegten Beweise aufgreifen, sollten Sie vielleicht darüber nachdenken, was vor fünfzig Jahren in diesem Land als legal und illegal galt. Vielleicht sollten Sie darüber nachdenken, was vor hundert Jahren nicht einmal in

---

17   An diese Reise erinnert Daniel Berrigan in der Dokumentation *The Holy Outlaw*, www.youtube.com/watch?v=gEOBwgZYVQU [7.1.2021].

einem Gerichtssaal gefragt werden durfte. Vielleicht sollten Sie darüber nachdenken, was vor hundertfünfzig Jahren in diesem Bundesstaat Georgia legal war. Und dann sollten Sie vielleicht darüber nachdenken, wie Ihre Entscheidung hier und heute in fünfzig Jahren aussehen könnte – wenn uns tatsächlich noch so viel Zeit bleibt.«

Clare Grady betonte während ihres Gerichtsprozesses, dass Gesetze immer nur innerhalb eines gewissen Kontextes Sinn ergeben. Sie verwies auf ein Bild, das Martin Luther King gebrauchte: »Es ist nichts falsch an einem Verkehrsgesetz, das besagt, dass man bei einer roten Ampel anhalten muss.« Dabei würde auch niemand infrage stellen, dass die Feuerwehr oder ein Krankenwagen im Einsatz über die rote Ampel fahren muss, um damit Leid zu verhindern.

Die Argumentationslinien versuchen oft ein Mehrfaches: Einerseits mit bestehenden Gesetzen zu argumentieren (Verweise auf das Völkerrecht, den Atomwaffensperrvertrag, das Grundgesetz etc.), andererseits wird den staatlichen Gesetzen, welche die Angeklagten darlegen, Skepsis entgegengebracht. Susan van der Hijden:

»Ich habe nicht viel Vertrauen in das Gesetz. Das Gesetz soll seine Bürgerinnen und Bürger schützen, aber es schützt weiterhin die Waffen, die Gewalt gegen die Armen und die Zäune um die Nuklearstützpunkte, wie sie auf dem Luftwaffenstützpunkt Büchel stehen.«

Was ein Merkmal jeder direkten Aktion und eigentlicher Kern anarchistischer Form ist: Selbstorganisation und Verantwortung übernehmen. So kommentiert auch Daniel Berrigan die erste Pflugscharaktion im Jahr 1980:

»Wir möchten, dass Sie den Namen unseres Verbrechens kennen. Wir möchten Verantwortung übernehmen für eine Welt, für Kinder, für die Zukunft. Und wenn das ein Verbrechen ist, dann ist es ganz klar, dass wir in ihre Gefängnisse gehören. Wohin sie gehören, ist etwas anderes. Aber im Namen aller acht [Angeklagten] möchte ich Ihnen, liebe Freunde, Freundinnen und Geschworene, das große und edle Wort überlassen, das unser Verbrechen ist: ›Verantwortung‹.« (de Antonio 1982, Übersetzung JF) In eine ähnliche Kerbe schlägt auch die Überzeugung mancher Aktivist*innen, wenn sie mit der Frage konfrontiert werden, warum sie fremdes Eigentum betreten und zerstören. So verteidigt sich Clare Grady:

»Diese Waffen sind nicht Privateigentum, sie gehören den Menschen in den Vereinigten Staaten, sie gehören mir, Ihnen, uns. Diese Waffen töten und schaden in unserem Namen, und mit unserem Geld.«

Dabei geht es ihr nicht bloß um die Eigentumsfrage, sondern darum, »mich selbst zur Rechenschaft zu ziehen und eine neue Beziehung zu der Waffe zu manifestieren, die dieses schmutzige, verrottete System durchsetzt, das jeden Tag in meinem Namen tötet. […] Es geht um meine Komplizenschaft.« (Eric 2020)

In Bezug auf den Vorwurf der Gewalt setzen die meisten Aktivist*innen die ihnen vorgeworfene Sachbeschädigung – etwa eines Zaunes – ins Verhältnis zur Gewalt, die von einer Atombombe ausgeht. Nochmals Anne Montgomery:

»Die Bemühungen, Waffen abzubauen, werden oft als ›gewaltsam‹ etikettiert, da sie ›Eigentum‹ zerstören. Ein Großteil der Gewalt in unserer Gesellschaft und in der Regierung rührt von der Vergötzung des Eigentums her, von der Besessenheit, private und körperschaftliche Besitztümer zu Hause und im Ausland zu schützen. Nochmals, wahres Eigentum ist das, was menschliches Leben bereichert, nicht das, was es verarmt. Ein Trident-Unterseebot oder eine Rakete ist Anti-Eigentum so gut wie Anti-Leben.« (Montgomery in Sternstein o. J.: 50)

Schließlich werden vor Gericht die Prinzipien gewaltfreier Aktion betont: Keine Person kommt zu Schaden und die Konsequenzen der Aktion werden – obwohl oft im Geheimen geplant – getragen.[18] Bei beiden Betretungen der Militärgelände wurde singend und betend auf die Einsatzkräfte gewartet, die Absichten und Methoden wurden danach völlig transparent offengelegt. Darin offenbart sich auch die oft jahrzehntelange Beschäftigung mit dem Thema und alle möglichen Versuche, auf legalem Weg innerhalb liberaler Demokratien gegen diese Unrechtmäßigkeiten vorzugehen. Jürgen Hoßbach in seiner Verteidigungsrede:

»Aber, wir haben es satt mit dem Reden und dem Warten. Mit dem Demonstrieren und dem Warten. Mit dem Wählen und dem Warten. Mit dem Unterschriftensammeln und dem Warten.«

Und Susan van der Hijden:

»Wir haben alles versucht […]. Ich wünschte, ich könnte andere Dinge tun, aber ich weiß nicht, was die Machthaber zum Zuhören bewegen wird. Es scheint an der Zeit, die von uns gewünschten Veränderungen selbst vorzunehmen. Den Zaun zu durchschneiden ist der erste Schritt.«

---

18 Interessant ist, dass bis auf Pater Steve Kelly, der die Aussage verweigerte, alle Aktivist*innen der *Kings Bay 7* von Anwält*innen Unterstützung in Anspruch genommen haben – ein für Pflugscharaktivist*innen eher unüblicher Weg, da auch hier meist die Überzeugung überwiegt, sich vor Gericht selbst am besten vertreten zu können und erst gar nicht auf staatliche Argumentationslinien einzusteigen.

Abgesehen von den Konsequenzen für die Aktivist*innen, bleibt die Frage nach den Folgen und Erfolgen dieser Aktionen offen. Ein Vorwurf, häufig unter Verweis auf die Sachbeschädigung, lautet, dass die Pflugscharaktionen auf Unverständnis in der Öffentlichkeit stießen. Sternstein entgegnet mit einer etwas eigenwilligen, aber plausiblen Theorie hinsichtlich der Aktionsform:

»Für mich ist eine gewaltlose Bewegung einem Kegel vergleichbar: Die Basis wird von legalen Massenaktionen wie Versammlungen, Kundgebungen, Märschen, Petitionen, Protesten aller Art und gerichtlichem Vorgehen gebildet, seine Mittelzone von den Methoden der Nichtzusammenarbeit wie Streik, Boykott, Rückgabe von Orden und Ehrenzeichen, Niederlegen von Ämtern sowie dem Aufbau von unabhängigen Parallelinstitutionen, seine Spitze von Aktionen des zivilen Ungehorsams wie gewaltlosen Blockaden, Platzbesetzungen, Go-ins, Steuerverweigerung oder symbolischen Zerstörungsaktionen. [...] Eine Bewegung, die nur auf radikale Aktionsformen setzt, ist in Gefahr, zu einer Nadel zu werden, die man leicht brechen kann. Eine Bewegung, die ausschließlich auf legalen Massenprotest setzt, ist in Gefahr, flach wie ein Pfannkuchen zu werden. Erst die Verbindung von Breite und Höhe, von Massenbasis und Radikalität verleiht einer gewaltlosen Bewegung die erforderliche Stärke.« (Sternstein 2006: 378)

Sternstein spricht in der Reflexion über die Bedenken, die er vor seiner ersten Pflugscharaktion in Schwäbisch-Gmünd hatte, Bedenken, die sich auch in Anbetracht der hier vorgestellten Aktionen äußern lassen: »Nicht nur unsere Gegner, auch viele unserer Freunde halten es für gefährlich, schädlich, gewaltsam, verrückt, elitär, effekthascherisch, leichtfertig, abenteuerlich, verantwortungslos und selbstmörderisch.« (2005: 342) Und zugleich widersetzt er sich diesen Zweifel, ähnlich, wie wohl viele Aktivist*innen heute antworten würden:

»Wie oft haben wir bei unseren Zusammenkünften uns selbst geprüft, haben wir penibel unsere Antriebe erforscht, die Aktionsverläufe und die möglichen Folgen unseres Handelns durchgespielt. […] Wir haben alle denkbaren Abläufe ausgemalt: die Möglichkeit, bei der Aktion verletzt oder erschossen zu werden […]; die Möglichkeit, einen Aufschrei der öffentlichen Empörung auszulösen […]; die Möglichkeit, bei einem Scheitern der Aktion bei den Gegner hämisches Grinsen und bei den Freunden Verlegenheit auszulösen […]; und schließlich die Möglichkeit, bei einem Gelingen der Aktion bestenfalls eine Sensationsmeldung zu produzieren und dafür jahrelang hinter Gitter zu wandern, wo kein Hahn nach uns kräht.« (Ebd.)

Neben diesen Folgen nehmen viele der Aktivist*innen eine große Belastung ihrer Familien und Gemeinschaften in Kauf – wenn sie sich etwa aufgrund der Haft nicht um ihre Nächsten kümmern können. Daher haben nicht nur die hier porträtierten Angeklagten Aufmerksamkeit verdient, sondern deren Umfeld, welches in unermüdlicher und unsichtbarer Arbeit den Preis des Friedens trägt: Care-Arbeit, die sich auf eine Person verlagert; Kinder und Enkelkinder, deren Bezugspersonen in Haft sind; Gemeinschaftsmitglieder, die Mehrarbeit leisten müssen; und jene, die sich um die Gefangenen, aber auch um deren Angehörige kümmern.

Wie effektiv, wie effizient waren die vorgestellten Aktionen? Weder das Eindringen in den Fliegerhorst Büchel in Deutschland noch jenes in die Militärbasis *Kings Bay* in den USA hat mediale Aufmerksamkeit erhalten. Noch weniger haben die Aktionen zu einer politischen Veränderung geführt. Die Konsequenzen für die Einzelnen sind jedoch hoch. Während die Aktivist*innen in Deutschland mit 30 Tagessätzen bestraft wurden, wurden die *Kings Bay Plowshares 7* mit Gefängnisstrafen von 10 bis zu 33 Monaten verurteilt. Es drängt sich die Frage auf, ob dieser Preis für den Frieden verhältnismäßig ist. In einer Gesellschaft, in der auch Protest oft an seiner Effizienz gemessen wird, erscheint eine Aktion wie die der *Kings Bay Plowshares 7* vielen unzugänglich und sinnlos. Bei einer näheren Beschäftigung mit den Menschen, die sich zu diesen Taten entschließen, wird jedoch schnell klar, dass diese ihr Engagement nicht an seinem Erfolg messen. Es ist wie ein Verzweiflungsschrei, der an das Gewissen, an das Gute und den Glauben eines liebenden Gottes festhält, dem auch Menschen wie der Kriegsdienstverweigerer Franz Jägerstätter gefolgt sind, dessen Widerstand gegen das Nazi-Regime ohne Aussicht auf Erfolg geschah. Dass er Jahrzehnte später zu einem zentralen Vorbild von Kriegsdienstverweigerern in den USA wurde, hat er nicht wissen können.

Es liegt nicht an uns zu beurteilen, welche politische Folgen die Proteste in Büchel oder in Kings Bay und die Repression dagegen haben werden. Sie verdeutlichen aber die Notwendigkeit, Ernsthaftigkeit und Radikalität, für Frieden einzutreten.

Literatur

Astor, Meggie (2018): Their Protest Helped End the Draft. 50 Years Later, It's Still Controversial. In: New York Times, www.nytimes.com/2018/05/19/us/catonsville-nine-anniversary.html [10.1.2021].

de Antonio, Emile (1982): In the King of Prussia. USA, 92 min.

Berrigan, Daniel (1972): Leben ohne Repression. Ein Jesuit verändert die Gesellschaft. Kösel: München.

Berrigan, Daniel (1978): »Killing in the Love of the Kingdom.« National Catholic Reporter, 5.5.1978.

Berrigan, Daniel (2009): Essential Writings. Orbis Books: New York.

Beyer, Wolfram (2012): Pazifismus und Antimilitarismus. Eine Einführung in die Ideengeschichte. Schmetterling Verlag: Stuttgart.

Bibel in gerechter Sprache (2007³): Herausgegeben von Ulrike Bail, Frank Crüsemann, Marlene Crüsemann, Erhard Domay, Jürgen Ebach, Claudia Janssen, Hanne Köhler, Helga Kuhlmann, Martin Leutzsch und Luise Schottrof. Gütersloher Verlaghaus: Gütersloh.

Bloch, Ernst (1967): Das Prinzip Hoffnung. Suhrkamp: Frankfurt am Main.

Brand, Ulrich; Wissen, Markus (2017): Imperiale Lebensweise. Zur Ausbeutung von Mensch und Natur in Zeiten des globalen Kapitalismus. Oekom: München.

Cardenal, Ernesto (1977): Meditation und Widerstand. Gütersloher Verlagshaus.

Chomsky, Noam (2020): Coronavirus – Was steht auf dem Spiel? DiEM25, www.youtube.com/watch?v=t-N3In2rLI4 [28.12.2020].

Christoyannopoulos, Alexandre (2011): Christian Anarchism. A political Commentary on the Gospel. Imprint Academic.

Claussen, Angelika (2020): Rethinking security: Nuclear sharing in Europe in the time of the COVID-19 pandemic, 6.7.2020, peaceandhealthblog.com/2020/07/06/rethinking-security [30.12.2020, Übersetzung JF].

Day, Dorothy (1956): On Pilgrimage column. In: The Catholic Worker, September 1956.

Day, Dorothy (1975): Beim Erhalt des Gandhi Awards in New York 1975 (veröffentlicht im Fellowship magazine, März 1975).

Day, Dorothy (1980): The long loneliness: The autobiography of the Legendary Catholic Social Activist Dorothy Day. Harper: New York.

Der Standard (2021): Deutsche Rüstungsexporte in Milliardenhöhe in Krisenregion Nahost, www.derstandard.at/story/2000122896120/deutsche-ruestungsexporte-in-milliardenhoehe-in-krisenregion-nahost [3.1.2021].

Ditscher, Nico (2013): Missionare in Uniform: Die Evangelikalisierung der amerikanischen Streitkräfte im Kalten Krieg und ihre Folgen. Akademikerverlag.

Dussel, Enrique (2012): Anti-Cartesianische Meditationen. Über den Ursprung des philosophischen Gegendiskurses der Moderne. In:

Schelkshorn, Hans/Ben Abdeljelil (Hrsg.) (2012): Die Moderne im interkulturellen Diskurs. Perspektiven aus dem arabischen, lateinamerikanischen und europäischen Denken. Vielbrück Wissenschaft: Weilerswist.

Ellul, Jacques (1991): Anarchy and Christianity. Wm. B. Eerdmans Publishing Company: Michigan.

Forest, Jim (2011): All Is Grace. A Biography of Dorothy Day. Maryknoll: New York.

Forest, Jim (2017): At Play in the Lions' Den. A Biography and Memoir of Daniel Berrigan. Orbis Books: New York.

Hennessy, Martha (2020): »The Only Logic of Trident is Omnicide« Christopher Helali interviews peace activist Martha Hennessy. In Left Turn, 2/1, www.kingsbayplowshares7.org/wp-content/uploads/2020/04/Left-Turn-Martha-H-edit.pdf. [9.1.2020].

Hofheinz, Marco (2016): Einleitung. Christlich-theologischer Pazifismus im 20. Jahrhundert. In: Hofheinz, Marco/van Oorschot, Frederike (Hrsg.): Christlich-theologischer Pazifismus im 20. Jahrhundert, S. 9–18. Nomos: Baden-Baden.

Holl, Adolf (2012): Jesus in schlechter Gesellschaft. Haymon: Innsbruck.

ICAN (2017): Katastrophales Humanitäres Leid, www.icanw.de/wp-content/uploads/2017/11/cch-booklet_2017_deutsch_web2.pdf. [12.1.2021].

ICAN (2020): Enough is enough. 2019 Global Nuclear Weapons Spending. www.icanw.org/global_nuclear_weapons_spending_2020 [10.1.2021].

Illich, Ivan (1988): The Educational enterprise in the Light of the Gospel. Vorlesung am 13.11.1988 in Chicago, www.davidtinapple.com/illich/1988_Educational.html [13.1.2021].

Jakob, Christian; Schlindwein, Simone (2017): Diktatoren als Türsteher Europas. Wie die EU ihre Grenzen nach Afrika verlagert. Ch. Links Verlag: Berlin.

Kalicha, Sebastian (2012): Dorothy Day und die Catholic-Worker-Bewegung. Im Spannungsfeld zwischen libertärem Sozialismus und katholischem Traditionalismus. In: graswurzelrevolution 365, www.graswurzel.net/gwr/2012/01/dorothy-day-und-die-catholic-worker-bewegung/graswurzelrevolution [8.1.2020].

Kalicha, Sebastian (2013): Christlicher Anarchismus: Facetten einer libertären Strömung. Verlag Graswurzelrevolution: Heidelberg.

Kalicha, Sebastian (2019): Anarchismus, Glaube, Befreiung. In: Die Neuen Wege 113/9: Zürich, S. 6–10.

King, Martin Luther (1967): Nonviolence and Social Change, www.jacobinmag.com/2018/04/martin-luther-king-jr-nonviolence-direct-action [8.1.2021].

Laffin, Art (2019): A History of the Plowshares Movement. Vortrag am 22.10.2019, www.kingsbayplowshares7.org/plowshares-history [28.12.2020].

Loehrke, Ben (2012): A goldes mistake, www.ploughshares.org/issues-analysis/article/golden-mistake [10.12.2020].

Loeser, Franz (1982): Zu erkenntnistheoretischen Problemen des Glaubens. In: Deutsche Zeitschrift für Philosophie 30/1, S. 114–117.

Martin, Eric (2020): »Plowshares activist facing 21 years in jail finds ›cause for rejoicing‹«. In: National Catholic Reporter, www.ncronline.org/news/justice/plowshares-activist-facing-21-years-jail-finds-cause-rejoicing [9.1.2020].

Roithner, Thomas (2020): Flinte, Faust und Friedensmacht. Außen-, Sicherheits- und Friedenspolitik Österreichs und der EU. mymorawa: Wien.

Sauer, Tom (2020): Power and Nuclear Weapons: The Case of the European Union. In: Journal for Peace and Nuclear Disarmament 3/1, S. 41–59.

Schneider, Nikolaus (2012): »Schwerter zu Pflugscharen«: Eine veraltete theologische Forderung? In: Nielebock, Thomas/Meisch, Simon/Harms, Volker (Hrsg.): Zivilklauseln für Forschung, Lehre und Studium. Hochschulen zum Frieden verpflichtet. Nomos: Baden-Baden.

Silomon, Anke (1999): »Schwerter zu Pflugscharen« und die DDR. Die Friedensarbeit der evangelischen Kirchen in der DDR im Rahmen der Friedensdekaden 1980 bis 1982. Vandenhoeck & Rupprecht: Göttingen.

Sölle, Dorothee/Schrottroff, Luise (1985): Die Erde gehört Gott. Texte zur Bibelarbeit von Frauen. Rowohlt: Reinbek bei Hamburg.

Sternstein, Wolfgang (2005): Mein Weg zwischen Gewalt und Gewaltfreiheit. Autobiographie. Eigenverlag: Stuttgart.

vorstellen können. Darum tun wir es in der Regel auch nicht. Die meisten von uns ignorieren sowohl die sich abzeichnende Bedrohung als auch die Billionen von Dollar, die für ihre Entwicklung ausgegeben werden – Geld, das dafür verwendet werden könnte, die Hungernden zu ernähren und den obdachlosen Einwanderern einer instabilen Welt ein Zuhause zu geben. Atomwaffen sind die Wurzeln der Gewalt und das, was Atommächten ihre imperiale Macht verleiht. Denn selbst ihre bloße Existenz weckt Angst und festigt ihre Machtposition.

Weitgehend unbekannt ist, dass die erste Atombombe, die auf diesem Planeten gezündet wurde, am 16. Juli 1945 in den bewohnten Gebieten der Navajo Native Americans detonierte. Dieses Datum markiert »den Beginn des nuklearen Kolonialismus gegen indigene Völker mehrerer Kontinente. Es umfasste weltweit etwa 2000 Atombombentests, die auf enteigneten Gebieten stattfanden (z. B. US-Tests auf dem Testgelände von Nevada und den pazifischen Marshall-Inseln, französische Tests in Algerien, britische Tests in Australien, russische Tests in Semipalatinsk, Kasachstan, und chinesische Tests in Lop Nor, in der Wüste Gobi).«[1]

Seit den ersten Bomben von 1945 sind die Arsenale der Atommächte auf gigantische Ausmaße angewachsen, so sehr, dass sie jeden Menschen auf dem Planeten gleich mehrfach töten könnten. Zunächst gab es in den 1950er Jahren einen Wettlauf zwischen den Vereinigten Staaten und der UdSSR um die Entwicklung der leistungsstärkeren Wasserstoffbombe.

---

[1] Ich danke John LaForge von Nukewatch für diese Hinweise in einem Mail vom 17. Juli 2020. Für weitere Details: www.nukewatch.org. LaForge nahm an einer Pflugscharaktion bei Sperry Software im Jahr 1984 teil. Siehe hierfür Riegle 2012.

Zur selben Zeit hielten die USA jährlich Luftangriffsübungen ab, bei denen die Menschen aufgerufen wurden, einen unterirdischen Unterschlupf aufzusuchen, der – im Falle eines tatsächlichen Angriffs – ihr Leben retten solle. Dorothy Day und andere Catholic Workers brachten genug gesunden Menschenverstand auf, um sich dieser Übung zu widersetzen und anstatt in den Bunker zu gehen, auf einer Parkbank sitzen blieben. Aufgrund dieses gewaltfreien Widerstandes wurden sie verhaftet, vor Gericht gestellt und ins Gefängnis geworfen, weil sie den Befehl zur Unterschlupfsuche ignoriert hatten. Die *War Resisters League* schloss sich ihnen schließlich an und initiierte größere Proteste, sodass die New Yorker Polizei schlussendlich aufgab, diese festzunehmen. Auch die Bundesregierung gab klein bei, und die nutzlosen Luftangriffsübungen wurden 1961 stillschweigend abgeschafft.

Zum pazifistischen Widerstand in diesen frühen Tagen gehörten auch das unbefugte Betreten eines Testgeländes in Nevada und ein kleines Segelboot namens »The Golden Rule«, dessen Besatzung verhaftet wurde, als sie versuchte, ein Testgelände im Südpazifik zu befahren. 1957 rief der Wissenschaftler und Nobelpreisträger Linus Pauling dazu auf, Atomwaffentests zu verbieten, was von 11 000 Wissenschaftler*innen aus 49 Ländern unterzeichnet wurde.

Die Kampagne für nukleare Abrüstung CND (*Campaign for Nuclear Disarmament*) wurde 1958 in Großbritannien mit Bertrand Russell als erstem Präsidenten gegründet und ihr Friedenszeichen weltweit angenommen. Die CND zog viele Unterstützer*innen an; zwischen 60 000 und 150 000 nahmen an ihren frühen Protestmärschen vom Trafalgar Square zum *Aldermaston Atomic Weapons Research Establishment* teil, und »Ban the Bomb« wurde zum Song der 60er Jahre.

Die Kubakrise 1962 brachte die Welt an den Rand des Untergangs, als man feststellte, dass Russland über Raketenbasen in Kuba verfügte, und die USA mit umfassender Vergeltung auf jeden Angriff drohte. Diese Krise und das Mysterium, das sie noch immer umgibt, ist das Ereignis, das dem Einsatz der tödlichen Waffe der Welt am nächsten kommt (Douglas 2008).

Glücklicherweise zogen sich beide Länder zurück. Der *Limited Test Ban Treaty* (Vertrag über das Verbot von Kernwaffenversuchen in der Atmosphäre, im Weltraum und unter Wasser) wurde 1963 sowohl von Russland als auch von den USA unterzeichnet, wodurch die Gefahr eines radioaktiven Fallouts durch Atomtests verringert wurde. Der *Vertrag über die Nichtverbreitung von Kernwaffen* oder *Atomwaffensperrvertrag* (NVV) wurde 1968 auch von Großbritannien, Frankreich und China unterzeichnet, die sich den beiden ursprünglichen Atommächten angeschlossen hatten, und er verbot anderen Ländern den Erwerb von Kernwaffenkapazitäten, wenngleich sie die Kernkraft zu friedlichen Zwecken besitzen könnten (offensichtlich funktionierte er nicht, da Indien und Pakistan 1998, Nordkorea 2006 und Israel 1966 Nuklearwaffen entwickelten, obwohl Israel dies nie offiziell bestätigte).

Im Oktober 1962 berief Papst Johannes XXIII das Zweite Vatikanische Konzil ein, um sich mit den Beziehungen zwischen der katholischen Kirche und der modernen Welt zu befassen. Dorothy Day und einige ihrer katholischen Mitarbeiter*innen reisten nach Rom, um sich für eine starke Anti-Atomkraft-Position im Schlussdokument einzusetzen, und verteilten an alle Teilnehmer des Konzils eine spezielle Friedensausgabe der *Catholic Worker Zeitung*. Das Konzil konnte sich zwar zu keinem Verbot von Atomwaffen durchringen, prangerte aber im Dokument *Gaudium et Spes* das Wettrüsten an:

»Jede Kriegshandlung, die unterschiedslos auf die Zerstörung ganzer Städte oder ausgedehnter Gebiete samt ihrer Bevölkerung abzielt, ist ein Verbrechen gegen Gott und den Menschen selbst und verdient eine eindeutige und bedenkenlose Verurteilung.«

Obwohl dies eines der wenigen Male ist, dass das Konzil das Wort »Verurteilung« verwendet hat, ging die Stellungnahme vielen nicht weit genug.

Während Papst Johannes Paul II sich in Bezug auf eine Politik der Abschreckung noch nicht eindeutig äußerte, macht der derzeitige Papst Franziskus klar, dass selbst der Besitz von Atomwaffen unmoralisch und die Drohung, sie einzusetzen, »entschieden zu verurteilen« sei (Bateman 2019). Der Vatikan gehörte zu den ersten, die den UN-*Vertrag über das Verbot von Atomwaffen* 2017 unterzeichnet haben. Bei seiner Rückkehr von seinen Besuchen in Hiroshima und Nagasaki im Jahr 2019 verlautbarte Papst Franziskus nicht nur, dass diese Verurteilung in den Katechismus der katholischen Kirche aufgenommen werden soll, sondern deutete weiters an, dass er an einer Enzyklika über den Frieden arbeiten wolle.

Die 1970er Jahre waren eine Zeit der Entspannung, in der zwei *Verträge zur nuklearen Rüstungsbegrenzung* (SALT I und II) sowie der V*ertrag über die Begrenzung von antiballistischen Raketenabwehrsystemen* (ABM) diskutiert wurden, doch Präsident Carter zog sich nach dem Einmarsch der Sowjetunion in Afghanistan aus dem SALT-Vertrag zurück. In den späten 70er und 80er Jahren entstand gleichzeitig eine massive weltweite Anti-Atomkraft-Bewegung, während Zahl und Reichweite der Atomwaffen zunahmen. Die CND wurde in Großbritannien wiederbelebt und ihre Mitgliederzahl nahm zu, wodurch sie zur größten Friedensbewegung in der westlichen Welt wurde.

300 000 Menschen protestierten im Oktober 1983 am Vorabend der Stationierung von Marschflugkörpern in London, und weitere drei Millionen protestierten in ganz Europa. Auch in den USA wuchs die Friedensbewegung mit Gruppen wie der *War Resisters League*, dem *Fellowship of Reconciliation*, dem *Catholic Worker* und *Women Strike for Peace*. Das *Nuclear Freeze Movement* gewann durch diese und andere Gruppen rasch an Schwung, und am 12. Juni 1982 demonstrierten eine Million Menschen im Central Park von New York City für ein Ende des Wettrüstens. Es war die größte politische Demonstration der Weltgeschichte.

In den 1980er Jahren installierten die USA und die NATO Pershing-Raketen in ganz Europa, während die Sowjets und die USA über den *Vertrag zur Verringerung strategischer Waffen* (START) verhandelten. Die Reichweite und Positionierung der Pershing-Raketen veranlasste Russland dazu, über den INF-Vertrag (*Washingtoner Vertrag über nukleare Mittelstreckensysteme*) zu verhandeln, aber Präsident Reagan führte mit seinen Starwars-Plänen Atomwaffen in den Weltraum ein. Die Hoffnung auf einen praktikablen Vertrag stieg, als Gorbatschow und Reagan auf dem Gipfel in Reykjavik zusammentrafen, aber es gelang ihnen nicht, ein klares Übereinkommen zu erzielen, und sie einigten sich auf den Vertrag über Nuklearstreitkräfte mittlerer Reichweite, durch den zumindest die Pershing-Raketen aus Europa entfernt wurden.

Der START-I-Vertrag wurde 1984 unterzeichnet und trat im gleichen Jahr in Kraft. Dies war der erste wirkliche Erfolg in der Rüstungskontrolle, und sowohl die USA als auch Russland hatten ihre Arsenale auf unter 6000 Sprengköpfe reduziert, als der Vertrag 2009 auslief, und zwar von einem Höchststand von etwa 70 300 im Jahr 1986 auf geschätzte 13 355 heute – wobei die meisten davon auf Russland (6370) und die USA (5800) entfallen, während die anderen Atommächte nur einen Bruchteil der Sprengköpfe besitzen: Frankreich 300, China 290, Großbritannien 215, Pakistan 150, Indien 130, Israel 80 und Nordkorea 20 (SIPRI 2019). 92 Prozent der Sprengköpfe entfallen also auf die USA und Russland. Doch ein Vergleich der Anzahl der Raketen mit den frühen Bomben ist sinnlos. Ein einzelner Sprengkopf ist 35-mal so stark wie die Bombe, die Hiroshima in Schutt und Asche gelegt hat.

Als 1989 die Berliner Mauer fiel und die UdSSR 1991 als Union aufhörte zu existieren, endete der Kalte Krieg, und damit auch die Angst der meisten Menschen vor Atomwaffen. Die Anti-Atomkraft-Bewegung verflüchtigte sich in den meisten Teilen der Welt, auch wenn das Risiko einer nuklearen Katastrophe erhalten blieb. Einige Aktivist*innen blieben, wie wir sehen werden, hartnäckig. Unter ihnen sind die Pflugscharaktivist*innen und andere, die Verhaftungen riskieren, um gegen die anhaltende Präsenz von Atomwaffen zu protestieren. Der bilaterale Vertrag START II war für eine weitere Reduktion der Atomwaffenarsenale vorgesehen, wurde aber nicht umgesetzt, sodass sowohl Russland als auch die USA den Bau von Raketenabwehrsystemen in Europa fortsetzten. Russland unterzeichnete einen modifizierten *ABM-Vertrag* (Vertrag über die Begrenzung von antiballistischen Raketenabwehrsystemen), aus dem sich Präsident Bush 2002 jedoch zurückzog. Obwohl das iranische Atomprogramm die Beziehungen zwischen den beiden Nationen trübte, billigte der Kongress 2010 einen neuen START-Vertrag durch eine Zweiparteienabstimmung, den Russland im folgenden Jahr unterzeichnete. Eine der ersten Handlungen von Präsident Joseph Biden bei seinem Amtsantritt war es, Präsident Putin davon zu überzeugen, einer Verlängerung des New-Start-

Vertrags um fünf Jahre zuzustimmen. Ob China den Vertrag unterzeichnen wird, bleibt fraglich. Die Hoffnung, dass Biden die aggressive Außenpolitik seines Vorgängers kippt und sich bemüht, die Verbündeten der USA zurückzugewinnen, ist groß. Schon 1961, also vor 60 Jahren, schätzte der Generalstabschef der USA, dass die Pläne der USA für einen allgemeinen Atomkrieg mindestens 600 Millionen Tote zur Folge haben würden. Diese Zahl berücksichtigt nicht die Auswirkungen des nuklearen Winters. Dieser wird durch das Aufsteigen von starkem Rauch und Staub zerstörter Städte verursacht, welcher die Sonne verdunkelt; sodass jene Menschen, die die Explosionen überleben anschließend verhungern würden. Selbst bei einer Verringerung der Zahl der Atombomben haben die Atommächte der Welt immer noch mehr als genug, um dieses Szenario mehrmals zu wiederholen und damit Leben, so wie wir es kennen, mit unvorstellbarem Chaos und Leiden zu vernichten.

Trotzdem wird in den USA ein nuklearer Modernisierungsplan vorangetrieben, der schätzungsweise fast eine Billion Dollar kosten wird. Es scheint, als ob die USA das Wohlergehen ihrer eigenen Bevölkerung zu opfern gewillt ist. Im Februar 2019 sagte Donald Trump, dass die USA bereit sei Russland und China »in Vergessenheit« zu bringen, um das nukleare Wettrüsten zu gewinnen (Reuters 2020). Und am 22. Mai 2020 berichtete die *Washington Post*, dass Trumps Regierung über die Wiederaufnahme von Atomwaffentests sprach, ein weiterer provokativer Schritt (Hudson & Sonne 2020).

Der Whistleblower Daniel Ellsberg, der wegen seiner Veröffentlichung von Berichten über die Doppelzüngigkeit der USA während des Vietnamkrieges Gefängnisstrafen riskierte, hat kürzlich die Schrift *The Doomsday Machine Confessions of a Nuclear War Planner* (2017) veröffentlicht, welche streng geheime Dokumente über das US-Atomprogramm der 1960er Jahre enthält. Er weist auf den Wahnsinn der sogenannten Abschreckungspolitik hin, die sich darin zeigt, dass jeder Staat, der eine Atomwaffe gegen einen anderen Atomwaffenstaat einsetzt, als Folge davon selbst zerstört wird. In einem Interview im *Sojourners Magazine* vom Januar 2018 wies er darauf hin, dass die Atomstaaten ihre Atomwaffen immer schon einsetzten, um zu bekommen, was sie wollten, auch wenn diese nicht detonierten – so wie ein Täter in einer konfrontativen Forderung eine Waffe auf ein menschliches Ziel richtet (Douglass 2018: 36). Im Jahr 2019 gaben die Vereinigten Staaten schätzungsweise 34 Milliarden Dollar für den Bau und die Wartung ihrer Atomwaffen aus, insgesamt investierten die neun Nuklearstaaten fast 73 Milliarden Dollar (ICAN 2020). Diese Zahlen zeigen, dass das Wettrüsten der drei großen Atommächte – Russland, die USA und China – nicht mit dem Kalten Krieg endete und immer noch den gesamten Planeten bedroht. Aus diesem Grund hat das *Bulletin of Atomic Scientists* die so genannte *Doomsday Clock* am 23. Januar 2020 auf 100 Sekunden vor Mitternacht gestellt, so nah, wie sie seit dem Kalten Krieg nicht mehr gewesen ist.

»Die Menschheit sieht sich nach wie vor zwei gleichzeitigen existenziellen Gefahren ausgesetzt – dem Atomkrieg und dem Klimawandel –, die durch einen Bedrohungsmultiplikator, den cybergestützten Informationskrieg, der die Reaktionsfähigkeit der Gesellschaft untergräbt, noch verschärft werden. Die internationale Sicherheitslage ist düster, nicht nur, weil diese Bedrohungen existieren, sondern auch, weil die führenden Politiker der Welt zugelassen haben, dass die internationale politische Infrastruktur zu ihrer Bewältigung erodiert ist.« (Bulletin of the Atomic Scientists 2020)

Die Fortschritte bei der nuklearen Rüstungskontrolle der Großmächte sehen in der Tat düster aus. Am 7. Juli 2017 wurde jedoch auf einer Konferenz der Vereinten Nationen ein wichtiger Vertrag über das Verbot von Kernwaffen (Atomwaffenverbotsvertrag – *Treaty on the Prohibition of Nuclear Weapons*/TPNW) mit der Zustimmung von 122 Nationen verabschiedet.² Der Vertrag macht Atomwaffen zum ersten Mal illegal, indem er die Entwicklung, den Besitz, den Einsatz und die Androhung des Einsatzes von Atomwaffen verbietet, er ist also sowohl ein Verbots- als auch ein Abrüstungsvertrag. Zwanzig ehemalige Staatsoberhäupter von NATO-Staaten haben ihre jetzigen Regierungen aufgefordert, den Vertrag zu unterzeichnen, aber bisher sind die einzigen europäischen Staaten, die den TPNW unterzeichnet haben: Österreich, Irland, Liechtenstein, San Marino und der Vatikan. Die USA und andere Nuklearstaaten haben sich nicht nur geweigert, ihn zu unterzeichnen, sondern zwangen ihre Verbündeten, sich ihnen bei der Nichtunterzeichnung anzuschließen.

Bislang haben 86 Länder den Vertrag unterzeichnet, wobei 52 ihn ratifizierten, sodass er am 22. Januar 2021 in Kraft trat. Nuklearwaffen stehen nun auf derselben rechtlichen Grundlage wie die beiden anderen Kategorien von Massenvernichtungswaffen – chemische und biologische Waffen –, für die es bereits umfassende globale Verbote gibt. Der Vertrag wurde zu Jahresbeginn 2021 weltweit gefeiert. Auch wenn das Zusammenkommen durch die Covid-19-Pandemie gedämpft wurde,³ lässt sich weiteres Wachstum einer internationalen Graswurzelbewegung

---

2   Der aktuelle Status aller Länder weltweit kann hier eingesehen werden: www.icanw.org/how_is_your_country_doing.
3   Siehe dazu u. a. www.icanw.org.

beobachten, welche Regierungen sukzessive unter Druck setzt, den Vertrag zu unterzeichen.⁴

Vom Nein-Sagen zum Nein-Handeln

Wir haben siebzig Jahre lang sporadische Vertragsverhandlungen zwischen den Nationen erlebt, gepaart mit großen Protesten gegen Atomwaffen, bei denen Bürger*innen auf der ganzen Welt mit Straßendemonstrationen und mehr – oft mit Verhaftungen – »Nein« gesagt haben. Ob sie nun auf der Straße sind oder anderswo, viele machen sich Sorgen über Atomwaffen und verurteilen die Ausgaben von Milliarden von Dollar, die verwendet werden könnten, um die Umweltkatastrophe hinauszuzögern und ein gutes Leben für alle sicherzustellen. Einige schreiben Bücher, Blogs und Briefe an Zeitungsredaktionen und Online-Foren, einige betreiben Lobbyarbeit bei ihrer Regierung; andere gehen auf Pilgerfahrt oder protestieren auf der Straße.

All dies sind berechtigte Wege, Nein zu sagen. Gewaltfreie Aktivist*innen bewegen sich vom Nein-Sagen zum Nein-Handeln. Mit dieser Unterscheidung charakterisiert Jim Wallis jede gewaltfreie direkte Aktion, die gegen das Gesetz verstößt, oft gegen Hausfriedensbruch, um die persönliche Verantwortung für die Beendigung eines Übels zu übernehmen (Wallis 1984: 4). Diese gewaltfreien Aktionen sind manchmal lauter als Straßenproteste und haben oft schwerwiegende Folgen wie Anklagen und mitunter lange Haftstrafen. Dieses Buch berichtet, wie sowohl in Deutschland als auch in den Vereinigten Staaten einige ihr »Nein« zum Widerstand gegen die nukleare Geißel zum Ausdruck bringen.

---

4   Siehe hierfür etwa: www.preventnuclearwar.org.

Ziviler Ungehorsam oder direkte gewaltfreie Aktionen, die im Gefängnis enden, sind nicht neu. In der Tat wurden die bedeutendsten Siege in Kämpfen um Gerechtigkeit in den letzten hundert Jahren zumindest teilweise deshalb erreicht, weil gewaltfreie Widerstandskämpfer*innen mit ihren Körpern aufstanden und dafür Zeit im Gefängnis verbrachten (oder in Nazi-Deutschland hingerichtet wurden): Mohandas Gandhi, Nelson Mandela, Martin Luther King, Jr., Fannie Lou Hammer, Rosa Parks, Franz Jägerstätter, Sophie Scholl und die anderen Märtyrer*innen der Weißen Rose in Deutschland und unzählige andere, haben ihr Nein geäußert, um die Welt der Gerechtigkeit und dem Frieden näherzubringen.

Menschen mit Überzeugung, Mut und Gewissen sehen klar die Gefahren, die eine atomar bewaffnete Welt mit sich bringt, und engagieren sich deshalb in zivilem Ungehorsam und verbüßen Gefängnisstrafen, um ihre Botschaft laut und deutlich zu verkünden: Atomwaffen müssen abgeschafft werden, um den Planeten zu retten. Sie wissen, dass die Welt schon einmal durch gewaltfreie direkte Aktionen verändert wurde und glauben, dass sie wieder verändert werden kann. Die meisten sehen es jedoch nicht als ihr primäres Motiv an, ihren kleinen Teil zur Veränderung der Welt beizutragen; die meisten sehen es als eine Form des göttlichen Gehorsams gegenüber einem liebenden Gott, der das Gute für die Welt will und nicht das Böse. Als Mitglieder der menschlichen Spezies wissen sie, dass sie am nuklearen Bösen mitschuldig sind, also handeln sie in einem Geist der Reue und des Opfers für das Gemeinwohl. Ja, sie glauben, dass ihre Handlungen der Bewegung zur weltweiten Abschaffung helfen werden, aber das ist nicht der ganze Grund für ihr Handeln; sie handeln aus einer Glaubensverpflichtung heraus, die sie zwingt, auf die Worte von Friedensstifter*innen aus vielen Glaubenstraditionen zu hören, hauptsächlich, aber nicht nur, aus dem christlichen.

Zu den prominentesten unter den Atomwaffengegner*innen gehören diejenigen, die sich an der Pflugscharbewegung beteiligt haben. Was sind Pflugscharaktionen? Es handelt sich dabei um Abrüstungsaktionen, bei denen Widerstandskämpfer*innen unbefugt in Regierungsgelände eindringen, um symbolisch oder tatsächlich Kriegsgerät, in diesem Fall Atomwaffen, zu beschädigen. Der Name »Pflugscharen« stammt aus dem Alten Testament, konkret von der Prophezeiung des Propheten Jesaja, wo es heißt, »dass sie ihre Schwerter zu Pflugscharen und ihre Lanzen zu Winzermessern umschmieden [werden, und], kein fremdes Volk wird mehr gegen ein anderes sein Schwert erheben, und niemand wird mehr Kriegshandwerk lernen.« (Jes 2,4)

Pflugscharaktivist*innen sind meist Christ*innen – oft, aber nicht immer Katholik*innen –, die ihre Freiheit und manchmal ihr Leben riskieren, indem sie gewaltfreien Widerstand leisten. Sie begehen Hausfriedensbruch und verstoßen gegen Gesetze der Sachbeschädigung, um »der Macht die Wahrheit zu sagen«[5], um dem Gesetz eines ewigen und unendlichen Gottes statt dem irdischen Gesetz eines Landes zu folgen. Nah verwandte Aktionen, bei denen die Aktivist*innen nicht ausdrücklich eine biblische Motivation vertreten, werden als »Abrüstungsaktionen« bezeichnet (vgl. Laffin 2004).

1980 fand die erste der vielen gewaltfreien Widerstandsaktionen statt, aus denen später eine Bewegung wurde – die von Philip Berrigan und anderen geformten *Plowshares 8*. Acht

---

[5] »Der Macht die Wahrheit sagen« (»*Speak truth to power!*«) ist eine Parole der gewaltfreien Linken, um sich gegen die Regierungen zu wenden, die sie als unterdrückerisch oder autoritär ansehen.

Widerstandskämpfer*innen, darunter eine Nonne und zwei Priester, drangen in ein Montagewerk von General Electric in Pennsylvania ein, hämmerten auf Kegel von Wiedereintrittskörpern für Atomraketensprengköpfe und vergossen ihr eigenes Blut auf die Baupläne der Projekte. Wegen dieser geheimen gewaltfreien Aktion wurden sie von allen, auch von der Friedensbewegung, heftig kritisiert. Sie wurden zu Gefängnisstrafen von fünf bis zehn Jahren verurteilt, nach jahrelangen juristischen Manövern erkannte ein Berufungsrichter ihre Haftstrafe jedoch als abgesessen an. Viele von ihnen nahmen an weiteren Pflugscharaktionen teil, so auch die Nonne, Schwester Anne Montgomery, die erst im Jahr 2009 im Alter von 82 Jahren an ihrer letzten Aktion teilnahm. Während die erste Pflugscharaktion nur wenig Unterstützung erhielt, wuchs diese mit jeder weiteren Aktion stetig an.

Im Gegensatz zu den früheren Bürgerrechtler*innen in den USA protestieren diese Aktivist*innen nicht gegen die Gesetze selbst, sondern brechen sie, um in Militärbasen mit Atomwaffen einzudringen, welche stets bewacht und oft vor der Öffentlichkeit versteckt sind. Heutige Aktivist*innen handeln im selben Geist wie die ersten Pflugscharaktivist*innen, die 1980 in Pennsylvania agierten. Diese Art der Aktion entstand auf Initiative von einigen Aktivist*innen nach dem Absitzen von Gefängnisstrafen für gewaltfreie direkte Aktionen gegen den Vietnamkrieg. Der verstorbene Phil Berrigan und Liz McAlister werden als Mitbegründer*innen angesehen, und es zollt der Langlebigkeit der Bewegung Tribut, dass McAlister, die heute 82 Jahre alt ist, Mitglied der *Kings Bay Plowshares 7* sowie einer früheren Plowshares-Aktion war.

Die Teilnehmer*innen aus Pennsylvania lieferten eine Vorlage für sowohl die Planung als auch die Symbolik für über 200 andere Menschen, die sich für diese Art von »göttlichem Gehorsam« entschieden haben. So konnten mehr als hundert Pflugschar- und ähnliche Aktionen in den USA und neun weiteren Ländern stattfinden: Australien, Neuseeland, England, Schottland, Irland, Italien, Holland, Schweden und Deutschland. Einige dieser Aktionen identifizieren sich mit der auf dem Glauben basierenden Pflugscharbewegung aus den USA; einige, wie die großangelegte *Trident-Kampagne* in Schottland, haben eine eigene Widerstandskultur entwickelt, welche verschiedene Arten der Beteiligung ermöglicht.

Der Protest der Pflugscharaktivist*innen richtet sich gegen die Fabriken, die die Waffen herstellen, die Flugzeuge und U-Boote, die sie zu ihren Zielen bringen, sowie die Stützpunkte und Bunker, in denen Raketen gelagert werden, die in hoher Alarmbereitschaft und zum Abwurf bereit sind. 21 dieser Pflugscharaktionen waren auf das Trident-U-Boot-Programm gerichtet: 16 Aktionen in den USA und 5 in England und Schottland.[6]

Pflugscharteilnehmer*innen beteiligen sich entweder an der symbolischen oder realen Zerstörung von Kriegsgerät. Diesen, wenn auch nur geringfügigen, Sachschaden, empfinden Menschen, die in der Anbetung des Eigentums verharren und den Unterschied zwischen Kriegsgerät beziehungsweise Kriegseigentum (*warproperty*) und legitimem Eigentum (*property which is proper*) nicht sehen, als geschmacklos. Die Aktionen selbst sind in der Begründung, der Planung, dem Prozess, den Symbolen und der Gemeinschaft ziemlich ähnlich.

---

6   Für mehr Details ist der Beitrag von Art Laffin zu empfehlen: www.nukeresister.org/2019/11/02/a-history-of-the-plowshares-movement-a-talk-by-art-laffin-october-22-2019.

Die Symbole sind fast immer Hammer und Blut. Hämmer sind eine naheliegende Wahl aus dem biblischen Vers über Pflugscharen, und das Blut soll uns daran erinnern, dass Kriegseigentum tötet; zu den anderen Utensilien gehören Sprühfarbe, Sägen, Bohrer, Beile und Drahtschneider.

Weitere Symbole sind Schilder, Transparente und Erklärungen aller Art, einschließlich des Völkerrechts, Dokumente aus den Nürnberger Prozessen und verschiedene Abrüstungsverträge. Die Teilnehmer*innen der *Kings Bay Plowshares 7* zeichneten Teile ihrer Aktion mit einer Videokamera auf und präsentierten diese während des Prozesses.

Alle Pflugscharaktivist*innen verzichten auf Gewalt gegenüber Personen, auch sich selbst gegenüber, indem sie sich sehr bemühen, den Kontakt mit Militärangehörigen bis nach der Durchführung ihrer Aktionen zu vermeiden, und nur selten wählen sie Ziele innerhalb einer Hochsicherheitszone, in der es eine Schusserlaubnis auf Eindringlinge gibt.

Es ist ein großer Unterschied, eine Sperrlinie, manchmal mit hunderten von anderen, zu überqueren und eine minimale Gefängnisstrafe zu riskieren [etwa bei den zur Zeit in Deutschland bekannten Ende-Gelände-Aktionen; Anmerkung der Hrsg.] oder aber Jahre im Gefängnis zu verbringen, indem man sich in eine eingezäunte Militäranlage schleicht, um auf ein Ziel einzuhämmern, es mit Blut zu bespritzen und eine Waffe so *symbolisch* in eine Pflugschar oder einen Sichelhaken zu verwandeln. Oft schneiden die Aktivist*innen bloß einen Zaun durch, um ein Gelände zu betreten, und gehen manchmal weite Strecken zu Fuß, um ihr Ziel zu erreichen. Neben der oft symbolischen Zerstörung hängen sie Fotos, Kunstwerke und Transparente mit Worten wie »Entwaffnen und leben« oder »Wählt das Leben für die Kinder und Armen« auf. Manchmal sprühen sie Friedensslogans auf die Flugzeuge oder Gebäude oder die Start- und Landebahnen der Flughäfen. Viele hinterlassen Erklärungen, in denen sie ihre Beweggründe erläutern, und Dokumente, von denen sie hoffen, dass sie während der Prozesse als Beweismittel vorgelegt werden können: Oft haben sie genügend Zeit, um die geplanten Aktionen durchzuführen und dann zu beten und zu singen, während sie auf ihre Verhaftung warten. Mehrere Gruppen mussten sich selbst an den Sicherheitsdienst wenden, um in Gewahrsam genommen zu werden.

Wie beginnt die Planung einer Pflugscharaktion? Normalerweise hat jemand eine Idee für eine Aktion und bringt andere Menschen zusammen, um selbige zu planen und vorzubereiten. Anders als bei herkömmlichen direkten Aktionen gandhianischer Art ist Geheimhaltung für eine erfolgreiche, abgeschlossene Aktion unerlässlich. Wenn die Gruppe zusammenkommt, beginnt sie zu *konspirieren* oder *gemeinsam zu atmen*, und es bildet sich eine Gemeinschaft. Die Planung kann Monate dauern und beinhaltet Recherche, Studium und Gebet. Veteran*innen früherer Aktionen helfen oft bei der Planung und bieten nach der Aktion Unterstützung an. Aus verschiedenen Gründen bleiben die an der frühen Planung beteiligten Personen nicht immer dabei. Diejenigen, die unterstützen, aber keine Verhaftung riskieren wollen, treffen sich vielleicht zunächst in Gemeinschaft mit der Gruppe, aber die Pflugscharaktivist*innen achten darauf, dass diese Helfer*innen – welche Medienkontakte herstellen, Geld sammeln, zum Ort der Aktion fahren usw. – sich nicht einer Anklage wegen Verschwörung aussetzen. Die Helfer*innen unterstützen auch nach der Verhaftung mit Gefängnishilfe, Hilfe für die Familien und Gemeinden der Verhafteten, Geldbeschaffung, Medien, Prozessbegleitung und anderer Logistik. Sie schreiben auch an Gefangene und setzen sich manchmal für bessere Haftbedingungen ein, insbesondere wenn Gesundheitsprobleme bei den Verurteilten auftreten.

Ein Pflugscharprozess beginnt oft mit einem sogenannten Fest der Hoffnung, einem Treffen, bei dem die Angeklagten zusammenkommen und ihren Unterstützer*innen danken können. Die Anwesenden lernen die Geschichte der Atomwaffen und des Widerstands kennen und feiern ihre Einheit als Gemeinschaft.

Während die meisten Pflugscharaktionen von einer kleinen Gruppe durchgeführt werden, gab es mehr als ein halbes Dutzend Pflugscharaktionen, die aus bloß einer Person bestanden – darunter eine von Katja Komisaruk, die nach den deutschen Widerstandsmärtyrer*innen als Pflugschar der Weißen Rose bezeichnet wurde (Riegle 2012: 109–117). Eine weitere dramatische und eng damit verbundene Einzelaktion ereignete sich im Kölner Dom in Deutschland. Hannah Jaslowski, spritzte während einer Messe zu Ehren der NATO-Soldaten Blut auf die Stufen zum Altar, sodass diese durch ihr Blut treten mussten, um die Heilige Kommunion zu empfangen. Sie wurde sofort aus der Kathedrale entfernt, aber nie angeklagt (Riegle 2013: 169–173).

Es soll nun eingehender untersucht werden, was sich hinter dem Namen Pflugscharen verbirgt. Der Catholic Worker und Pflugscharaktivist Jerry Ebner, der unten paraphrasiert wird, gibt Einblick in Jesajas Auftrag (Riegle 2013: 113):

»Die Mitbegründerin der Catholic-Worker-Bewegung, Dorothy Day, stellte die Frage: ›Wie ist die Beziehung zwischen dem Christ-Sein und dem Widerstand gegen den Staat?‹ Ich kann die Obdachlosigkeit nicht allein beenden, aber ich kann auf einige wenige arme Menschen reagieren, indem ich mich persönlich für ihr Leben und für die Gerechtigkeit in ihrem Leben verantwortlich mache.

Wir können dasselbe tun, indem wir persönlich Atomwaffen abrüsten. Ich verstehe das Umschmieden der Schwerter zu Pflugscharen bei Jesaja nicht nur als eine Zukunftsvision, sondern auch als einen Bund, eine Vereinbarung zwischen Gott und der Menschheit. Gott ist bereit, treu zu sein, aber er erwartet auch, dass die Menschen als Zeichen dieses Bundes ihre Schwerter zu Pflugscharen schlagen.

So wie ich Jesaja verstehe, wird es keinen Frieden geben, wenn die Menschen es nicht schaffen, persönliche Verantwortung für die Waffen zu übernehmen. Wir tragen diese Verantwortung in das Gerichtssystem hinein, wo wir über diese Fragen sprechen. Wir tragen die Konsequenzen des Gefängnisses und zahlen keine Entschädigung, weil es widersprüchlich ist, etwas zu beschädigen, von dem man glaubt, dass es keine moralische Existenzberechtigung hat, und dann zu zahlen, um es wieder in Ordnung zu bringen. Die Pflugschar wieder zum Schwert zu machen, wäre ein Verstoß gegen den Pakt.

Warum schließen sie diesen Bund mit Gott? Wenn Menschen mit Gewissen und Mut ihre Freiheit riskieren, damit ihr Anti-Atom-Credo ein breiteres Publikum erreicht, dann geschieht dies zum Teil in der Hoffnung, dass die Menschen ihr Handeln hören und selbst zu Anti-Atomkraft-Aktivist*innen und Widerstandskämpfer*innen werden. Sie versuchen auch, die Militär- und Regierungschefs ihres Landes auf die Torheit ihrer Entscheidungen aufmerksam zu machen. Ein weiterer Grund ist es, die bürgerlichen Freiheiten zu wahren und die persönliche Integrität zu bewahren, sich daran zu erinnern, dass wir alle die Freiheit haben, Nein zu Politiken und Praktiken und Institutionen zu sagen, die moralisch verwerflich sind. Unsere verzweifelte Welt braucht Menschen, die sich nicht scheuen, die Wahrheit zu sagen und die Konsequenzen zu tragen.« Wie Ciaron O'Reilly, ein Pflugscharaktivist aus Australien, mir sagte: »Wenn wir es mit der Friedenssicherung ernst meinen, müssen wir einige der Risiken derer, die Krieg führen, auf uns nehmen.« (Riegle 2013: 137)

Jerry Berrigan, der Sohn von Phil Berrigan und Liz McAlister, fügt hinzu:

»Es mag die aktiven Unterdrücker*innen nicht davon überzeugen, ihre Wege zu ändern, aber es kann den Zeitgeist verändern, nicht nur um die Themen herum, sondern auch um die Art und Weise, wie wir diese Ziele verfolgen: Wir können mehr ertragen und mehr tun, als wir uns vorstellen können. Von Nelson Mandela stammt dieses wunderbare Zitat, wonach unsere größte Angst nicht darin besteht, dass wir wertlos sind, sondern, dass wir mächtig und schön sind, jenseits unserer Vorstellungskraft. Wir fürchten uns vor der Verantwortung, die damit einhergeht. Wir sind verantwortlich für die Entscheidungen, die wir treffen, und wir sind nicht machtlos, die Dinge anders zu machen.« (Riegle 2012: 197f.)

Pflugscharwiderstandskämpfer*innen handeln für die Zukunft. Marc Colville, Teil der *King Bay Plowshares 7*, erzählte mir zu einer vorigen Aktion, er habe es für die Generation seiner Kinder getan, und auch andere sprachen davon, es für die Welt ihrer Enkel*innen zu tun.

Schwester Char Madigan, eine Nonne, die eine Catholic-Worker-Gemeinschaft in Minnesota gegründet hatte und eine aktive Kriegsverweigerin war, erzählte mir:

»An meinen schlechten Tagen denke ich, dass nichts davon einen Unterschied macht. Warum tue ich es dann immer wieder? Ich feiere Weihnachten, auch wenn Christus nicht jedes Jahr kommt. Und Ostern, auch wenn ich vieles von der Auferstehung nicht sehe. Also tue ich es wohl als Spiritualität und als Gebet. Wissen Sie, Gandhi sagte über Smuts, den [Anti-Apartheid-]Führer in Südafrika: ›Er wird nicht deshalb aufhören zu kämpfen, weil er keine Kraft mehr zum Kämpfen hat, er wird aufhören zu kämpfen, weil er kein Herz mehr zum Kämpfen hat.‹ Nicht um sie zu besiegen, sondern um sie für sich zu gewinnen.« (Riegle 2012: 197)

Glaube und Mut sind zwei Tugenden, die diese Widerstandskämpfer*innen unterstützen. Sie sehen sich nicht als Held*innen, sondern haben das Gefühl, dass sie nur das tun, was sie als moralische Menschen, die die Welt lieben und dafür sorgen wollen, dass sie überlebt, tun müssen. Die meisten sind auf der Hut vor dem, was man spirituellen Stolz nennen könnte – dem Gefühl, dass sie irgendwie besser seien als andere, weil sie mehr Risiken eingehen.

Manchmal sprechen sie davon, von Gott getragen zu werden. Dee Clancy von der *Pitstop-Plowshares*-Aktion im Jahr 2003 am Flughafen Shannon sagte mir:

»In gewissem Sinne, wenn wir es schaffen, kann es jeder schaffen, und das spüre ich wirklich. Denn es gab etwas, das uns durchgebracht hat. Ich glaube, es war die Gnade oder der Heilige Geist.« Obwohl sie in ihrem Lebensstil, ihrer Motivation und ihren Erfahrungen sehr unterschiedlich sind, entspringen ihre Widerstandsentscheidungen zumeist einem christlichen Glauben, und in der Tat werden sie oft als »gläubige Widerstandskämpfer*innen« bezeichnet. Weil ihre religiösen und moralischen Entscheidungen einem fundamentalistischen christlichen Fahnenschwenken zuwiderlaufen, bilden sie ein starkes Gegenstück zur gängigen Auffassung von Religion als bloßer Bastion der Rechten.

Im weiteren Verlauf der Aktionen kommt es in der Regel zu Prozessen auf Landes- und/oder Bundesebene, obwohl in seltenen Fällen Anklagen auch abgewiesen werden. Im Umgang mit den Behörden wird die Rhetorik kompliziert, da die Anklagen je nach Gerichtsbarkeit, Laune der Staatsanwaltschaft und Temperament der Richter variieren. Polizeibeamt*innen, Bundesbeamt*innen und Richter*innen zeigen wenig Übereinstimmung hinsichtlich der Schwere der Anklage, der Art der Anklage, der zulässigen Zeug*innenaussagen und des Ausmaßes der Strafe. Die Richter*innen unterscheiden sich stark in dem, was sie als Aussage zulassen, und einige von ihnen lehnen Themen, die sie nicht zulassen wollen, als Ungebühr vor Gericht ab. Pflugscharaktivist*innen versuchen oft, sich mit dem Argument der Notwendigkeit zu rechtfertigen, um zu beweisen, dass »die Handlungen moralisch und rechtlich gerechtfertigt sind und dass ihre Absicht darin bestand, Leben zu schützen, nicht darin, ein Verbrechen zu begehen.« (Laffin 2004: 2) Sie haben jedoch nur selten Erfolg, sodass die Geschworenen diese entscheidende Aussage nur selten zu hören bekommen.[7] Manchmal erhalten die Angeklagten Listen mit Wörtern und Phrasen, die sie vor Gericht nicht verwenden können, wie beispielsweise »Atomwaffen« und »Gott«. Einige Richter*innen haben Videos als Beweismittel zugelassen, so im Prozess in *Kings Bay Plowshares 7*, als Sachverständige ebenso wie das Argument

---

7   Was daran liegt, dass ebendiese Argumentation – Atomwaffen seien etwa völkerrechtswidrig, weil sie nicht zwischen Militärangehörigen und Zivilbevölkerung unterscheiden – von US-Gerichten oft als unzulässig, da politisch, abgewiesen wird.

der Notwendigkeit abgelehnt, die Videos aber zugelassen wurden. Die Haftstrafen reichen von dem seltenen Freispruch bis zu siebzehn Jahren Haft, obwohl bisher keine*r so lange auf einmal einsitzen musste.

Gegen viele Prozesse wird Berufung eingelegt, wobei sich die Entscheidungen manchmal auf die verbüßte Zeit auswirken. Europäische Aktionen haben häufiger zu einem Freispruch geführt als jene in den USA. Einer der größten jemals erfolgten Pflugschar-Freisprüche vor Gericht ereignete sich 2006 in Irland gegen die *Pitstop Plowshares*. Diese waren angeklagt, weil sie versucht hatten, die Landung von US-Kampfflugzeugen auf dem Flughafen Shannon zu stören. In einem verblüffenden Schlussplädoyer sagte der Anwalt Brendan Nix im dritten Prozess[8]:

»Meine Mandantin Karen Fallon und ihre Kollegen wurden während des gesamten Prozesses beschuldigt, politisch zu sein. Na und? Lassen Sie mich Ihnen die größte politische Rede aller Zeiten vorlesen.«

Und dann las er die Bergpredigt vor (Riegle 2013: 142). Der Rechtsanwalt der *Kings Bay Plowshares 7* und Professor der Universität Loyola in New Orleans, Bill Quigley, leistet häufig hervorragende Hilfe, weil ihm klar ist, dass »Recht nicht gleich Recht ist«. Er weist darauf hin, dass nationales und internationales Recht in der Kriegsursache immer wieder verletzt werden, dass aber kein General oder Kriegsgewinner dafür verhaftet wird (Riegle 2012: 340).

Im Gegensatz zu den Journalist*innen, die so eifrig über gläubige Protestierende gegen den Vietnamkrieg berichteten,

---

8   Der erste Prozess wurde fehlerhaft geführt; im zweiten wurde der Richter wegen Befangenheit abgesetzt. Siehe auch: en.wikipedia.org/wiki/Pitstop_Ploughshares [26. 7. 2020].

langweilen sich Publizist*innen heutzutage gewöhnlich über das heimliche Eindringen, die langwierigen Prozesse und sind ernüchtert über die daraus resultierenden Gefängnisstrafen. Asa Philip Randolph, ein wichtiger Gewerkschaftsführer in der Bürgerrechtsbewegung, betonte, eine Aktion müsse »revolutionär, ungewöhnlich, außergewöhnlich, dramatisch und drastisch« (Wight 2013) sein, wenn sie die breite Öffentlichkeit erreichen wolle. Pflugscharaktionen mögen drastisch und dramatisch sein, aber aufgrund ihrer Verborgenheit, sind keine Reporter*innen anwesend, so dass sie normalerweise nur wenig Publicity erhalten, außer auf Mailinglisten, bei YouTube, in Rundbriefen der katholischen Linken und gelegentlich in Amy Goodmans Fernsehsendung *Democracy Now!*.

Eine Ausnahme war die Pflugscharaktion *Transform Now* am 28. Juli 2012.[9] Weil es einer 82-jährigen Nonne und zwei Männern mittleren Alters gelang, problemlos in den als »der sicherste Ort auf dem Planeten« bezeichneten Y-12-Komplex der Staatssicherheit in Oak Ridge, Tennessee, einzudringen, erhielten sie viel nationale Publicity sowie einen sehr publikumswirksamen Prozess. Ein Großteil des öffentlichen Interesses war allerdings auf das Versagen des Sicherheitskonzeptes zurückzuführen und nicht auf die Anwesenheit des gefährlichen angereicherten Urans, das dort hergestellt und gelagert wird.

Während die Pflugscharbewegung in den USA begann, breitete sie sich bald auch auf andere Länder aus. Drei Jahre nach der Aktion in Pennsylvania drangen Wolfgang Sternstein und drei weitere Aktivist*innen in den US-Armeestützpunkt Schwäbisch-Gmünd in Deutschland ein und machten einen

---

9   Darüber gibt es einen bemerkenswerten Film von Helen Young: *The Nuns, the Priests, and the Bomb.*

Pershing-II-Raketenwerfer unbrauchbar. Sternstein, ein angesehener gandhianischer Gelehrter, schloss sich zunächst dem Kampf gegen die Kernkraft in der Nähe des Rheins an und ging danach erfolgreich gegen Atomraketen vor. Seine Nacherzählung der landesweiten Kampagne gegen diese Raketen zeigt, dass massiver gewaltfreier ziviler Ungehorsam zu bedeutenden Siegen führen kann. Hier seine Worte, die alle dem Kapitel 5 von *Crossing the Line: Nonviolent Resisters Speak out for Peace* (Riegle 2013: 174ff) entnommen sind:

»In der Zeit des Nationalsozialismus wurden alle Widerstandsgruppen erschossen oder hingerichtet. Die Lektion aus dieser Zeit ist, dass Widerstand manchmal dringend nötig ist. Die Menschen erkennen, dass der Staat viel Unrecht tun kann, sodass die Polizei, die Politiker und sogar die Richter – die gesamte herrschende Klasse – gewöhnlich sehr vorsichtig sind, besonders, wenn die Menschen in gewaltfreien Widerstandsgruppen agieren. Mein Vater war Mitglied der Nazi-Partei, nur ein kleines Parteimitglied, aber in seiner Familie verhielt er sich wie Hitler. Ich habe in meiner Kindheit Gewalt in ziemlich großem Ausmaß erlebt. Die Ursprünge der Gewalt zu verstehen, zu lernen, wie man sie überwinden kann, wurde ein zentrales Thema für mein Leben. […]

Für unsere ersten Pflugscharaktion mussten wir einen langen Marsch vor der eigentlichen Aktion absolvieren. Ah! Es war ein großes Abenteuer, das kann ich dir sagen! Den ganzen Weg von der Nordseeküste bis zum Ort hier in Schwäbisch-Gmünd. Wir marschierten den ganzen Tag, und dann trafen wir uns jeden Abend mit lokalen Friedensgruppen, erzählten ihnen von der Aktion und verbreiteten die Botschaft der Gewaltfreiheit und vor allem [von den]

Aktionen des zivilen Ungehorsams. Während des ganzen Marsches war immer ein Polizeiauto hinter uns her, und die Leute fragten uns, wie wir die Pflugscharaktion machen könnten, wenn sie schon offen angekündigt war. Und wir antworteten: ›Sie werden schon sehen. Wir werden ganz still sein, ganz still, ganz still.‹ Und es gelang uns! Denn es gab einen geheimen Teil der Aktion, eine geheime Vorbereitung. Siehst du, die Botschaft Gandhis lautet, so offen *wie möglich* zu sein. Wir waren zu dritt – Herwig Jantschik und Karin Vix und ich – und dann kam Carl Kabat[10] aus den Staaten und wir waren vier. [...] Am schwersten war es für mich, wenn Freunde zu mir kamen, sehr gute Freunde. Sie flehten uns an, die Aktion nicht durchzuführen, und sagten, sie würde meiner Familie und der Friedensbewegung schaden, sie würde als vandalistisch bezeichnet und wir würden als Terroristen bezeichnet werden. Die Ziele und die Überzeugung danach beizubehalten ... das war furchtbar schwer. Meine Familie war großartig! Ich hätte nicht die Macht zu handeln, wenn meine Frau und meine Kinder mich nicht so sehr unterstützen würden.

Wir waren mit der großen Gruppe marschiert, aber wir vier verließen sie in der Nacht und kamen früh am 4. Dezember 1983 zum Aktionsort. Ich trug einen großen Hammer bei mir, um die Fenster und das Armaturenbrett [auf dem Lastwagen mit den Pershing-Raketen] zu zerstören. Wir durchschnitten den Zaun der US-Armeebasis. Es gab

---

10 Der Priester Carl Kabat hat an der ersten Pflugscharaktion und an vielen weiteren teilgenommen und vermutlich mehr Zeit als sonst jemand aus der Pflugscharbewegung – abgesehen von Philip Berrigan – im Gefängnis abgesessen.

nur eine Wache. Normalerweise sollten es zwei sein, aber einer von ihnen rauchte Gras und schlief in der Fahrerkabine. Wir hängten unser Transparent und unsere Zeugenaussagen auf, um unsere Aktion zu erklären.

Nachdem wir den Lastwagen entwaffnet hatten, setzten wir uns hin und sangen einige Friedenslieder, es war sehr emotional. Dann kamen die Soldaten und wir erwarteten, geschlagen zu werden, aber nichts dergleichen geschah. Stattdessen sahen sie uns mit einer Mischung aus Erstaunen und Bewunderung an, vor allem die Schwarzen. Das hatte ich nicht erwartet, aber dann wurde uns klar, dass sie wissen, dass wir auch Kämpfer sind und dass wir beide Risiken eingehen. Wir sind also in gewisser Weise Kameraden für sie.

Ich war ziemlich sicher, dass wir zwei oder drei Jahre Gefängnis bekommen würden, aber schließlich bekamen wir nur eine Geldstrafe. Wir haben so viele Rechte vor den Gerichten hier in Deutschland. Zum Beispiel können wir vor Gericht über unsere Motive und unsere Ziele und über das Völkerrecht sprechen. Der Richter darf uns nicht aufhalten, wie sie es in den Staaten können. Das Gericht war davon überzeugt, dass das, was wir getan haben, richtig war, also entschied es sich für eine symbolische Geldstrafe – eine symbolische Bestrafung für die symbolische Handlung – und nicht für Schadenersatz. Wir hatten auch gute Anwälte, und die Berichterstattung in der Presse war großartig.«

Diese Pershing-Pflugscharaktion und eine spätere Pflugscharaktion, für die Sternstein einige Haftstrafen erhielt, wurden von der Friedensbewegung als Teil der riesigen Anti-Atomkraft-Widerstandsbewegung in Deutschland gegen die Stationierung von Mittelstreckenraketen auf deutschem Boden angesehen. Eine der größten Aktionen war eine 108 Kilometer lange Menschenkette zwischen Stuttgart, dem Sitz von EUCOM, und Neu-Ulm, einem der potentiellen Pershing-II-Standorte.[11] Dennoch trafen am 28. Dezember 1983 die ersten Pershings ein, und die gesamte Bewegung verflüchtigte sich.

Dies war jedoch nicht das Ende; eine kleine Gruppe von Student*innen der Universität Tübingen hielt sie am Leben, zog nach Mutlangen und schloss sich der internationalen CND an. Sie rekrutierten massenhaft Menschen für unspektakuläre Aktionen des zivilen Ungehorsams, die laut Sternstein wichtiger waren als die beiden Pflugscharaktionen. Schließlich wurde im Dezember 1987 der INF-Vertrag unterzeichnet. Der erste Vertrag, in dem sich sowohl die USA als auch die UdSSR darauf einigten, ihre Atomwaffenarsenale zu reduzieren, blieb bis zum 2. August 2019 in Kraft.

Heute setzt sich die Anti-Atomkraft-Bewegung in Deutschland wieder für Veränderungen ein. Im Jahr 2010 stimmte der Bundestag fraktionsübergreifend für den Abzug der Atomwaffen aus Deutschland. Der NATO-Stützpunkt in Deutschland, der US-Atomwaffen beherbergt, macht aus diesem Beschluss eine Posse. Da Deutschland dem UN-Vertrag über das Verbot von Atomwaffen bisher nicht beigetreten ist, fordern die Atomwaffengegner mit ihren gewaltfreien Protesten, dass Deutschland alle Atomwaffen aus Büchel abzieht und dem UN-Vertrag beitritt.

---

11 EUCOM (United States European Command) ist jenes US-Oberkommando, das ganz Europa, abdeckt. Sein Hauptquartier befindet sich in den Patch-Barracks, einer von vier US-Militäreinrichtungen in und um Stuttgart. Seit 2019 gibt es elf *Unified Combatant Commands*, die US Streitkräfte weltweit befehligen.

Neben Büchel in Deutschland werden in Belgien, den Niederlanden, Italien und der Türkei insgesamt 150 US-Atomwaffen gelagert.

Kritik an der Pflugscharbewegung

Viele Bürger*innen auf der ganzen Welt leugnen die Gefahr von Atomwaffen. Andere sind sich der tödlichen Gefahren bewusst, aber uneins darüber, wie man am besten auf ihre Beseitigung hinarbeiten kann. Viele sind der Meinung, dass gewaltfreier ziviler Ungehorsam, der Sachschäden einschließt, kein guter Weg ist, um notwendige Veränderungen herbeizuführen. Karl Meyer von der Catholic-Worker-Gemeinschaft in Nashville Greenlands erklärt seine Kritik: »Meine Philosophie über Sachschäden ist die Goldene Regel: ›Was du nicht willst, das man dir tu, das füg auch keinem anderen zu.‹« (Riegle 2012: 119)

Einige sind beunruhigt – ja sogar verärgert – über Eigentumszerstörungen jeder Art und denken dabei vielleicht an das sinnlose Zertrümmern von Fenstern durch Randalierer, die zu Gewalt um ihrer selbst willen aufstacheln wollen. Der verstorbene Pater Daniel Berrigan, SJ, sieht die Zerstörung des Eigentums von Pflugscharaktivist*innen auf eine andere Art und Weise:

> »Eigentum ist das, was menschliches Leben bereichert. Wenn es menschliches Leben tötet, ist es nicht wahres Eigentum, sondern unangemessenes Eigentum (*improper property*), weil es nicht das ist, was menschlichem Leben eigen ist. Pflugscharaktivist*innen beschädigen nur unangemessenes Eigentum, jenes, das tötet« (Riegle 2005).

Ein stichhaltiges Argument gegen gewaltfreie direkte Aktionen jeder Art, ob sie nun mit der Zerstörung von Eigentum verbunden sind oder nicht, ist, dass die adressierten Leute die

Botschaft nicht einmal hören, oder wenn doch, sie dann nicht wirklich zuhören. Mit anderen Worten, ein solcher Widerstand mag die Herzen und Köpfe der Öffentlichkeit bewegen, aber er verändert selten die Herzen und Köpfe der Menschen, die durch die Waffenindustrie reich werden und teure Lobbyarbeit im Kongress unterstützen, damit sie dies auch weiterhin tun können. Sie erreicht auch selten die Herzen und Köpfe der Politiker*innen selbst, derjenigen, die die Gesetze des Landes ändern können.

Wie Sue Frankl-Streit klagt: »Wie können die Menschen im Kongress ihre Herzen verändern, wenn sie PAC-Gelder annehmen müssen? Wie können wir die Menschen erreichen, die etwas verändern können?«[12] (Riegle 2012: 196)

Die Demokratie lebt vom Dialog, und Atomwaffengegner*innen haben selten Gelegenheit zum Dialog mit ihren Gegner*innen, außer manchmal mit den Geschworenen und den Zuschauer*innen im Gerichtssaal während ihrer Prozesse. Abhängig von den Entscheidungen einer einzelnen Richterin können die Angeklagten manchmal, aber nicht immer, ihre religiösen und wirtschaftlichen Beweggründe sowie das Völkerrecht, das ihrem Handeln zugrunde liegt, erklären.

Die meisten Journalist*innen, die gewaltfreie Aktivist*innen interviewen, unterstützen wahrscheinlich sowohl ihre Motivationen als auch ihre Handlungsweise – so wie ich –, sodass ein Dialog zwischen Interviewer*in und Erzähler*in selten dazu führt, dass jemand sein Verständnis verändert. Und diejenigen, die meine Bücher, welche viele Interviews mit eben diesen Aktivist*innen enthalten, lesen, sind wahrscheinlich bereits

---

12 *Political Action Comitee* bezeichnet eine Lobbygruppe, um Wahlkampfkandidat*innen zu unterstützen.

überzeugt von dieser Art der Aktion, sodass ich mit meinem Schreiben meist offene Türen einrenne.

Journalist*innen weisen darauf hin, dass ein Publikum, das an Drama, Gewalt und große Menschenmengen gewöhnt ist, kein Interesse an der Verhaftung einiger weniger Christ*innen hat, die Blut vergießen und Transparente aufhängen. Einer meiner Friedensfreunde sagte mir:

>»Sicher, ich wäre bereit, verhaftet zu werden, wenn 1000 andere Menschen sich mir anschließen würden. *Das* würde Schlagzeilen machen!«

Da die Medien die Pflugscharaktionen nicht filmen können, ohne selbst als Eindringlinge verhaftet zu werden, sind die Aktionen selbst nicht bildhaft und daher noch weniger berichtenswert.

Andererseits werden Menschen, die in NGOs arbeiten und dort Gewaltfreiheit theoretisch konzipieren und sich für institutionelle Veränderungen in dem Bereich einsetzen, von den »Menschen, die es tatsächlich tun«, inspiriert (Riegle 2012: 199). Doch erreichen sie eine tatsächliche Veränderung? – Selten. Obwohl es eine Fülle von Gruppen gibt, die die Abschaffung der Atomkraft anstreben, sind wir in gewisser Weise mehr denn je durch einen Atomkrieg gefährdet, sowohl wegen der Leugnung durch die Massen als auch wegen der kriegsführenden Regierungen, sodass die Pflugscharaktivist*innen, die im Gefängnis sitzen, die grausame politische Realität wie oben beschrieben nicht verändert haben, auch wenn sie eine neu belebte Anti-Atomkraft-Bewegung beeinflussen.

Als weiterer Kritikpunkt innerhalb der Friedensbewegung wird angeführt, dass gewaltfreier Widerstand, bei dem das Gesetz gebrochen wird, als isolierend und daher als kontraproduktiv für den Aufbau von Gemeinschaft angesehen werden kann. Sie sehen eine Überlegenheit bei denjenigen, die sich dafür engagieren, gegenüber jenen Menschen, die lediglich marschieren oder ein Friedenszeichen an einer Ecke halten, vor allem durch den wiederholten Gebrauch derselben religiösen Symbole. Die Pflugscharaktivist*innen werden als eine Art Spitze in einer Hierarchie des Guten mit mehr Risiko in Verbindung mit höherer Moral gewertet. Rachelle Linner hat einmal gewitzelt: »Früher haben wir vollständige Ablässe bekommen. Jetzt bekommen wir Gefängnisstrafen.« (Riegle Troester 1993: 183)

Die Teilnehmer*innen an den Pflugscharaktionen mögen unbeabsichtigt Teil dieser Hierarchie sein, aber sie erkennen, dass Familien und Gemeinschaften für die Aktion entscheidend sind. Niemand würde in die Planungsgemeinschaft einer Pflugscharaktion aufgenommen werden, wenn Partner*in und Familie die Person nicht voll und ganz unterstützen würden, da die Belastung einfach zu groß wäre und den Zusammenhalt der Gruppe beeinträchtigen würde. Die Gemeinschaft – sowohl innerhalb der Gruppe als auch in der weiteren Unterstützungsgemeinschaft – ist vielleicht die wichtigste Komponente für eine erfolgreiche Aktion. Die größere Gemeinschaft sollte also in der Lage sein, ein wenig Ego der Pflugscharaktivist*innen zu ertragen, da dies ein notwendiger Bestandteil der Furchtlosigkeit sein kann, in der eine Widerstandsaktion durchgeführt wird.

Joan Cavanagh aus Connecticut war Mitglied einer erweiterten Gemeinschaft der Pflugscharaktion, die 1982 das Auto mit den Aktivist*innen zur Abrüstungsaktion *Trident Nein* fuhr. Sie sprach sich gegen die wiederholte Symbolik der Plowshares-Bewegung aus:

»Ich sehe den zivilen Ungehorsam als eine Möglichkeit, eine sehr starke Aussage zu machen, und ich möchte nicht, dass er verharmlost oder verwässert wird. Aber die religiöse Symbolik … die Symbole der Pflugscharen sind wieder-

holt und wiederholt und wiederholt worden. Aber sind sie
wirklich für jeden überzeugend, außer für die Menschen,
die sie ausführen? Natürlich sind sie es wahrscheinlich für
einige; ich muss hier meine eigene Subjektivität anerkennen. Für mich war das Symbol von Napalm [in den Ak-
tenverbrennungen der 60er Jahre] genau richtig, weil es
deutlich zeigte, was den Menschen in Vietnam angetan
wurde, aber es müssen ständig neue Symbole geschaffen
werden.« (Riegle 2012: 119–120)

Die Pflugscharaktivist*innen sind anderer Meinung und sagen,
dass sie die wiederholten Symbole benutzen, um sowohl auf die
Kontinuität und Einheit der Bewegung als auch auf den Jesaja-
Bezug als ihrem Fundament aufmerksam zu machen.

Jim Forest ist ein wichtiger Kritiker der Pflugscharbewegung. Er ist ein Schriftsteller, Vorsitzender des orthodoxen Ver-
söhnungsbundes und ein ehemaliger Catholic Worker, der jetzt
in Holland lebt. Forest saß während des Vietnamkrieges im Gefängnis, weil er Einberufungsakten verbrannt hatte, daher verdient seine Kritik eine Beachtung:

»Dorothy schätzte uns sehr und unterstützte [unsere Ver-
brennungsaktion], aber sie machte auch deutlich, dass
dies nicht ihre Vorstellung von der besten Art und Weise
war, die von uns gewünschte Veränderung herbeizuführen. Thomas Merton ebenfalls. Er schrieb, die Wurzel des
Krieges sei die Angst. Ich denke, dass eine beträchtliche
Anzahl von Aktivitäten der Friedensbewegung die Menschen nur noch mehr in Angst versetzt und damit wahrscheinlich mehr schadet als nützt.

Ich glaube, die Menschen, die sehen, wie die Gesellschaft
zusammenbricht – die sehen, wie alles aus den Fugen fällt –,
leben in Angst. Dann kommen religiöse Menschen, die das

angreifen, was sie als die Strukturen der Gesellschaft ansehen, so wie das Militär. Ich denke, ein Akt des Widerstands wie eine Pflugscharaktion kann die Menschen noch mehr in Angst versetzen. Wenn es Sympathie für Menschen gibt, die Angst haben, und wenn man davon ausgehend arbeiten kann, kann man mit einem Akt der Eigentumszerstörung einige sehr gute Dinge erreichen. Ich glaube nicht, dass Eigentumszerstörung notwendigerweise schlecht ist. Aber wenn man sie mit Slogans wie ›Akt der Abrüstung‹ schmückt, dann ist das nur ein amerikanischer Hype von der Madison Avenue direkt zur Friedensbewegung. Für mich ist Abrüstung, wenn eine Person, die eine Waffe hat, sie weglegt, los wird, einschmilzt. Wenn ich Ihnen Ihre Waffe stehle, ist das kein Akt der Abrüstung, denn Sie begehren diese Waffe in Zukunft genauso wie in der Vergangenheit. Vielleicht sogar noch mehr. Die eigentliche Frage ist also, wie wir uns verändern können. Wie wir zu einem bekehrten Volk werden können?

Ich möchte nicht, dass dies wie eine Art großer Angriff auf die Menschen wirkt, die diese Dinge tun, denn viele von ihnen sind meine Freunde. Sie sind geistlich sehr tief verwurzelt, und ich bewundere sie sehr.

Es gibt noch eine weitere Kritik an den Pflugscharaktionen. Sie sind waffenzentriert, nicht beziehungszentriert. Sicher, die Waffen sind ein Problem, aber das eigentliche Problem ist die Beziehung. Und das bedeutet, dass wir viel mehr wissen sollten über die Menschen, auf die diese Waffen gerichtet sind. Wir wussten viel mehr über Raketen und Flugzeuge und die Anzahl der Megatonnen und all diese Arten militärischen Fachvokabulars als über unseren Feind.« (Riegle 2012: 121)

Viele der Pflugscharaktivist*innen verbringen allerdings sehr wohl einen guten Teil ihres Lebens damit, mit den Marginalisierten im globalen Süden zu leben, insbesondere auch in Ländern, die entgegen der Interessen der USA handeln und daher durch deren militärische Übergriffe in Mitleidenschaft gezogen wurden. Viele führen ein Leben wie etwa der Priester Steve Kelly (Teil der *Kings Bay Plowshares 7*), dessen Erfahrung in El Salvador ihn zu einem ständigen Atomwaffengegner machte. Er sah die Verwüstungen, die ein außer Kontrolle geratener Militärhaushalt auf der Welt auslöste, und erkannte, dass er zu seinen Wurzeln zurückkehren musste (Riegle 2013: 246).

Andere weisen auf den patriarchalen Aspekt der frühen Pflugscharaktionen hin, bei denen Phil Berrigan Leute auswählte und ausbildete, die er für gute Kandidat*innen künftiger Aktionen hielt. Außerdem ist anzumerken, dass die meisten Menschen, die sich beteiligen, in irgendeiner Weise privilegiert sind – es sind Weiße und entweder ältere und pensionierte oder keine Lohnempfänger*innen, deren Arbeitsplätze im Falle einer Inhaftierung gefährdet wären.

Dies traf jedoch nicht auf frühe Aktionen zu, bei denen junge Menschen durch ihre Teilnahme manchmal ihre zukünftige Erwerbsfähigkeit riskierten. Die *Kings-Bay-Plowshares-7*-Teilnehmerin Clare Grady zum Beispiel war 24 Jahre alt, als sie an ihrer ersten Pflugscharaktion, den *Griffiss Plowshares* im Bundesstaat New York, teilnahm.

Gewaltfreier Widerstand und ein Gefängnisaufenthalt sei allen möglich – aber sind die Ausgangsbedingungen nicht sehr unterschiedlich? Weiße Menschen, die sowohl die Zeit als auch die Mittel haben, ohne Lohnarbeit oder ein Anstellungsverhältnis zu überleben, oder – wie einige der Catholic-Worker-Bewegung und andere – dem Ruf folgen, sich freiwillig der

Armut zu stellen und so keinen Einkommensverlust zu erleiden, befinden sich in einer im Vergleich privilegierten Position.

Außerdem wird in den USA die Gefängniszeit von *People of Color* sehr anders erlebt; Gefängnisse sind eine der rassistischsten Institutionen der US-Kultur, in der Hautfarbe, ethnische Zugehörigkeit und *gender* auf Schritt und Tritt einen enormen Unterschied machen, sowohl hinter Gittern als auch nach der Entlassung. Grace Paley, eine Feministin, Friedensaktivistin und meisterhafte Autorin von Kurzgeschichten, erzählte mir, dass einer der Gründe, warum sie glaubte, eine Gefängnisstrafe riskieren zu müssen, der war, dass ihre Schwarzen Freund*innen genau das nicht konnten. Abgesehen von den enormen Unterschieden in der Behandlung würden viele von ihnen in der Minute, in der sie verhaftet würden, ihre Arbeit verlieren (Riegle 2012: 209–218). Da die Teilnehmer*innen an Pflugscharaktionen oft Weiß und gut ausgebildet sind, präsentieren sie selbst dann ein Weißes Privileg, wenn sie es nicht vorhaben, und sind normalerweise den Beleidigungen und Misshandlungen von Gefangenen auf allen Ebenen weniger ausgesetzt.

Die große Frage bei den Pflugscharaktionen ist nun, ob es weiterhin Aktivist*innen geben wird, die bereit sind, lange Gefängnisstrafen zu riskieren, um auf die nukleare Gefahr hinzuweisen. Pflugscharaktivist*innen werden traditionell von denjenigen rekrutiert, die für frühere Aktionen Haftstrafen verbüßt haben und sich dann an Gleichgesinnte wenden. An den Aktionen des 21. Jahrhunderts haben vor allem ältere Teilnehmer*innen teilgenommen; und wenn diese nicht mehr da sind, wer wird ihnen nachfolgen? Werden andere einsteigen? Oder wird die Bewegung schrumpfen und verschwinden?

Ich vermag es nicht die Zukunft vorherzusagen, aber ich habe Hoffnung, und so bete ich, dass die Welt auf ihrem Weg ins Verderben kehrt macht. Wir alle müssen hoffen, dass der Rest der Menschheit dies ebenfalls tut und erkennt, dass damit notwendigerweise eine Einschränkung des Kapitalismus einhergeht, der Egoismus als eine Tugend betrachtet. Um ihre eigenen Imperien zu erhalten, beuten die drei großen Atommächte einen unverhältnismäßig großen Anteil an den endlichen Ressourcen des Planeten aus und nutzen ihre nukleare Bedrohung, um von den Machtlosen Zustimmung zu erzwingen.

Können Atomwaffen also rechtzeitig abgeschafft werden um die Welt zu retten? Die Pflugscharaktivist*innen halten es für möglich und sie haben dafür ihre Freiheit, ja sogar ihr Leben, aufs Spiel gesetzt. Sie wollen, dass wir alle ihre Schreie hören und handeln. Denn ansonsten wird, wie einst Einstein sagte, der Vierte Weltkrieg mit Stöcken und Steinen gekämpft werden.

Übersetzung aus dem US-Amerikanischen: Cristina Yurena Zerr und Jakob Frühmann

Literatur

Bateman, Aaron (2019): The Vatican's nuclear diplomacy from the cold war to the present, warontherocks.com/2019/12/the-vaticans-nuclear-diplomacy-from-the-cold-war-to-the-present [25. 7. 2020].

Bulletin of the Atomic Scientists (2020): Closer than ever: It is 100 seconds to midnight. 23. 1. 2020, www.thebulletin.org/doomsday-clock/?gclid=EAIaIQobChMIldmN9O_H6QIVCL7AChoHtwJTEAAYASAAEgLo2vD_BwE [25. 7. 2020].

Douglass, James (2008): JFK and the Unspeakable. Orbis Books: New York.

Douglass, James (2018): Talking peace with a nuclear war planner. An interview with »The Post« whistleblower, Daniel Ellsberg. In: Sojourners Magazine 1/18.

Ellsberg, Daniel (2017): The Doomsday Machine: Confessions of a Nuclear War Planner. Bloomsbury.

Hudson, John; Sonne, Paule (2020): Trump administration discussed conducting first U.S. nuclear test in decades. In: Washington Post, 23.5.2020, www.washingtonpost.com/national-security/trump-administration-discussed-conducting-first-us-nuclear-test-in-decades/2020/05/22/a805c904-9c5b-11ea-b60c-3be060a4f8e1_story.html [25.7.2020].

ICAN (2019): Enough is Enough: Global Nuclear Weapons Spending 2019, www.icanw.org/report_73_billion_nuclear_weapons_spending_2020 [25.7.2020].

Laffin, Arthur (2004): Swords into Plowshares: A chronology of Plowshares Disarmament Actions 1980–2003. Rose Hill Book.

Laffin, Arthur (2005): Swords Into Plowshares: A chronology of Plowshares Disarmament Actions, 1980–2003. Rose Hill Books.

Laffin, Arthur (2020): The Risk of the Cross – Living Gospel Nonviolence in the Nuclear Age. Twenty-Third Publications.

McKibben, Bill (2017): Changing the Rules of Engagement. In: Sojourners Magazine, 3/17.

Riegle Troester, Rosalie (1993): Voices from the Catholic Worker. Temple University Press: Philadelphia.

Nepstad, Sharon (2007): Religion and War Resistance in the Plowshares Movement. Cambridge University Press.

Perry, William/Collina, Tom Z. (2020): The Button: The New Nuclear Arms Race and Presidential Power from Truman to Trump. BenBella Books.

Riegle, Rosalie (2005): Interview mit Schwester Anne Montgomery am 31.5.2005. Peace Prisoners Collection, Department of Special Collections and University Archives, Raynor Memorial Libraries, Marquette University, Milwaukee, Wisconsin.

Riegle, Rosalie (2012): Doing Time for Peace: Resistance, Family, and Community. Vanderbilt University Press: Nashville.

Riegle, Rosalie (2013): Crossing the Line: Nonviolent Resisters Speak Out for Peace. Cascade Press: Seattle.

Reuters (2020): U.S. prepared to spend Russia, China »into oblivion« to win nuclear arms race: U.S. envoy, 21.5.2020, www.reuters.com/article/uk-usa-armscontrol/u-s-prepared-to-spend-

russia-china-into-oblivion-to-win-nuclear-arms-race-u-s-envoy-idUSKBN22X2LS [25. 7. 2020].
SIPRI (2019): Stockholm International Peace Research Institute. Yearbook 2019. Armaments, Disarmament and International Security. Oxford University Press.
Wallis, Jim (1984): From Protest to Resistance. In: Sojourners Magazine 2/84.
Wight, Philip (2013): Has civil disobedience become too predictable?, 5. 11. 2013, wagingnonviolence.org/2013/11/civil-disobedience-become-predictable [26. 7. 2020].
Zak, Dan (2016): Almighty: Courage, Resistance, and Existential Peril in the Nuclear Age. Penguin Books, 2016.

SEBASTIAN KALICHA

Direkte Aktion, ziviler Ungehorsam und gewaltfreier Widerstand in der antimilitaristischen Bewegung

Der mexikanische Befreiungstheologe José Porfirio Miranda meinte, dass die einzige Absicht der Bibel darin bestehe, »die Welt zu verändern und Ungerechtigkeit zu beseitigen.« (Miranda 2014: 57) Man muss sich folglich also mit der Frage auseinandersetzen, was mit Ungerechtigkeit und der Veränderung, die angestrebt wird, genau gemeint ist. Unterschiedliche progressiv-religiöse Strömungen wie die Befreiungstheologie, der religiöse Sozialismus, der christliche Anarchismus, christlich-pazifistische Zusammenhänge, die feministische und Queer-Theologie oder schlicht Christ*innen, die bestimmte ethische Schlussfolgerungen aus ihrem Glauben ziehen und dementsprechend handeln, würden die Frage nach der Ungerechtigkeit (mit unterschiedlichen Schwerpunkten) wohl relativ unverblümt so beantworten: Kapitalismus, Kolonialismus, Rassismus, Sexismus, Militarismus und noch vieles mehr. Auch wie dieses Beseitigen von Ungerechtigkeiten konkret vonstattengehen kann, ist unweigerlich von Relevanz – und mit der Pflugscharbewegung steht hier eine Form des Aktivismus im Blickpunkt, die auf ihre ganz eigene und radikale Art und Weise versucht, dies zu tun.

Wenn Widerstand gewaltfrei sein soll, wird nicht nur die Frage evident, von welcher Gewaltfreiheit wir sprechen, sondern auch, von welcher Gewalt. Kritiker*innen der Gewalt wurde zunehmend klar, dass eine radikale Gewaltkritik immer auch strukturelle Gewaltverhältnisse – Formen von Armut, Ausbeutung, Ausgrenzung und Diskriminierung – mitdenken, analysieren und gegen die Wurzeln dieser Übel vorgehen muss. »Kapitalismus tötet«, meint beispielsweise die Befreiungstheologin und Ordensschwester Teresa Forcades, einige dieser Wurzeln adressierend (Forcades 2017: 31). Direkte, physische Gewalt von Militär, Polizei, diktatorischen Regimen, faschistischen Schlägertrupps und terroristischen Gruppierungen ist unschwer zu übersehen. Gewaltfreie Strategien beschäftigen sich mit der Frage, wie man derartige Systeme und Phänomene ohne den Rückgriff auf Gegengewalt, sondern mittels gewaltfreier Kampfformen, konfrontieren und überwinden kann. Um blinde Flecken zu vermeiden, darf jedoch eine Analyse struktureller Gewalt, virulent auch in westlichen Demokratien mit neoliberalen Wirtschaftsmodellen, in einer Kritik der Gewalt und einer Theorie der Gewaltfreiheit nicht fehlen.

Die Fragen, welche Ziele mit welchen Mitteln erreicht werden sollen und wogegen, in welcher Form Widerstand und Protest organisiert werden, sind für emanzipatorische Bewegungen und Gruppen – ob religiös motiviert oder nicht – seit jeher eine zentrale. Sind in unterschiedlichen historischen wie politischen Kontexten unterschiedliche Aspekte auszumachen, auf denen ein besonderes Augenmerk lag und liegt, so spielten und spielen bis heute gewaltfreie Widerstandsstrategien und Kampagnen des zivilen Ungehorsams eine große Rolle.

Die Pflugscharbewegung nimmt mit ihrem Aktivismus hier eine besondere Stellung ein und kann aus unterschiedlichen Perspektiven analysiert werden. Sie hat, obwohl stets in die breiteren sozialen Protestbewegungen ihrer Zeit eingebettet, einen thematischen Fokus auf friedenspolitische Fragen und engagiert sich vorwiegend gegen Militarismus und Krieg. Aktionstheoretisch ist die Pflugscharbewegung im Bereich der gewaltfreien Aktion angesiedelt, wobei sie sich auch hier bis zu einem bestimmten Grad zwischen den Stühlen bewegt. Was heißt das? Der Pflugscharaktivismus ist sowohl symbolische, als auch direkte Aktion; er ist ziviler Ungehorsam, aber ohne Massencharakter; er ist (zumindest bis zur Ausführung der Aktion) klandestin, das heißt, eine bestimmte Gruppe von Personen plant und führt eine Aktion im Geheimen durch und erst dann, mit der Übernahme der Verantwortung und dem Proklamieren, warum man dies gemacht hat, folgt der Gang an die Öffentlichkeit; und er ist eine Art der gewaltfreien Aktion, die (häufig) gezielte Sachbeschädigung inkludiert.

Direkte und symbolische Aktion

Der Pflugscharaktivismus kann als eine Art Hybrid zwischen der symbolischen und direkten Aktion beschrieben werden. Grob kann der Unterschied zwischen diesen beiden Ansätzen so auf den Punkt gebracht werden: Als symbolische (oder indirekte) Aktion wird in der Regel eine Aktions- und Protestform beschrieben, die versucht, durch verschiedene Mittel wie Petitionen, Kundgebungen, Banner-Drops etc. öffentlichen Druck für oder gegen etwas aufzubauen, der politische oder wirtschaftliche Entscheidungsträger*innen letztendlich dazu bringen soll, bestimmte Missstände zu beseitigen.

Bei der direkten Aktion hingegen ist die Herangehensweise jene, dass der Missstand, den man erkennt, direkt – also ohne vermittelnde, hierarchisch höher gestellte Instanz mit bestimmten Entscheidungsbefugnissen, an die Appelle gerichtet werden – aus der Welt geschaffen bzw. bekämpft und konfrontiert wird.

Der Unterschied dieser beiden Aktionsformen kann anhand der maßgebenden Pflugscharaktion im Jahr 1980 in den Vereinigten Staaten recht gut erläutert werden: Die *Plowshares 8*, jene acht Aktivist*innen, die gegen die nukleare Bedrohung aktiv werden wollten, richteten ihre Aufmerksamkeit auf die Atomwaffenfabrik von *General Electric* in Pennsylvania. Man hätte nun diese Atomwaffen zum Beispiel medial problematisieren können, man hätte eine Unterschriftenaktion starten und die Unterschriften mit den entsprechenden Forderungen den lokalen Behörden übergeben können. Man hätte auch, als nächste Eskalationsstufe in der gewaltfreien Aktionstheorie, eine Protestkundgebung vor den Amtsgebäuden der zuständigen Behörden oder vor den Büros von *General Electric* organisieren können. Man hätte Transparente mit antimilitaristischen Slogans an den Zaun der Atomwaffenfabrik hängen und versuchen können, diese Bilder in den Medien (oder heute in sozialen Medien) zu verbreiten, um die Öffentlichkeit für dieses Thema zu sensibilisieren. All diese Formen des Protests fallen aus eben genannten Gründen in den Bereich von symbolischen Aktionen und werden immer wieder effektiv genutzt.

Was taten nun die *Plowshares 8*? Kurzum: Sie erkannten das Problem von Atomwaffen, sie wussten, wo sie hergestellt und gelagert wurden – also machten sie sich auf, drangen in das entsprechende Gelände ein und machten einige dieser Waffen unbrauchbar, indem sie diese mit Hämmern demolierten. Sie haben sich also in dieser Aktion nicht darauf verlassen, dass jemand in einer bestimmten Machtposition und dementsprechender Entscheidungsbefugnis die Waffenproduktion einstellt oder die Atomsprengköpfe zerstört, nachdem öffentlicher, politischer oder ökonomischer Druck aufgebaut wurde, sondern in einer Art *Abrüstung von unten* wurde der Missstand direkt angegangen und – natürlich nicht vollständig – beseitigt.

An diesem Beispiel wird also exemplarisch der Unterschied zwischen symbolischer und direkter Aktion, wie er hier umrissen und generell behandelt wird, deutlich. Wobei: Die Frage nach direkter und symbolischer Aktion weist natürlich auch oft Graubereiche und Überlappungen auf. Die Trennlinien sind in der Praxis nicht immer klar und strikt, die Übergänge oftmals fließend, Aktionsformen und Arten des Protests können sich vermischen oder parallel laufen. Eröffnet werden dadurch verschiedene Möglichkeiten und Handlungsoptionen im Aktivismus, die kontextabhängig miteinander verbunden und kombiniert werden können. Jede direkte Aktion hat im Grunde auch symbolische Dimensionen, transportiert Inhalte auf verschiedene Weise, manchmal auch andere als von den Akteur*innen gewünscht. Direkte Aktionen, die auf Verhinderung oder Behinderung – also auf eine direkte Wirkung – angelegt sind, erreichen solche Ziele nicht (immer) unmittelbar, sondern auch durch symbolische Vermittlung, die öffentliche Solidarisierung bewirkt, Kosten (in jedem möglichen Sinn) von Regierungsmaßnahmen in die Höhe treibt usw. Gewaltsame Aktionen können im Vergleich zu gewaltfreien manchmal so scheinen, dass ihre direkte Wirkung etwas verhindert oder bewirkt. Aber fast immer ist auch das eine Illusion, denn die symbolische Vermittlung ist wichtiger: Gilt die Handlung als gerechtfertigt, mobilisiert sie Solidarität – oder bewirkt sie etwas ganz anderes? Häufig sind gewaltfreie Aktionen so angelegt, dass sie gar nicht aus sich heraus ein Unrecht beseitigen können, sondern nur durch Öffentlichkeit, Mobilisierung, Solidarisierung, Verbreiterung der Bewegung. Solche Wirkungsabsichten sind grundsätzlich wichtiger als etwa materieller Schaden oder konkrete Be- oder Verhinderung.

Daran anknüpfend kommen wir auf die Frage zurück, warum viele Pflugscharaktionen als Hybrid zwischen direkter und symbolischer Aktion beschrieben werden können. Natürlich versucht die (direkte) Pflugscharaktion auch stark symbolisch zu wirken, indem sie öffentlichen Druck aufbaut, ein Problembewusstsein schafft und mit derartigen dramatisierten Aktionen an eine kritische Öffentlichkeit herantritt in der Hoffnung, dass diese dadurch aufgerüttelt und idealerweise aktiv wird. Neben der Aktion selbst ist in der Regel auch die strafrechtliche Verfolgung oder das Gerichtsverfahren, in dem man seine Aktion erläutern und rechtfertigen kann, für dieses Adressieren der Öffentlichkeit wichtig, wie die Texte in diesem Band bezeugen. Auch eine individuelle Verantwortung vor sich selbst und für andere spielt bei Pflugscharaktivist*innen oft eine Rolle. Bei manchen Pflugscharaktionen steht der genuin symbolische Aspekt sogar im Vordergrund – sie kommen ohne den tatsächlichen Willen, großen oder überhaupt irgendeinen Sachschaden anzurichten, aus.[1] Zieht man den realpolitischen Kontext in die Betrachtung hinzu, kommt man natürlich auch nicht umhin einzugestehen, dass durch die eigenhändige Zerstörung oder Beschädigung einiger weniger Waffen oder Atomsprengköpfe die Gefahr, die von den Waffenarsenalen diverser Länder aus-

---

[1] Dies trifft unter anderem dann zu, wenn beispielsweise das Eindringen in ein militärisches Gelände – bei dem eventuell ein Zaun zerschnitten oder überwunden werden muss – primäres Ziel ist. Der Sachschaden ist hierbei äußerst gering oder nicht vorhanden, und derartige Pflugscharaktionen sind sehr viel stärker im Bereich symbolischer Aktionen und des zivilen Ungehorsams angesiedelt oder legen ihren Fokus eben auf diese Aspekte.

geht, nicht sonderlich verringert wird, selbst wenn der Sachschaden fallweise beträchtlich ist. Aktionen dieser Art bleiben also realpolitisch und militärstrategisch letztendlich natürlich symbolisch und haben auch symbolische Facetten im Sinne des Aufrüttelns der Öffentlichkeit. Aktionstheoretisch sind sie aber dennoch als *direkt* zu bezeichnen.

Ziviler Ungehorsam

Ein wichtiger Bereich in der gewaltfreien Aktionstheorie ist der zivile Ungehorsam – also grob beschrieben der bewusste, öffentliche Gesetzesbruch als Akt des gewaltfreien Widerstands, um so auf (rechtlich gedeckte) Ungerechtigkeiten und Missstände hinzuweisen, diese öffentlich zu skandalisieren, dagegen anzukämpfen und idealerweise einen Prozess einzuleiten, sie zu überwinden. Dieser kann angekündigt oder unangekündigt, massenhaft und individuell stattfinden oder, wie beim Pflugscharaktivismus, in kleinen Gruppen unter weitgehender Geheimhaltung während der Planungs- und Durchführungsphase der Aktion. Der Pflugscharaktivismus fällt hier etwas aus der klassischen Definition des zivilen Ungehorsams heraus, da zuerst im Geheimen geplant und die Aktion durchgeführt wird, und die öffentliche Komponente der Aktion – und meistens auch der Gang vor Gericht –, um diese zu erklären und zu rechtfertigen, erst als dritter und letzter Schritt folgt.

Debatten über den zivilen Ungehorsam, was er impliziert, unter welchen politischen Vorzeichen und zu welchem Zweck er angewendet wird, gibt es seit Jahrhunderten. Der französische Philosoph Étienne de La Boétie (2009) hat bereits im 16. Jahrhundert in seiner Schrift *Discours de la servitude volontaire* (Von der freiwilligen Knechtschaft) Ideen der Nicht-Zusammenarbeit, der Verweigerung, des zivilen Ungehorsams und der gewaltfreien Revolution ausformuliert. Die 1849 von Henry David Thoreau (2004) verfasste Schrift *Resistance to Civil Government*, später *Civil Disobedience* (Über die Pflicht zum Ungehorsam gegen den Staat), gilt als Meilenstein, was die Theorie des zivilen Ungehorsams anlangt, und viele, von Leo Tolstoi und Emma Goldman über M. K. Gandhi bis hin zu Alice Paul und Martin Luther King – um nur einige der bekannteren Persönlichkeiten zu nennen –, bezogen sich auf dieses Werk und ließen sich davon in ihrem Aktivismus inspirieren. Insbesondere die antikolonialistischen Kämpfe in Indien und die Bürgerrechtsbewegung in den USA machten den zivilen Ungehorsam zu einem Faktor von weltpolitischer Bedeutung.

Dabei ist der zivile Ungehorsam keineswegs als etwas Monolithisches anzusehen. Es gibt durchaus unterschiedliche politisch-philosophische Herangehensweisen und Theorien diesbezüglich, die zwar einiges gemein haben, aber in vielerlei Hinsicht auch variieren. Inhalt, Ziel und Charakter des zivilen Ungehorsams, wie »reformistisch« oder »revolutionär« er sein soll (oder sein kann), wurden und werden immer wieder ausführlich diskutiert. Auch, ob der zivile Ungehorsam in diktatorischen Kontexten oder im westlich-demokratischen Rechtsstaat stattfindet, ist hier ein Faktor. Im westlich-demokratischen Kontext steht das konstitutionelle Modell beispielsweise für einen zivilen Ungehorsam als punktuelle Intervention, um das Bestehende besser zu machen oder negative Entwicklungen abzuwenden, nicht um es infrage zu stellen. Eine grundlegende Kritik an den herrschenden Verhältnissen fehlt hier weitgehend, ein bürgerlich-reformistischer Charakter bleibt dominant. Anders ist es bei (neo-)marxistischen, anarchistischen und radikaldemokratischen Modellen des zivilen Ungehorsams, wo die Kritik am bürgerlich-kapitalistischen Staat, oder an einer post-demokratischen Realität und den Verhältnissen allgemein, sehr viel stärker ausgeprägt ist und demnach auch weitreichendere Forderungen impliziert (vgl. Braune 2017). Zeitgenössische Bewegungen wie Occupy Wall Street, Extinction Rebellion, Ende Gelände oder Black Lives Matter können mit ihrem Aktivismus zumeist in der einen oder anderen Form zu diesen letztgenannten Traditionen des zivilen Ungehorsams gezählt werden.

Von radikaleren gewaltfrei-aktivistischen Kreisen wurde auch der Begriff des »revolutionären zivilen Ungehorsams« etabliert (Marin 2017). Bezugnehmend auf unterschiedliche historische und theoretische Aspekte wird der zivile Ungehorsam auch hier nicht als punktuelle Intervention im Sinne eines demokratiepolitischen Korrektivs gesehen, sondern vielmehr als ein Werkzeug aus dem Aktionsrepertoire der gewaltfreien Aktion, mit dem Ziel einer fundamentalen, emanzipatorisch-radikalen Umgestaltung der gesellschaftlichen Verhältnisse. »[M]assenhafter ziviler Ungehorsam« bedeutet in diesem Fall »Boykottaktionen, massenhafter Bruch von Gesetzen, Sabotage, Massenstreiks bis zum Generalstreik, Kriegsdienstverweigerung«. So soll die »Zersetzung der Machtzentren, insbesondere der bewaffneten Streitkräfte« gewährleistet werden, denn bei einer »genügend breite[n] Massenbewegung, die durch gesellschaftliche und ökonomische Gegenmacht Druck ausübt und repressive Maßnahmen unterläuft, kann das herrschende Übergewicht der Waffen nicht zur Geltung kommen.« Das Ziel, durch eine »soziale Revolution alle autoritären Konzeptionen zum Scheitern zu bringen und eine freie, grenzlos sich föderalistisch vereinende Welt aufzubauen, in der Hunger, Folter, Krieg, Vergiftung der Umwelt und Unterdrückung der Menschen der Vergangenheit angehören«[2], unterscheidet sich folglich drastisch von der Zielrichtung reformistischer und konstitutioneller Modelle des zivilen Ungehorsams. Es ist also eine Art ziviler Ungehorsam, der sich »nicht nur gegen einzelne ungerechte Aspekte einer Regierungspolitik, sondern gegen das System als ganzes richtet« (Carter 1983: 41).

Auch die Stellung zum Staat auszuloten ist logischerweise in diesen Debatten von großer Wichtigkeit, sind es doch staatliche Gesetze, die zu brechen den zivilen Ungehorsam als Widerstandspraxis definiert. Dies trifft nicht nur, aber auch ganz stark für alle linken Ansätze, die dem konstitutionellen/bürgerlich-reformistischen Modell kritisch begegnen, zu. Kritische Analysen aus dem radikaleren gewaltfrei-aktivistischen Spektrum merken hierzu an, dass reformistische (und auch parteipolitisch gefärbte) Tendenzen in der Debatte um den zivilen Ungehorsam dazu führen, diesen »staatlich zu vereinnahmen und mit dem Rechtsstaat zu versöhnen«, und man es folglich »nicht mehr wie bei Thoreau mit ›Ungehorsam gegen den Staat‹ zu tun [hat], sondern mit Zivilem Ungehorsam ›im Rechtsstaat‹« (Marin 2017: 162).

Gezielte Sachbeschädigung im gewaltfreien Widerstand

Es ist offenkundig, dass neben den bereits genannten Aspekten des Pflugscharaktivismus, ein weiteres zentrales Merkmal dieser Aktionsform häufig die gezielte Sachbeschädigung – in diesem Fall von militärischem Gerät und Infrastruktur – ist. Insofern ist der Themenkomplex Sachbeschädigung (und Sa-

---

2   Aus dem Selbstverständnis der gewaltfrei-anarchistischen Zeitschrift *Graswurzelrevolution*: »Grundlagen. Was bedeutet Graswurzelrevolution?« Online unter: www.graswurzel.net/gwr/ueber-uns/grundlagen [18.8.2020].

botage[3]) als gewaltfreie Aktion besonders relevant. Die Frage, ob oder wann gezielte Sachbeschädigung sowie Sabotage als gewaltfreie Aktion beschrieben werden können, wird in der gewaltfrei-aktivistischen Szene und im akademisch-theoretischen Diskurs eingehend diskutiert. Einig ist man sich bei dieser Frage freilich nicht immer, denn während »einige gewaltfreie Aktivist*innen Sachbeschädigung zu vermeiden suchen, befürworten andere, durch Sachbeschädigung die Kosten für die Gegner*innen zu erhöhen« (Sheehan 2017: 12). Auch in der Pflugscharbewegung gibt es hierzu unterschiedliche Meinungen, und manche würden sich wohl nicht gerne mit *Sabotage* (mit seinen fallweise recht auseinanderdriftenden Interpretationen) assoziiert sehen. Für manche ist der Link von Sabotage zu Gewalt schnell gemacht und deshalb nicht mit gewaltfreiem Aktivismus in Einklang zu bringen. Andere wiederum weisen darauf hin, dass es durchaus Formen von Sabotage und Sachbeschädigung gibt, die gewaltfrei sind und im gewaltfreien Widerstand auch sinnvoll eingesetzt werden können, weil sie strategisch förderlich und effektiv sind (vgl. z. B. Martin 2001: 133–139). Um Begriffsverwirrungen vorzubeugen, sei jedoch erwähnt, dass im Kontext von Pflugscharaktionen, bei denen militärisches Gerät beschädigt wird, es am akkuratesten scheint, von *gezielter Sachschädigung als Form des zivilen Ungehorsams und der direkten gewaltfreien Aktion* zu sprechen. Das Thema von Sabotage und gewaltfreier Aktion ist aber dennoch eng damit verbunden, insofern ist es sinnvoll, dieses Thema hier ebenfalls in die Analyse miteinzubeziehen.

---

3   Dieses Begriffspaar wird hier weitestgehend synonym verwendet, auch wenn unter anderem im Kontext der Pflugscharbewegung durchaus Unterschiede auszumachen sind, die in weiterer Folge adressiert werden.

Manchmal sind die Kontroversen um das Thema offensichtlich auch darauf zurückzuführen, dass verschiedene Personen schlicht unterschiedliche Vorstellungen davon haben, was *Sabotage* genau impliziert und bedeutet. Im Folgenden wird daher versucht, einzugrenzen, wann Sabotage und Sachbeschädigung als gewaltfreie Aktionen gewertet werden können und wo fallweise die Unterschiede liegen. Definitorisch soll sich an Grundlegendem orientiert werden. Die Bedeutung des Begriffs der Sabotage gemäß Duden ist eine gute Grundlage, auf die sich hier bezogen werden kann: »absichtliche [planmäßige] Beeinträchtigung der Leistungsfähigkeit politischer, militärischer oder wirtschaftlicher Einrichtungen durch [passiven] Widerstand, Störung des Arbeitsablaufs oder Beschädigung und Zerstörung von Anlagen, Maschinen o. Ä.«[4] Sabotage als »die im Verborgenen betriebene, planmäßige Beschädigung, Wegnahme oder Zerstörung von Gegenständen und/oder Bestandteilen einer Infrastruktur, die der Aufrechterhaltung dieser Ordnung dienen«, beziehungsweise schlicht »vorsätzlich fehlerhafte Arbeit, Sachbeschädigung«[5] oder als »absichtliche Störung eines wirtschaftlichen oder militärischen Ablaufs zur Erreichung eines bestimmten (oft politischen) Zieles«[6] sind ebenfalls brauchbare definitorische Umrisse. Betont sei an dieser Stelle, dass keine dieser Kurz-Definitionen Sabotage mit Gewalt in Verbindung bringt.

Natürlich ist nicht jede Form der Sachbeschädigung und Sabotage automatisch eine gewaltfreie Aktion, und selbst wenn Aktionen so beschrieben werden können, müssen diese nicht

---

4   Siehe www.duden.de/rechtschreibung/Sabotage [4.8.2020].
5   Siehe de.wiktionary.org/wiki/Sabotage [27.8.2020].
6   Siehe de.wikipedia.org/wiki/Sabotage [27.8.2020].

automatisch auch taktisch sinnvoll sein. Kurzum: Sachbeschädigung und Sabotage als solche können, müssen aber nicht gewaltfrei sein. Und sind sie eingebettet in einen dezidiert gewaltfrei-aktionistischen Kontext, können, aber müssen sie keine vorteilhaften Implikationen für eine gewaltfreie Bewegung oder Kampagne haben. Es hängt letztendlich sehr viel von den handelnden Akteur*innen, dem Ziel, der Wirkung sowie der konkreten Umsetzung und dem Kontext ab, in dem diese Taktik zur Anwendung kommt. Auch die Vermittelbarkeit und Fragen der Rechtfertigbarkeit sind Faktoren, die von großer Wichtigkeit sind. Die Anwendung derartiger Taktiken im Zuge gewaltfreier Widerstandskampagnen muss daher besonders gut überlegt und geplant sein.

Beginnen wir bei der Theorie zur gewaltfreien Aktion, so kann ein Blick in die Fachliteratur zuerst verwirrend wirken. Gene Sharp, einer der bekanntesten und am häufigsten angeführten Theoretiker der gewaltfreien Aktion, der aber gleichzeitig auch von gewaltfreier Seite immer wieder kritisiert wird,[7] führt Sabotage und Sachbeschädigung in seinen bekannten *198 Me-*

---

7   Von linkerer gewaltfrei-revolutionärer Seite wird zumeist kritisiert, dass Sharp keine Analyse und keine Kritik des Kapitalismus als Gewalt- und Herrschaftssystem biete und westlich-demokratische Systeme mit kapitalistischen Wirtschaftsmodellen als Ziel gewaltfreier Proteste anstrebe. Obwohl also seine Erläuterungen zu den Dynamiken gewaltfreien Widerstands von vielen Seiten begrüßt werden und zweifelsohne brauchbare Werkzeuge für den Widerstand in der Praxis sind, so wird seine Zielrichtung und seine limitierte Analyse der gewaltsamen und unterdrückerischen Verhältnisse kritisiert. Ein weiterer Vorwurf, der immer wieder aufkommt, ist, dass Sharps *Albert Einstein Institute* teilweise von republikanisch-konservativer Seite und von US-Regierungsstellen finanziell unterstützt werde.

thoden der gewaltfreien Aktion[8] nicht an, lediglich die Zerstörung des eigenen Eigentums wird als 23. Aktion im Kapitel »symbolische öffentliche Akte« angeführt (Sharp 2014: 101–108). In seinem dreibändigen Hauptwerk *The Politics of Nonviolent Action* meint Sharp jedoch, dass Sabotage und Sachbeschädigung *nicht* in seine Definition von Gewalt falle, da sie sich gegen Sachen und nicht gegen Menschen richte. Er fügt hinzu, dass bestimmte Formen von Sabotage durchaus als gewaltfreie Aktion gewertet werden können. Trotz alledem findet er letztendlich aber neun Gründe, warum er Sabotage nicht als Teil der gewaltfreien Aktion betrachtet – und diese überzeugen nur bedingt.

Bei Sharp birgt Sabotage beispielsweise immer die Gefahr, Menschen zu verletzen oder zu töten. Das mag zwar stimmen, wenn man unter Sabotage versteht, in militärischer Manier Brücken, Elektrizitätswerke oder andere kritische Infrastruktur zu sprengen, es stimmt aber nicht für die Taktik an sich. Es gibt unzählige Beispiele von Sabotage, wo niemandes Leben oder Gesundheit zu irgendeinem Zeitpunkt in Gefahr wäre. Das führt uns zum nächsten Problem in seiner Argumentation: Er diskutiert in seinen Ausführungen Sabotage auch als Strategie, die, teils eingebettet in militärische Kämpfe, durch (para)militärische Akteure stattfindet. Dass Sabotage so natürlich seinen gewaltfreien Charakter aufgrund des Kontextes, in dem sie sich abspielt, schnell verliert oder nie hatte, ist evident. Eine Debatte darüber, ob *diese* Form der Sabotage gewaltfrei ist, erübrigt sich im Grunde genommen. Seine Anmerkung, dass

---

8   Das englische Originaldokument *198 Methods of Nonviolent Action* ist online auf der Website von Sharps *Albert Einstein Institute* abrufbar: www.aeinstein.org/nonviolentaction/198-methods-of-nonviolent-action [18.8.2020].

ihm auch kein Beispiel bekannt sei, wo eine dezidiert gewaltfreie Bewegung auf Sabotage gesetzt hätte, passt zwar in seine Argumentationslinie, ist aber ebenfalls so nicht zutreffend beziehungsweise verkürzt (Sharp 1973: 608–611). Ein Beispiel, wo Sabotage innerhalb einer gewaltfreien Kampagne stattgefunden hat, sind etwa die christlich inspirierten Aktionen der beiden US-amerikanischen Klimaaktivistinnen Ruby Montoya und Jessica Reznicek, die 2017 mehrere Sabotageaktionen gegen die im Bau befindliche *Dakota Access Pipeline* durchgeführt haben. Die Ölpipeline ging durch indigenes Gebiet und war mit massiven Protesten der Zivilgesellschaft, insbesondere der dortigen indigenen Bevölkerung wie der Sioux, konfrontiert. Montoya und Reznicek haben die Pipeline selbst und die Maschinen für die Errichtung dieser, mittels Brand oder auch Schweißlöchern sabotiert. Sie bekannten sich zu diesen Taten erst einige Zeit später und wurden anschließend von den Behörden zur Fahndung ausgeschrieben. Ihnen drohen nun lange Haftstrafen. Montoya und Reznicek betonten stets, dass sie ihre Handlungen als gewaltfreie direkte Aktionen betrachten und ihren Aktivismus aus dieser Tradition heraus motiviert sehen. Sie verwiesen zudem auf die strukturelle Gewalt der kapitalistischen Ölindustrie, der sie durch ihre Sabotageaktionen, die »niemals menschliches Leben oder persönliches Eigentum gefährdet haben«, gewaltfrei entgegengetreten sind.[9]

Insofern bleibt der Eindruck, dass Sharps Charakterisierung von Sabotage im Kontext der gewaltfreien Aktion viel zu eng und inakkurat ist, als dass die Schlüsse, die er zieht, über-

---

9   Siehe z. B. das Interview der Aktivistinnen mit *Democracy Now!*, online unter: www.democracynow.org/2017/7/28/meet_the_two_catholic_workers_who [21. 12. 2020].

zeugend wären. Sie fallen bis zu einem bestimmten Grad hinter die Realitäten und Komplexität der gewaltfrei-aktivistischen Praxis sozialer Protestbewegungen zurück.

Interessanterweise kritisierte auch Dorothy Day, Aktivistin und Gründerin der Catholic-Worker-Bewegung, im Jahr 1968 die Brüder Berrigan und die *Cantonsville Nine* – also Akteur*innen ihrer eigenen Szene der linken und vornehmlich katholischen Friedensbewegung – für ihre Protestaktion gegen den Vietnamkrieg, bei der sie in ein Rekrutierungsbüro der US-Armee in Maryland eindrangen, hunderte Einberufungsbescheide entwendeten und mit selbstgemachtem Napalm verbrannten. Für Day war diese Art des Protests, die Sachbeschädigung als unmittelbares Ziel hatte, um so den Vietnamkrieg öffentlich zu skandalisieren, problematisch und außerhalb ihres Gewaltfreiheitsverständnisses (vgl. Cornell 2013: 124f.). Der Antimilitarist, gewaltfreie Revolutionär und reformierte Theologe Bart de Ligt hingegen forderte in seinem 1934 für die *War Resisters' International* (WRI) verfassten »Kampfplan gegen Krieg und Kriegsvorbereitung« im letzten Abschnitt klar, Waffen, Munition und alles Kriegsgerät zu zerstören, wann immer dies ohne die Gefährdung menschlichen Lebens möglich ist (de Ligt 1989: 284).

Trotz der manchmal divergierenden Meinungen zu diesem Thema – ob nun im akademischen Diskurs oder in der radikal-pazifistischen/gewaltfreien Aktivist*innenszene selbst – fehlt es aber nicht an theoretischen Begründungen und praktischen Beispielen, wie und warum Sabotage und gezielte Sachbeschädigung Teil des gewaltfreien Aktionsrepertoires sind (oder: sein können). Wie bereits erwähnt, kann bei vielen Formen von Sabotage und Sachbeschädigung, die in gewaltfreien Kämpfen taktisch und strategisch sinnvoll sind, immer und ganz dezidiert ausgeschlossen werden, dass Menschen (oder Tiere) bedroht, verletzt oder getötet werden. In der gewaltfrei-aktivistischen Community wird folglich immer wieder darauf hingewiesen, dass diese Aktionsformen – richtig und verantwortungsvoll angewandt – selbstverständlicher Teil der gewaltfreien Aktion sind. Die Frage nach der Legalität spielt hier wohlgemerkt, wie schon beim zivilen Ungehorsam, keine Rolle bei der Einschätzung, ob etwas gewaltfrei ist oder nicht.

Eine theoretische Konsistenz für die hier angeführten Argumente bezüglich gewaltfreier Aktion und Sabotage/Sachbeschädigung ist zudem in vielerlei Hinsicht klar gegeben. Integraler Bestandteil der gewaltfreien Aktionstheorie ist beispielsweise stets, Wege zu finden, die Repression und das Ausbeutungs-, Zerstörungs- und Tötungspotential – oder schlicht die Gewalt – des Gegners zu untergraben, seine Wirkmächtigkeit mehr und mehr einzuschränken oder gar zu verhindern, ihm die Möglichkeit zur gewaltsamen Repression sukzessive auf unterschiedlichen Ebenen zu nehmen. Die Sabotage und das Unbrauchbarmachen von Infrastruktur und Gerät, das, in welcher Form auch immer, der Repression, der Ausbeutung oder der Gewaltanwendung dient, während gleichzeitig ausgeschlossen werden kann, dass jemand zu Schaden kommt oder bedroht wird, steht daher logischerweise nicht im Widerspruch zur gewaltfreien Aktion. Der Pflugscharaktivismus kann ein Beispiel hierfür sein.

Auch historische Beispiele, wie die Versuche der radikalen Arbeiter*innenbewegung im frühen 20. Jahrhundert, die Weltkriege mittels Streik, Kriegsdienstverweigerung, aber eben auch mittels Sabotage von Kriegsgerät beziehungsweise der Produktionsabläufe in den Waffenfabriken zu bekämpfen, können hier angeführt werden. Selbstverständlich waren auch abseits des Krieges die Sabotage und der Streik stets wichtige (gewaltfreie) Kampfmaßnahmen von Gewerkschaften und Arbeiter*innen wider die kapitalistische Ausbeutung. Die gewaltfreie Klassenkampftheorie der niederländischen Marxistin und späteren religiösen Sozialistin Henriette Roland Holst gilt es hier ebenso hervorzuheben (vgl. Jochheim 1986) wie die Aktivitäten der 1905 gegründeten US-amerikanischen Gewerkschaft *Industrial Workers of the World* (IWW), deren klassenkämpferische Aktivitäten – publizistisches Wirken, Organisierung, direkte Aktion, Streik, Sabotage etc. – »dezidiert im Bereich der Gewaltfreiheit« zu verorten sind (Salerno 2014: 1). Für die IWW-Aktivistin Elizabeth Gurley Flynn war Sabotage keineswegs »physische Gewalt«, sondern recht weit gefasst schlicht der »Entzug der Arbeitsleistung« (*withdrawal of efficiency*) auf unterschiedlichen Wegen und Ebenen (Gurley Flynn 1916: 93f.).

Auch in der jüngeren Geschichte sozialer Protestbewegungen finden wir Beispiele, wo gezielte Sachbeschädigung und Sabotage Teil von gewaltfreien Widerstandsstrategien und Kampagnen waren und deren Effektivität steigerten. Das Beispiel der *Dakota Access Pipeline* wurde bereits angesprochen. Das sogenannte »Schottern« bei Anti-AKW-Protesten in Deutschland, bei dem aus dem Oberbau von Bahngleisen Steine entfernt und diese so für Atommülltransporte unpassierbar gemacht werden[10], ist hierfür ebenso ein Beispiel wie die sogenannten *Feldbefreiungen*, bei denen Aktivist*innen der Ökologiebewegung in einer gewaltfreien direkten Aktion Felder mit gentechnisch veränderten Organismen unbrauchbar machen – und auch hier ist im Sinne des zivilen Ungehorsams das gerichtliche Nachspiel

---

10 Wohlgemerkt ist nicht das Entgleisen dieser Züge das Ziel – was an sich taktisch völlig widersinnig wäre, weil man so Mensch und Natur großer Gefahr aussetzt, also genau das bewirkt, was man gerade verhindern will –, sondern das Lahmlegen der Strecke für einen längeren Zeitraum.

zumeist ein eingeplanter Teil der Aktion. Die sogenannte *Ecotage*, ein Wort, das sich aus den Begriffen *Ecology* und *Sabotage* zusammensetzt, und ökologisch motivierte Sabotageaktionen beschreibt, wurde schon seit den 1980er Jahren vor allem in England und den USA durch den radikaleren Flügel der Ökologiebewegung populär gemacht, wobei diese Aktionen wiederum – im Gegensatz zu beispielsweise den *Feldbefreiungen* – zumeist geheim stattfinden. Überschneidungen mit bestimmten Prinzipien und Theorien des zivilen Ungehorsams sind hier also nur bedingt der Fall, da das (freiwillige) strafrechtliche »Dafür-Gerade-Stehen« bei derartigen Aktionen eben kein Faktor ist. Es handelt sich dabei vielmehr um eine Form der (geheim durchgeführten) Sabotage gegen Ausbeutungs- und Zerstörungsinfrastruktur, bei der das Ziel jedoch dezidiert der Sachschaden ist und weder Menschen noch Tiere gefährdet, verletzt oder getötet werden.

In revolutionär-gewaltfreien Kreisen war und ist zudem die Überzeugung präsent (und selbst Sharp argumentiert so), dass es *Gewalt gegen Sachen* nicht gibt, da Sachen – ein Grenzzaun; ein Bahngleis, auf dem Atommüll transportiert wird; eine Maschine zur Herstellung von Bomben; ein Bulldozer, der Naturlandschaften plattwalzt – nichts fühlen und demnach auch keine Gewalt erfahren können. Sabotage und gezielte Sachbeschädigung im gewaltfrei-aktionistischen Kontext wurden folglich immer als genau das beschrieben: als *direkte gewaltfreie Aktion*, nicht als *Anschlag* oder *Gewalt gegen Sachen*. Diese Unterscheidung war und ist von großer Bedeutung.

Was die Aktionen der Pflugscharbewegung tatsächlich noch am ehesten von dem unterscheidet, was oftmals gemeinhin unter *Sabotage* – ob nun gewaltfrei oder (para-)militärisch – verstanden wird, ist, dass Pflugscharaktionen zwar in den ersten

Phasen (von der Planung bis zur Durchführung) geheim sind, dann aber öffentlich gemacht werden und das Tragen der strafrechtlichen Folgen eingeplanter Teil des Ganzen ist. Hier kommen also die klassischen Prinzipien des zivilen Ungehorsams zum Tragen, die bei Sabotageaktionen, welche zur Gänze im Geheimen stattfinden und wo die Beteiligten in der Regel kein Interesse daran haben, erwischt zu werden, eben keine Rolle spielen.

Insofern kann abschließend konstatiert werden, dass, trotz fallweise unterschiedlicher Meinungen und Abwägungen, die manchmal mehr, manchmal weniger überzeugen, doch ein relativ breiter Konsens vorherrscht, dass Sabotage – manchmal wird, um Missverständnisse zu vermeiden, von »gewaltfreier Sabotage« geschrieben (Ackermann & Kruegler 1994: 39f.; Schock 2005: 16) – und gezielte Sachbeschädigung, unter strenger Berücksichtigung genannter Parameter, Teil der gewaltfreien Aktionstheorie sind. Sie befinden sich zwar am radikaleren Ende dieser Skala, sind aber dennoch klar innerhalb derselben.

Die hier gegenständliche Pflugscharbewegung wird wohlgemerkt in der Regel, selbst bei kritischen Beobachter*innen, als eines der Paradebeispiele dafür angeführt, wie und warum gezielte Sachbeschädigung im gewaltfreien Widerstand sinnvoll und vertretbar eingesetzt werden kann (vgl. z. B. Jochheim 1984: 23–25, 112). In Anlehnung an das berühmte Zitat von Dietrich Bonhoeffer, dass man den Opfern, die unter die Räder gelangen, nicht nur helfen solle, sondern »dem Rad selbst in die Speichen fallen« müsse, wäre im Sinne des hier Geschriebenen zu ergänzen, dass es manchmal auch sinnvoll und vertretbar ist, diesen Speichen mit einer geeigneten Zange zu Leibe zu rücken, für einen platten Reifen zu sorgen, oder das Rad unbemerkt abzumontieren und verschwinden zu lassen, damit es keinen Schaden mehr anrichten kann.

Literatur

Ackermann, Peter/Kruegler, Christopher (1994): Strategic Nonviolent Conflict. The Dynamics of People Power in the Twentieth Century. Praeger: Westport, Connecticut, London.

Braune, Andreas (2017): Zur Einführung: Definitionen, Rechtfertigungen und Funktionen des politischen Ungehorsams. In: Braune, Andreas (Hrsg.) (2017): Ziviler Ungehorsam. Texte von Thoreau bis Occupy. Reclam: Stuttgart, S. 9–38.

Carter, April (1983): Direkte Aktion. Leitfaden für den Gewaltfreien Widerstand. AHDE-Verlag: Berlin.

Cornell, Tom (2013): Dorothy Day, Ammon Hennacy und der Anarchismus. Leben und Werk zweier Catholic Workers. In: Kalicha, Sebastian (Hrsg.) 2013: Christlicher Anarchismus. Facetten einer libertären Strömung. Heidelberg: Verlag Graswurzelrevolution. S. 117–146.

De La Boétie, Étienne 2009 (Orig. 1574): Von der freiwilligen Knechtschaft. Trotzdem Verlag: Frankfurt am Main.

De Ligt, Bart 1989 (Orig. 1937): The Conquest of Violence. An Essay on War and Revolution. Pluto Press: London.

Forcades, Teresa (2017): Faith and Freedom. Polity Press: Cambridge.

Gurley Flynn, Elizabeth (1916): Sabotage: The Conscious Withdrawal of the Workers' Industrial Efficiency. In: Flynn, Elizabeth Gurley/Smith, Walker C./Trautman, William E. (2014): Direct Action & Sabotage. Three Classic IWW Pamphlets from the 1910s. Edited and introduced by Salvatore Salerno. Oakland: PM Press, S. 89–115.

Jochheim, Gernot (1984): Die gewaltfreie Aktion. Idee und Methoden, Vorbilder und Wirkung. Rasch und Röhring: Hamburg, Zürich.

Jochheim, Gernot (1986): Gewaltlosigkeit in der proletarischen Revolution. Der Beitrag Henriette Roland Holsts zur Klassenkampftheorie während des 1. Weltkriegs. In: Wege des Ungehorsams. Jahrbuch II für gewaltfreie & libertäre Aktion, Politik & Kultur (1986). Kassel: Verlag Weber, Zucht & Co., S. 139–155.

Marin, Lou (2017): Ein Jahrhundert des revolutionären zivilen Ungehorsams. Ein kurzer Abriss des aktivistischen zivilen Ungehorsams aus gewaltfrei-anarchistischer Sicht. In: Arbeitsgruppe

Anarchismus und Gewaltfreiheit (Hrsg.) (2017): Je mehr Gewalt, desto weniger Revolution. Texte zum gewaltfreien Anarchismus und anarchistischen Pazifismus. Band 1. Verlag Graswurzelrevolution: Heidelberg, S. 143–168.

Martin, Brian (2001): Nonviolence versus capitalism. London: War Resisters' International.

Miranda, José Porfirio (2014): Der Kommunismus der Bibel. Edition ITP-Kompass: Münster.

Salerno, Salvatore (2014): Introduction. In: Flynn, Elizabeth Gurley/Smith, Walker C./Trautman, E. (2014): Direct Action & Sabotage. Three Classic IWW Pamphlets from the 1910s. Edited and introduced by Salvatore Salerno. PM Press: Oakland, S. 1–27.

Schock, Kurt (2005): Unarmed Insurrections. People Power Movements in Nondemocracies. University of Minnesota Press: Minneapolis/London.

Sharp, Gene (1973): The Politics of Nonviolent Action. Part Three: The Dynamics of Nonviolent Action. Porter Sargent Publisher: Boston.

Sharp, Gene (2014) (Orig. 1993): Von der Diktatur zur Demokratie. Ein Leitfaden für die Befreiung. C. H. Beck: München.

Sheehan, Joanne (2017): Einführung in die Gewaltfreiheit. In: War Resisters' International (Hrsg.): Handbuch für gewaltfreie Kampagnen. Verlag Graswurzelrevolution: Heidelberg, S. 11–14.

Thoreau, Henry David (2004) (Orig. 1849): Über die Pflicht zum Ungehorsam gegen den Staat/Civil Disobedience. Diogenes Verlag: Zürich.

JAKOB FRÜHMANN, CRISTINA YURENA ZERR

Zur Aktion in Kings Bay

Die sieben Aktivist*innen der *Kingsbay Plowshares* haben die Aktion über einen Zeitraum von zwei Jahren geplant und sich dabei vor allem selbst vorbereitet, indem sie die Frage stellten, was es bedeutet, im 21. Jahrhundert das eigene Leben im Sinn der jesuanischen Botschaft einer radikalen Nachfolge zu widmen. Sie alle leben in von Dorothy Day und Peter Maurin inspirierten, selbstorganisierten Gemeinschaften und teilen ihr Zuhause mit marginalisierten Menschen. Diese Begegnungen mit Armut, Rassismus, kapitalistischer Ausbeutung und deren Verbindung zum Krieg sind ausschlaggebende Gründe für den Schritt zur Aktion von 2018.

Der Militärstützpunkt *Kings Bay* in Georgia beherbergt sechs Atom-U-Boote; weitere acht Atom-U-Boote sind auf dem Marinestützpunkt *Kitsap* in der Nähe von Seattle (Washington) stationiert, wo in der Vergangenheit ebenso Pflugschar- und andere Aktionen stattfanden. Die an diesen Orten stationierten Trident-U-Boote dienen als seegestütztes nukleares Startsystem der US-Regierung. Die USA verfügen derzeit über 14 nuklearbetriebene Trident-U-Boote mit ballistischen Interkontinentalraketen (*submarine-launched ballistic missiles*, SLBMs). Diese tragen rund die Hälfte des US-amerikanischen Atomwaffenarsenals. Die Trident-U-Boote sind 170 Meter lang und jedes kann 24 abgeschossene ballistische Raketen mit der Bezeichnung Trident II D5 transportieren. Jede dieser Raketen kann bis zu acht 100-Kilotonnen-Nuklearsprengköpfe tragen – je nach Beladung der einzelnen Trident Raketen entspricht das einer 1000- bis 5000-fachen Sprengkraft der Bombe, die 1945 auf Hiroshima abgeworfen wurde. Die Trident-II-D5-Raketen sind in der Lage, innerhalb von 15 Minuten überall auf dem Planeten Erde einen Atomerstschlag auszuführen.

Am 50. Jahrestag der Ermordung von Martin Luther King Jr., dem 4. April 2018, betrat die Gruppe den Marinestützpunkt *Kings Bay* in St. Mary's, Georgia. Sie wählte dieses Datum, um auf die dreifache Bedrohung, die King immer wieder betonte, aufmerksam zu machen: Nuklearismus, Rassismus und Materialismus. Jede einzelne davon sei in der Lage, unsere Welt zu zerstören. Die Aktivist*innen trugen dabei jene Erklärung von King mit sich, in der er festhält, dass der größte Lieferant von Gewalt in der Welt seine eigene Regierung sei.

Nach dem Einbruch in das Hochsicherheitsgelände verbrachten die sieben mehrere Stunden auf dem Stützpunkt, wo die Aktivist*innen Klebeband um ein Verwaltungsgebäude spannten, auf den von ihnen so bezeichneten Metallschrein hämmerten (eine Skulptur, die Waffen abbildet) und Dokumente zur Erläuterung ihrer Aktion aufhängten. Darin war unter anderem zu lesen:

»Wir kommen nach Kings Bay, um dem Aufruf des Propheten Jesaja (2,4) zu folgen, ›Schwerter zu Pflugscharen zu schmieden‹, indem wir die tödlichste Atomwaffe der Welt, das Trident-U-Boot, entwaffnen. Wir bereuen die Sünde der Weißen Vorherrschaft, die die Schwarzen Menschen hier in den Vereinigten Staaten und in der ganzen Welt unterdrückt und ihnen das Leben nimmt. Wir widersetzen uns dem Militarismus, der tödliche Gewalt angewendet hat, um die Weltherrschaft durchzusetzen. Wir glauben, dass

Wiedergutmachung für gestohlenes Land, gestohlene Arbeit und gestohlenes Leben erforderlich ist. [...] Als Weiße Katholik*innen übernehmen wir Verantwortung, für die schrecklichen Verbrechen zu büßen, die aus unserer Komplizenschaft mit den Tridents entstanden sind. Nur dann können wir damit beginnen, richtige Beziehungen aufzubauen. Wir streben nach einer Welt, die frei von Atomwaffen, Rassismus und wirtschaftlicher Ausbeutung ist. Wir appellieren an unsere Kirche, ihre Verstrickung in Gewalt und Krieg zu beenden. Wir können nicht gleichzeitig für Frieden beten und hoffen, während wir Waffen segnen und Kriege dulden.«[1]

Daraufhin wurden die Aktivist*innen verhaftet und im nahe gelegenen Brunswick, Georgia, inhaftiert. Sie wurden angeklagt wegen Verschwörung, unbefugten Betretens und Plünderung und Zerstörung von Regierungseigentum, weil sie ihr eigenes, davor abgenommenes, Blut vergossen und mit Haushaltshämmern auf einen »Metallschrein« gehämmert hatten.

Allen sieben ist das Gefängnis aufgrund von früheren Pflugschar- oder anderen Widerstandsaktionen nicht neu. Während P. Steve Kelly seit der Aktion bis Dezember 2020 dafür im Gefängnis saß, konnten die anderen aufgrund medizinischer Gründe oder dem Hinterlegen einer enorm hohen Kaution sich nach einigen Monaten der Untersuchungshaft entziehen. Die Bedingungen dafür waren eine elektronische Fußfessel, Hausarrest und eine eingeschränkte Bewegungsfreiheit. So war es ihnen möglich, Zeit mit der Familie und der Gemeinde zu verbringen, jedoch im Wissen, dass ihnen mehrere Jahre Gefängnis noch bevorstünden.

---

[1] www.kingsbayplowshares7.org/mission [3.1.2021], Übersetzung d. Hrsg.

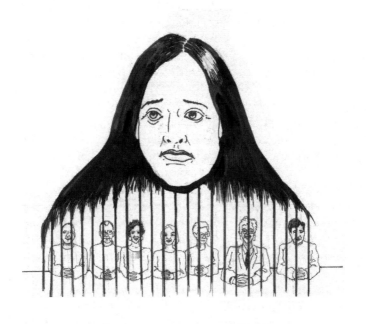

Im Laufe des Prozesses wurde ihre religiös untermauerte Argumentation immer wieder als unzulässig abgewiesen, ebenso wie ihr Bezug auf das Verbot von Atomwaffen im internationalen Völkerrecht – eine häufige Linie der Justiz bei Pflugscharprozessen in den USA.

Bei der Geschworenenverhandlung, an der Unterstützer*innen aus vielen Bundesländern und anderen Ländern teilnahmen, sagten die Angeklagten, sie hätten den Stützpunkt nicht betreten, um ein Verbrechen zu begehen, sondern um eines zu verhindern. Der Angeklagte Mark Colville berichtete den Unterstützer*innen:

> »Wieder einmal hat ein Bundesgericht ganz klar die Augen vor dem kriminellen und mörderischen Unternehmen verschlossen, von dem das Pentagon sich in den vergangenen 73 Jahren wiederholt geweigert hat, es zu unterlassen. Nach dem Völkerrecht und dem Verfassungsrecht, die beide in allen US-Jurisdiktionen bindendes und übergeordnetes Recht sind, ist der Bau und Besitz von Atomwaffen im Erstschlag ein Verbrechen«.

Die Verteidigung wies darauf hin, dass, »wenn die Angeklagten ihre Aktionen in Nordkorea oder im Iran durchführen würden, diese von der US-Regierung begrüßt werden«. Dennoch brauchte die Jury nach einer dreitägigen Verhandlung weniger als eine Stunde, um alle sieben Angeklagten zu verurteilen.

Danach wurden hunderte von Unterstützungserklärungen an die vorsitzende Richterin geschickt. Eine Petition mit der Bitte an den US-Generalstaatsanwalt, die Anklage abzuweisen, wurde von tausenden unterzeichnet, unter anderem von Desmond Tutu, Angela Davis, Michael Moore und Noam Chomsky. Bis auf wenige Ausnahmen – wie zum Beispiel Amy Goodman in *Democracy Now!* – gab es wenig mediale Berichterstattung.

Schließlich wurde ein Verurteilungsdatum für Ende Mai 2020 festgelegt, aber wegen der Covid-19-Pandemie sollten die Angeklagten per Video aus der Ferne verurteilt werden, was etwas zynisch ist, wenn bedacht wird, dass sie im Falle einer Verurteilung in ein überfülltes Gefängnis gesperrt würden. Aus Sicht der Aktivist*innen wurde durch diese Strategie des Gerichts verhindert, dass Unterstützer*innen beim Prozess mediale Aufmerksamkeit erzeugen könnten. Protest wurde so bewusst zerstreut. Elizabeth McAlister, 80 Jahre alt, wurde als Einzige am 8. Juni 2020 per Video zu einer Haftstrafe von drei Jahren auf Bewährung unter Aufsicht – das heißt, einer Art Hausarrest – und einer Geldstrafe von 33 000 USD verurteilt. Sie hatte bereits mehr als 17 Monate in Bezirksgefängnissen für die Aktion verbracht.

Pater Steve Kelly und Patrick O'Neill wurden am 15. und 16. Oktober 2020 verurteilt. Steve Kelly wurde zu einer Haftstrafe von 33 Monaten verurteilt. Aufgrund seiner Nicht-Kooperation mit dem Gericht hatte er bis zu dem Zeitpunkt schon 31 Monate in Untersuchungshaft verbracht. Patrick O'Neill wurde am 16. Oktober zu einer Haftstrafe von 14 Monaten und derselben Bewährung verurteilt.

Carmen Trotta wurde am 12. November zu 14 Monaten Haft verurteilt. Clare Grady wurde am selben Tag von Richterin Wood zu einem Jahr und einem Tag verurteilt, was weit unter den Richtlinien (und Befürchtungen) lag.

Martha Hennessy, die sechste der zu verurteilenden Angeklagten der *Kings Bay Plowshares 7*, wurde am 13. November zu einer Haftstrafe von 10 Monaten sowie – wie alle der Angeklagten – zu drei Jahren Bewährung unter Aufsicht und einer Geldstrafe von 33 000 USD verurteilt. Mark Colville bat wegen familiärer Umstände um einen weiteren Aufschub des Urteils, der von der Richterin bis zum April 2021 genehmigt wurde.

Die Urteile der Angeklagten liegen damit weit unter der erwarteten Haftzeit – ursprünglich war von bis zu 21 Jahren ausgegangen worden.

Biographien der Aktivist*innen

P. Steve Kelly SJ (* 1949) wurde 1990 zum Jesuitenpater geweiht. Seine Erfahrungen in El Salvador halfen ihm, die Zusammenhänge zwischen Armut und Atomwaffen zu erkennen. Er ist Mitglied der *Redwood City Catholic Worker* und einer der Gründer der *Pacific Life Community*. Er arbeitet seit Jahrzehnten im Widerstand gegen den Krieg und saß dafür viele Jahre im Gefängnis, weil er an vier weiteren Abrüstungsaktionen der Pflugscharbewegung sowie an anderen Widerstandsaktionen teilgenommen hatte. Den Großteil seiner Gefängniszeit verbrachte er in Einzelhaft.

Elizabeth McAlister (* 1939) unterrichtete als römisch-katholische Nonne am College, als ihr die Ungerechtigkeit des Vietnamkrieges bewusst wurde. Sie engagierte sich gegen den Krieg und lernte dabei Pater Philip Berrigan kennen, den sie bei einer Aktenverbrennungsaktion unterstützte. 1973 verließen sie ihre Religionsgemeinschaften, heirateten und bekamen drei Kinder. Zusammen mit anderen gründeten sie 1980 die Widerstandsgemeinschaft *Jonah House*, die fast alle Aktionen der Pflugscharbewegung begleitet hat. Während sie ihre Kinder aufzogen, setzten sie ihre Widerstandsaktionen fort und saßen elf Jahre gemeinsam im Gefängnis.

Clare Grady (* 1958) hat an mehreren Pflugscharaktionen teilgenommen, an ihrer ersten im Alter von 24 Jahren. Clare stammt aus einer großen und liebevollen Friedensfamilie – schon ihr Vater engagierte sich im Widerstand gegen den Vietnamkrieg. Sie führt diese Tradition der Catholic-Worker-Gemeinschaft in Ithaka fort. Sie sieht das

Hämmern als einen Akt der Transformation der Waffen, ihrer selbst und ihrer Beziehung zu dem System, das die Waffe aufrechterhält.

Mark Colville (* 1961) gründete 1994 in New Haven, Connecticut, zusammen mit seiner Frau Luz Catarineau die *Amistad Catholic Worker*. Gemeinsam zogen sie sechs Kinder groß, während sie eng mit der Nachbarschaft zusammenlebten und sich gegen die Waffen wehrten, deren Kosten so vielen Menschen Nahrung und Unterkunft vorenthalten. Marc ist der festen Überzeugung, dass seine Rolle als Ehemann und Elternteil ihn nicht von der Verantwortung der direkten Entwaffnung entbinde.

Carmen Trotta (* 1962) ist seit über 30 Jahren Teil der Catholic-Worker-Gemeinschaft von New York. In den beiden Häusern der Gastfreundschaft kümmert er sich um die Armen und Obdachlosen und stellt ihnen Mahlzeiten, Kleidung und Unterkunft zur Verfügung. Er ist Mitherausgeber der Zeitung *The Catholic Worker* und Mitbegründer von *Witness Against Torture*, einer Gruppe, die sich für die Schließung des US-Gefangenenlagers in Guantánamo, Kuba, einsetzt. Für diese und andere Antikriegsproteste wurde er häufig verhaftet und inhaftiert.

Martha Hennessy (* 1955) ist Teil der Catholic Workers von New York, und teilt ihre Zeit zwischen der Gemeinschaft *Mary House* und ihrer Familienfarm in Vermont auf. Sie war Therapeutin für Arbeiter*innen, ist Mutter von drei Kindern und Großmutter von acht Kindern. Martha ist die Enkelin der Mitbegründerin der Catholic-Worker-Bewegung, Dorothy Day, die selbst wegen friedlicher Proteste mehrmals inhaftiert war. Martha reiste in viele Länder, um die Auswirkungen der Kriege ihres Landes zu verstehen, und saß Haftstrafen ab, weil sie gegen die Atombomben, den Krieg, die Folter von

Gefangenen in Guantánamo und den Einsatz von Hunger als Kriegswaffe im Jemen protestierte.

Patrick O'Neill (* 1956) gründete 1991 mit seiner Frau, der Sozialarbeiterin Mary Rider, das *P. Charlie Mulholland Catholic Worker House* in Garner, North Carolina. Ihr Haus ist eine christlich-pazifistische Gemeinschaft. Sie haben acht Kinder. Zusätzlich zu seinen Aufgaben in der Gemeinschaft ist Patrick ein häufiger Mitarbeiter des *National Catholic Reporter*. Für seine Friedensarbeit hat er über zwei Jahre im Gefängnis verbracht.

***

Frida Berrigan (1974) ist die Tochter von Elizabeth McAlister und Philip Berrigan. Sie ist Autorin von *It Runs In The Family: Über die Erziehung durch Radikale und das Heranwachsen zu einer rebellischen Mutterschaft* und schreibt die Kolumne *Kleine Aufstände* für *waging nonviolence.org*. Sie hat drei Kinder und lebt in New London, Connecticut, wo sie als Gärtnerin und Gemeindeorganisatorin tätig ist. Sie war 2005 Gründungsmitglied der Gruppe *Witness Against Torture*.

Frida Berrigan hielt anstelle ihrer Mutter Elizabeth McAlister die Abschlussrede, welche hier abgedruckt ist.

Carmen Trotta

Statement zur Verurteilung am 12. November 2020

In meiner Eröffnungserklärung an das Gericht merkte ich an, dass ich ein Kind des Vietnamkrieges bin und mein Hauptgrund, auf das College zu gehen, darin bestand, herauszufinden, wer die Wahrheit über den Krieg in Vietnam und die Gründe, wegen derer wir ihn führten, sagte. Ich war da ungefähr 18 Jahre alt. Es war im College, als ich zum ersten Mal Martin Luther Kings *Beyond Vietnam*-Rede hörte, und in gewisser Weise war das der traurigste Tag in meinem Leben.

Sie richtete aber mein Leben auch neu aus.

Der Beweis war einfach genug. Wie King erklärte, bezahlten die Vereinigten Staaten bis 1954 80 Prozent der französischen Anstrengungen zur Rekolonialisierung Vietnams. Damals und dort lernte ich, dass die USA genauso wenig einen edlen Grund hatten, dort zu sein, wie die Kolonisatoren, die wir ersetzen wollten. Dann begann ich eine Reise, die mich zu meiner heutigen Anwesenheit vor dem Gericht geführt hat.

Mir wurde von der Staatsanwaltschaft gesagt, dass ich ein umfangreiches Vorstrafenregister habe, und als ich das hörte, war ich sprachlos. Mir war nicht bewusst, dass ich ein Vorstrafenregister hatte, aber irgendwann wurde mir klar, dass ich zwanzig-, dreißigmal verhaftet worden war. Aber meiner Meinung nach war das alles gerechtfertigt. Jede einzelne meiner Aktionen war eine Reaktion auf ein amerikanisches Kriegsverbrechen.

Außerdem fanden meine Verhaftungen in jedem Fall wegen Akten des gewaltfreien zivilen Ungehorsams oder des zivilen Widerstands statt. Lassen Sie mich unmissverständlich sagen, dass ich in meiner gesamten umfangreichen sogenannten kriminellen Geschichte nie eine Hand in Wut und Gewalt gegen jemand anders erhoben habe. Vor Gericht hatte ich meine Sorge erwähnt, dass das »institutionelle Gedächtnis des Gerichts pervers ist.«

Das Gericht weiß, wo und wann ich verhaftet wurde, wie die Anklage lautet und zu welcher Strafe ich verurteilt wurde – aber nichts von dem Kontext, in dem ich verhaftet wurde: Und Kontext ist alles. Wir erinnern uns vielleicht daran, dass Mark Colville in unserem eigenen Prozess mit der Vorstellung konfrontiert wurde, dass das, was er getan hatte, wie das Überfahren einer roten Ampel war – eine einfache Gesetzesübertretung. Aber es gibt Zeiten, in denen jeder, der bei klarem Verstand ist, eine rote Ampel überfahren würde, wie zum Beispiel die Male, in denen ich meinen kranken Vater ins Krankenhaus brachte und ihm damit das Leben rettete.

Was Kriegsverbrechen angeht, habe ich also eine Menge rote Ampeln überfahren. Um das klarzustellen: Dieser Kriminelle hat nie jemanden angegriffen, nie etwas gestohlen, nie jemanden bedroht. Wenn er wegen ordnungswidrigen Verhaltens verurteilt wurde, dann nicht, weil er betrunken war und auf die Straße uriniert hat. Es war für das Halten eines Banners vor dem Weißen Haus und für die Weigerung, wegzugehen ... leider wolle das Gericht nicht wissen, was auf dem Banner stand.

Bemerkenswert ist, dass die längste Strafe, die ich je erhalten habe, vor meinen fünfzig Tagen [Untersuchungshaft] für die vorliegende Aktion, zwölf Tage betrug. Kurzum, all meine Verhaftungen waren bewusste, gewaltfreie Reaktionen auf die Anliegen meines Gewissens, welches ich für ein göttliches Geschenk halte. Es ist nicht nur ein göttliches Geschenk für mich. Es ist eines für jeden. Es ist das, was einen Menschen ausmacht.

Meine erste Inhaftierung war 1986 in Des Moines, Iowa. Einige Catholic Workers hatten sich einem größeren Bündnis angeschlossen, das den damaligen Gouverneur Branstad aufforderte, eine Bundesanfrage an die Nationalgarde des Staates abzulehnen, die vorsah, in Honduras »Straßen zu bauen«. In Wirklichkeit wollten sie Invasionskorridore nach Nicaragua für die sogenannten Contras bauen, eine Terrormiliz, die von der Reagan-Administration übernommen, finanziert, ausgebildet und beraten wurde, um die erste demokratisch gewählte Regierung in Nicaragua seit mehr als 40 Jahren zu stürzen. Vor der sandinistischen Revolution war Nicaragua ein US-Klientel-Staat, der der despotischen Kontrolle der Somoza-Familie unterstand.

Wir sollten uns alle der Tatsache bewusst sein, dass die USA historisch gesehen so gut wie nie Demokratie im Ausland unterstütz haben.

Vor unserer Aktion hatten sechs Bundesstaaten unter öffentlichem Druck Anfragen des Bundes, Einheiten der Nationalgarde bereitzustellen, abgelehnt. Wir hofften, dass Iowa der siebte werden würde. Wir gingen zum Kapitol, um uns mit dem Gouverneur zu treffen, und er erschien nicht. Etwa 25 von uns beschlossen, im Büro zu bleiben, bis er erscheinen würde. Als das Gebäude nachts geschlossen wurde, trafen die Mitglieder des Bündnisses den Entschluss, die Nacht über zu warten. Daraufhin betrat die Polizei das Büro, um uns hinaus zu eskortieren. Ich blieb nicht standhaft und wurde über Nacht inhaftiert.

Tage nach der Aktion wurde im Kongress ein Gesetz verabschiedet, dass es unmöglich machte, eine Bundesanfrage für eine Einheit der Nationalgarde abzulehnen, es sei denn, der

Gouverneur rief den Notstand aus, das sogenannte *Montgomery Amendment*.

Meine erste Verhaftung war also im Widerstand gegen einen Akt des amerikanischen Terrorismus, der als Iran-Contra-Skandal bekannt wurde. Der aktivste Akteur des Skandals war Oberstleutnant Oliver North, ein honorierter Vietnam-Veteran, der ein geheimes Büro im Nationalen Sicherheitsrat bezog. Hinter dem Rücken des Kongresses und unter Verletzung des *Boland Amendments* von 1985 wirbt North um Geld von privaten Spendern und verschiedenen Nationen und drückt ein Auge zu, wenn es um Geld geht, das aus Lieferungen von Crack und Kokain stammt, welches über Drogenkartelle mit Verbindungen zu den Contras in die Vereinigten Staaten gebracht wurde.

Schließlich wurde der Skandal aufgedeckt. Mehr als ein Dutzend Regierungsbeamte wurden rechtskräftig verurteilt. Oliver North wurde zu einer dreijährigen Bewährungsstrafe verurteilt, weil er an einem Akt des amerikanischen Terrorismus beteiligt war, der einen zehnjährigen Krieg auslöste, der das Leben von 30 000 Menschen kostete. Alle Verurteilten wurden von der nächsten Regierung begnadigt. Da ich nie eine Hand zur Gewalt erhoben habe, erscheint es mir merkwürdig, dass ich dazu bestimmt bin, mehr Gefängniszeit zu verbüßen als Oliver North.

Ein weiterer Krieg, ja eine Reihe von Kriegen, auf die ich reagiert habe, betraf den Irak. Seit 30 Jahren haben wir den Irak bombardiert. Trotz der brutalen, diktatorischen Herrschaft von Saddam Hussein hat es das irakische Volk geschafft, eine anständige Infrastruktur aufzubauen. Vor der US-Intervention und der Besatzung verfügte der Irak über erstklassige Krankenhäuser; die Kindersterblichkeitsrate war mit der europäischer Nationen vergleichbar; die Bevölkerung wurde mit sauberem, sicherem Wasser versorgt; das Analphabetentum war im Grunde ausgerottet.

Aber 1991 zerstörten amerikanische Bomben systematisch diese Infrastruktur. Hinzu kam das tödlichste Regime von Wirtschaftssanktionen in der Geschichte. Vor dem Krieg stammten 70 Prozent der irakischen Lebensmittel aus Importen. Die Sanktionen untersagten den UN-Mitgliedsstaaten den Verkauf von Lebensmitteln an den Irak, mit Ausnahme »humanitärer Gründe«. Außerdem zerstörten die Bombardierungen fast alle Wasseraufbereitungsanlagen des Landes. Chlor, ein wesentliches Mittel in Wasseraufbereitungsanlagen, wurde absichtlich sanktioniert. Dies geschah im vollen Wissen, dass durch Wasser übertragene Krankheiten die Folge sein würden. Fälle von Cholera und Typhus, die vorher fast nicht existierten, stiegen in den nächsten Jahren dramatisch an.

Das war eine skrupellose Politik! Sie richtete sich bewusst gegen die zivile Infrastruktur, gegen Männer, Frauen und Kinder.

Mehr als 200 000 Iraker*innen kamen bis zum Ende des ersten Golfkriegs ums Leben. Die Clinton-Administration übernahm dann die Zügel und setzte die Bombardierung beharrlich, wenn auch sporadisch, fort. 1996 gab die UNO einen Bericht heraus, in dem stand, dass 500 000 Kinder unter fünf Jahren aufgrund der harten Sanktionen gestorben waren. Die damalige Außenministerin Magdalene Albright wurde dazu von Leslie Stahl in *60 Minutes* befragt: »Wir haben gehört, dass eine halbe Million Kinder gestorben sind … ich meine … das sind mehr Kinder, als in Hiroshima gestorben sind. Und, würden Sie sagen, das war diesen Preis wert?«

Albright antwortete: »Ich denke, das ist eine sehr schwere Entscheidung, aber es war – denken wir – den Preis wert.«

Albright hat sich nie für diese Aussage entschuldigt.

Das ist also mein großes Dilemma: der Konflikt zwischen meiner Liebe zum Land und meinem Gewissen und, wie es scheint, der zunehmenden Abstumpfung des Gewissens der Nation.

Es trifft mich immer noch, wenn ich die Worte »alle Menschen sind gleich geschaffen« höre, oder die Aussage »gewisse gottgegebene und unveräußerliche Rechte«. Es ist ziemlich offensichtlich, dass wir diesen Idealen nicht gerecht geworden sind. Aber irgendwie ist es immer noch Musik in meinen Ohren. Es ist genau dieser Konflikt, der mich zu meinem Handeln und zu diesem Moment, in dem ich vor Ihnen stehe, geführt hat. Ich habe einige Ihrer Sachen gelesen, Richterin Wood, und ich weiß, dass Sie eine gewisse Achtung vor dem Schutz von Andersdenkenden haben. Lassen Sie uns für die Stärke und Widerstandsfähigkeit des Gewissens des Anderen beten. Und ich hoffe, Sie entwickeln eine Freude am Dissens.

Mark Colville

Schlussplädoyer bei der Verhandlung am 24. Oktober 2019

Ich denke, die Beweise haben gezeigt, dass Sie über sieben Personen, die zwischen Baum und Borke stehen, richten müssen. Der Baum ist unser Glaube an Jesus Christus, sein Gebot, unsere Feinde zu lieben und unser eigenes Leben hinzugeben, anstatt das Leben eines anderen zu nehmen. Die Borke ist der U-Boot-Stützpunkt *Kings Bay*, wo die Regierung, wie wir inzwischen wissen, die giftigsten und mörderischsten Waffen versteckt, die die menschliche Zivilisation je gesehen hat, und von uns verlangt, unter ihrem Schutz zu leben. Mit anderen Worten, angesichts unseres Glaubens sind wir gezwungen, eine Lüge zu leben.

Ich denke, die Beweise haben gezeigt, dass wir nicht aus Bosheit gehandelt haben, sondern aus dem aufrichtigen Glauben heraus, dass diese Waffen blasphemisch, götzendienerisch und tödlich sind. Also fühlten wir uns gezwungen, sie als solche in ihrer Sündhaftigkeit zu demaskieren, uns von ihnen zu distanzieren und sie aus unserem Leben zu entfernen.

Die Beweise haben ferner gezeigt, dass wir eine Anklage eingebracht haben, die wir als US-Bürger*innen rechtmäßig erheben können, eine Anklage, die die Regierung wegen kriminellen Verhaltens anklagt. Diese Anklage wurde ignoriert, sowohl von der Regierung als auch von diesem Gericht. Stattdessen wurden wir wegen mehrfacher Verbrechen angeklagt, angeklagt in einem Ausmaß, das nur als übertrieben bezeichnet werden kann. Aber täuschen Sie sich nicht: Die Anklage,

die wir in *Kings Bay* erhoben haben, ist ein Beweismittel. Sie braucht von Ihnen nicht ignoriert werden.

Wenn Sie in ein paar Minuten in den Geschworenenraum gehen, und wenn Sie sich wirklich dazu verpflichten, echte Urteilskraft auszuüben – was natürlich Ihre Pflicht als Geschworene ist –, dann denke ich, dass das, was Sie in den letzten Tagen gehört und gesehen haben, Sie zu einem unbequemen Schluss führen könnte. Sie könnten zu dem Schluss kommen, dass wir heute nach dem Gesetz angeklagt sind, weil die Regierung vorsätzlich und sogar kriminellerweise Atomwaffen außerhalb der Reichweite des Gesetzes platziert hat.

Trotz unserer klaren und ehrlichen Aussage hat sich die Regierung bemüht, uns als Menschen darzustellen, die das Gesetz nicht respektierten. Sie ging sogar so weit, die lächerliche Analogie des Überfahrens von roten Ampeln zu verwenden. (Anmerkung: Im Kreuzverhör hatte die Regierung versucht, den Gedanken voranzutreiben, dass nach unserer Logik der Gehorsam gegenüber den Verkehrsgesetzen optional sein sollte.) Sie sollten sich an dieses Zusammenspiel von gestern erinnern und es in Betracht ziehen.

Vielleicht ist diese Analogie sogar ein perfektes Beispiel für den Punkt, den wir versucht haben zu verdeutlichen: Wenn dem Gesetz ohne Gewissen gehorcht wird, wenn das Gesetz ohne gesunden Menschenverstand angewandt wird, wenn das Gesetz ohne Respekt vor dem menschlichen Leben verwaltet wird – dann wird das Gesetz selbst zum Idol. Dann wird das Gesetz zu etwas, dem gegenüber wir versklavt sind, und nicht zum Instrument der Freiheit und Befreiung, das es sein soll. Und ich denke, die Beweise haben gezeigt, dass wir an diesem unglücklichen Punkt angekommen sind, wenn es um Atomwaffen und das Gesetz geht.

Aber das Schöne und Hoffnungsvolle an unserem Rechtssystem ist, dass es Ihnen, einer Jury, als Vertreter der menschlichen Gemeinschaft – die der Existenz von Atomwaffen nicht zustimmt – die Macht gibt, dies zu ändern. Wenn Sie also in diesen Beratungsraum gehen und die Ihnen vorgelegten Beweise aufgreifen, sollten Sie vielleicht darüber nachdenken, was vor fünfzig Jahren in diesem Land als legal und illegal galt. Vielleicht sollten Sie darüber nachdenken, was vor hundert Jahren nicht einmal in einem Gerichtssaal gefragt werden durfte. Vielleicht sollten Sie darüber nachdenken, was vor hundertfünfzig Jahren in diesem Bundesstaat Georgia legal war. Und dann sollten Sie vielleicht darüber nachdenken, wie Ihre Entscheidung hier und heute in fünfzig Jahren aussehen könnte – wenn uns tatsächlich noch so viel Zeit bleibt. Ich danke Ihnen.

Elizabeth McAlister

*Erklärung am 8. Juni 2020 von Frida Berrigan
bei der Verurteilung ihrer Mutter[1]*

Guten Morgen, Freund*innen! Mein Name ist Frida Berrigan, und ich bin hier, um im Namen meiner Mutter, Elizabeth McAlister, einer der Mitangeklagten bei den *Kings Bay Plowshares 7*, zu sprechen. Ich bin hier in New London, Connecticut, mit meinem Mann Patrick und unseren drei Kindern, den Enkelkindern von Liz – Madeline, 6; Seamus, 7; und Rosena, 13. Mein Bruder Jerry ist auch hier, mit seiner Frau, Molly und Liz' anderen drei Enkelkindern, Leah, 10; Jonah, 13 und Amos, 16. Meine Schwester Kate und ihre Partnerin Karen sind auch hier, sie sind jetzt Liz' Mitbewohner*innen und wohnen ein paar Blocks die Straße hoch.

Wir sind alle hier, um Liz zu lieben und zu unterstützen und ihr beizustehen (bei ihr zu sitzen jedenfalls), wie auch sie in den letzten 45 bis 50 Jahren ihres Lebens als gewaltfreie Atomkraftgegnerin und Verbündete derer, die gegen Unterdrückung kämpfen und sich für Bürger- und Menschenrechte einsetzen, so viele geliebt und unterstützt hat.

Gestern Abend haben wir uns alle eingeloggt[2], um mit mehr als hundert Freund*innen und Familienangehörigen aus

---

[1] Da die Tochter von Elizabeth McAlister statt ihrer Mutter die Abschlussrede vor Gericht hielt, findet sich diese hier abgedruckt.

[2] Aufgrund der Coronapandemie fand die Urteilsverkündung online statt (Anm. d. Hrsg.).

dem ganzen Land zu beten. Wir teilten Brot und Wein und Geschichten und schöpften einer aus dem anderen Kraft.

So viele der Namen, die da gestern präsent waren, würden Ihnen bekannt vorkommen; Freund*innen, die aus buchstäblich jeder Ecke von Liz' Leben Briefe der Unterstützung und Liebe geschrieben haben; ihre Familienmitglieder, ihre Mitschwestern aus ihrer Zeit als Ordensfrau des Heiligsten Herzens Mariens, Menschen, die mit ihr in den letzten vier oder fünf Jahrzehnten Brot und Gesetze gebrochen haben, die mit ihr in Gemeinschaft gelebt haben – im Gefängnis und außerhalb des Gefängnisses. Jeder dieser Briefe bezeugt, was Sie, Richterin Wood, und Sie, Ankläger Knocke, in Ihren Herzen wissen und mit eigenen Augen sehen: dass unsere Mutter eine gute und heilige Person ist, deren einziges Verbrechen darin besteht, dem Klimpern und Flüstern ihres Gewissens zu folgen und nicht zuzulassen, dass diese stille, kleine Stimme von den blutrünstigen Schreien und dem verzweifelten Gegröle der nuklearen Vorbereitungen und der ständigen Kriegsführung übertönt wird.

Als ihre Tochter könnte ich mir wünschen, dass ihr Gehör nicht ganz so gut wäre. Als ihre Kinder – mein Bruder, meine Schwester und ich – wünschten wir uns, sie hätte nicht 17 Monate und 9 Tage in Ihren Gefängnissen zugebracht. Wir möchten sagen: Genug ist genug. Sie hat bereits einen zu hohen Preis bezahlt, und wir, die wir sie lieben, haben diesen Preis ebenfalls bezahlt.

Aber als 46-jährige Weiße Bürgerin einer Nation, die in diesem Jahr mehr als 720 Milliarden Dollar für das Militär ausgeben wird, bin ich dankbar dafür, dass Menschen wie meine Mutter bereit sind aufzustehen und zu sagen, »Tridents sind ein Verbrechen«.

720 Milliarden Dollar, selbst angesichts einer die Wirtschaft zerschmetternden Pandemie, die 100 000 Menschen getötet und die himmelschreiende Ungerechtigkeit und grundlegende Brüchigkeit jeder Faser des sozialen Sicherheitsnetzes offengelegt hat.

Als 46-jährige Weiße Bürgerin in einem Land, in dem Weiße Vorherrschaft und die militarisierte Polizeiarbeit so angeheizt sind, dass Derek Chavin vor einer Menschenmenge und Kameras George Floyd das Leben herausquetschen kann, in dem Vater McMichaels und sein Sohn am helllichten Tag Ahmaud Arbery niederknallen können, während er durch die Straßen einer ruhigen Stadt in Georgia joggt, schöpfe ich Hoffnung und Inspiration aus Weißen Menschen, die immer wieder Dr. Kings Gedanken der großen Drillinge von Rassismus, Militarismus und Materialismus beschwören ... diese Gewichte, die unsere kollektive Menschlichkeit lähmen. Ich schöpfe Hoffnung und Inspiration aus meiner Mutter und ihren Freund*innen, die erklären, dass *Black Lives Matter*, die ihre Anti-Atomkraft-Analyse mit einem antirassistischen Ethos verbinden und erklären, dass die ultimative Logik der Tridents Omnizid ist.

Ich bin also hier als Tochter, die nicht will, dass ihre 80-jährige Mutter wieder ins Gefängnis zurückgeschickt wird, und als Mensch, der sich fragt, wie sich jemals etwas ändern soll, wenn Menschen wie meine Mutter nicht bereit sind, dieses Risiko einzugehen.

Ich hoffe, Sie stimmen mit der Regierung darin überein, dass Liz McAlister bereits genug Zeit im Gefängnis verbracht hat, und dass Sie unserer Familie helfen werden, diese lange und herausfordernde Episode unseres heutigen Lebens zu beenden, indem Sie ihre Haftstrafe als bereits abgesessen anerkennen. Ich hoffe auch, dass Sie anerkennen, dass Sie als eine Person, die nichts besitzt außer den Kleidern, die sie anhat, und den Wasserfarben, mit denen sie mit ihren Enkelkindern malt, auf alle Geldstrafen und Rückerstattungen verzichten wird.

Ich danke Ihnen.

Clare Grady

Statement zur Verurteilung am 12. November 2020

Guten Tag, Richterin Wood, Herr Knoche und Herr Gillully, und Grüße an alle Frauen und Männer, die dort im Gerichtssaal in Georgia arbeiten!

Grüße auch an alle, die diese Urteilsverkündungen über ihre Telefone[1] mitverfolgen. Ihre Teilnahme als Anwesende und Zeug*innen bei diesem Verfahren ist unerlässlich, um Gerechtigkeit zu erreichen. Ohne Ihre Teilnahme könnten wir das Wesen einer Regierung des Volkes, für das Volk und durch das Volk aus den Augen verlieren.

Ich trete heute vor das Gericht, bereit für die Verurteilung. Mögen meine Worte und mein Geist heute in Wahrheit und Liebe verwurzelt sein, den zwei Elementen der Gewaltfreiheit.

Ich habe mir zwölf Dinge überlegt, die ich heute bei meiner Anhörung mitteilen möchte.

1. Ich bin eine Mutter. Ich kann mir nichts vorstellen, was mich mehr geprägt hat, als eine Mutter zu sein. Die Ehrfurcht, meine Kinder zu gebären, zu stillen und mich um sie zu kümmern, während sie wuchsen und weiterwuchsen, war und ist der größte Segen in meinem Leben.

2. Ich habe eine große Familie, mit Geschwistern, Schwiegereltern, Nichten, Neffen und Großnichten und -neffen, die mir alle viel bedeuten und lieb zu mir sind.

---

[1] Da die Verurteilung über Video stattfand, gab es die Möglichkeit, der Verhandlung telefonisch beizuwohnen.

3. Ich liebe die Bibel und alle Bemühungen, zusammenzukommen, um den Aufruf, einander zu lieben, zu leben.

4. Ich liebe Menschen ... es ist eine Familiensache ... viele pflegen einen Dienst der Gastfreundschaft in der einen oder anderen Form oder in der Solidarität, etwa im Car-Sharing, der Gesundheitspflege, der Altenpflege, der Landwirtschaft oder beim Unterricht: Musik und Tanz, Anwaltschaft, ... es geht um Menschen ... es geht um Wohlbefinden ... es geht um Freude ... und es geht um Gerechtigkeit.

5. Ich liebe Gartenarbeit, Essen und Blumen anzubauen, draußen zu sein, in der Erde zu arbeiten, im Gemeinschaftsgarten zu arbeiten zusammen mit anderen Gärtnern, viele von ihnen aus anderen Ländern, wo sie die Weisheit des Gärtnerns nie verloren haben, mit Omas und Opas und Kindern und Enkelkindern. Es ist Musik in meinen Ohren, wenn meine Nachbarn arbeiten, lachen und sich umeinander kümmern, während sie den Garten pflegen und in ihren Muttersprachen sprechen.

6. Ich liebe *Loaves and Fishes*, die Gemeinschaftsküche hier in Ithaca, wo ich wohne. Ich begann in den späten 80er Jahren bei *Loaves and Fishes* zu kochen und zu essen, und wurde schließlich während der Kindheit meiner Kinder für viele Jahre Küchenkoordinatorin. Die köstlichen Mahlzeiten, gemacht aus dem geteilten Reichtum unserer Gemeinschaft, und der Geist, mit dem dieser geteilt wird, waren für mich lebensverändernd. Der Dienst besteht nicht nur darin, sich um die zu kümmern, die nichts zu essen haben, sondern einen Ort bereitzustellen, an dem wir, die wir etwas zu essen haben, gemeinsam das Brot brechen können, Leben und Ressourcen teilen und eine Gemeinschaft aufbauen.

Wir erkennen unser gemeinsames Bedürfnis nach einem gemeinsamen Tisch.

Es ist ein Ort, der allen von uns, die durch die Türen gehen, Segen bietet, jedem von uns Möglichkeiten bietet, Teil einer liebenden Gemeinschaft zu sein.

7. Ich liebe das Leitbild von *Loaves and Fishes* aus Matthäus 25. Ich schätze besonders den Teil, der besagt, dass »alles, was wir dem Geringsten tun, das tun wir Jesus«. Die Bibelstelle erzählt uns von den Geringsten, dass sie diejenigen sind, die weder Essen noch Trinken oder Kleidung haben, diejenigen ohne Gesundheitsversorgung, ohne willkommen zu sein und die Eingesperrten. Ich füge dieser Liste der »Geringsten« diejenigen hinzu, die getötet werden, insbesondere diejenigen, die in unserem Namen getötet werden.

Denn wenn wir andere töten und anderen schaden, tun wir das auch an Jesus.

Ich glaube, es ist eine christliche Berufung, die Zustimmung zu entziehen, unsere Zustimmung zum Töten in unserem Namen zu unterbrechen. Das zu tun, ist ein Akt der Liebe, ein Akt der Gerechtigkeit, ein heiliger Akt, der uns in eine rechte Beziehung zu Gott und dem Nächsten bringt.

Das ist es, was mich heute vor dieses Gericht bringt, um verurteilt zu werden, es ist die Konsequenz meiner Entscheidung, mich Freund*innen anzuschließen, um eine sakramentale, gewaltfreie, symbolische Abrüstungsaktion durchzuführen, weil die Trident-U-Boote in *Kings Bay* in meinem Namen töten und verletzen.

Um es klar auszudrücken: Diese Waffen sind nicht Privateigentum, sie gehören den Menschen in den Vereinigten Staaten, sie gehören mir, Ihnen, uns. Diese Waffen töten und schaden in unserem Namen, und mit unserem Geld.

Diese allmächtige Waffe tötet nicht nur, wenn sie abgefeuert wird, sie sie tötet jeden Tag. Indigene Völker sind und bleiben eines der ersten Opfer von Atomwaffen. Abbau, Raffinieren, Testen und Ablagern von radioaktivem Material für Atomwaffen – all das geschieht auf indigenem Land.

Die Billionen von Dollar, die für Atomwaffen ausgegeben werden, sind Ressourcen, die dem Planeten und seinen Bewohner*innen gestohlen wurden. Es wäre wertvoll, diesen Schaden zu berechnen oder auch nur in Betracht zu ziehen. Die verstorbene Schwester Rosalie Bertell, widmete ihre Arbeit als Wissenschaftlerin und Epidemiologin der Sensibilisierung der Öffentlichkeit für die Zerstörung der Biosphäre und des menschlichen Genpools, insbesondere durch Niedrigstrahlung. Als Ergebnis ihres jahrzehntelangen Studiums der Daten, schätzt Rosalie, dass Millionen von Menschen auf der ganzen Welt seit Beginn des Nuklearzeitalters und der Freisetzung von ionisierender Strahlung an Niedrigstrahlung gestorben sind.

Und wie Daniel Ellsburg in seinem Buch, das wir nach *Kings Bay* gebracht haben, sagt: »Atomwaffen werden auf die gleiche Weise benutzt wie eine Pistole im Anschlag benutzt wird, auch wenn sie nie abgefeuert wird. Wenn man sie jemandem an den Kopf hält, dann benutzen sie diese Waffe«. Das weiß jede*r Richter*in in diesem Land. Weil wir das alles wissen, werden wir von unserem Gewissen und unserer Religion dazu bewegt, Verantwortung zu übernehmen, um unsere Zustimmung zu widerrufen, abzurüsten und das Licht der Wahrheit auf diese Gewalt zu werfen.

8. Ich lege großen Wert auf ein ordentliches Verfahren. Ich lege großen Wert darauf, die Wahrheit zu hören, die ganze Wahrheit, und mehr als eine Seite zu hören. Ich möchte vor allem wissen, was ausgelassen wird. Ich muss sagen, in unserem Fall habe ich die Erfahrung gemacht, dass die obersten Gesetze des Landes ausgelassen wurden. Artikel VI, Abschnitt 2 unserer

US-Verfassung besagt, dass jeder Vertrag, Pakt und jedes Protokoll, die unterzeichnet und ratifiziert wurden, zu den obersten Gesetzen des Landes werden.

Die Bibel sagt, dass das Gesetz dazu da ist, der Menschheit zu dienen, nicht andersherum. Und wie wir wissen, wenn wir ehrlich sind, muss das Recht die Menschlichkeit aller Menschen anerkennen. Nur durch beharrliche, entschlossene Kämpfe der Menschen, die ausgegrenzt wurden, hat sich das Recht so entwickelt, dass es sie nun miteinbezieht.

Das Recht ist nicht monolithisch. Das Recht entwickelt sich mit dem menschlichen Bewusstsein.

Was die obersten Gesetze unseres Landes angeht, die Verträge, die uns in Fragen von Krieg und Frieden leiten, weiß ich Folgendes: Nach zwei Weltkriegen im letzten Jahrhundert, in denen Millionen und Abermillionen von Menschen getötet wurden, haben wir gemeinsam entschieden, dass es illegal ist, Zivilist*innen zu töten, dass es illegal ist, Waffen einzusetzen, die nicht unterscheiden zwischen Kombattanten und Nichtkombattanten, dass es illegal ist, Waffen zu benutzen, die Luft, Wasser und Boden vergiften. Es ist illegal, zuerst zuzuschlagen, in dem Fall ein Angriffskrieg. Nuklearwaffen sind Waffen der Massenvernichtung. Sie verletzen jeden einzelnen dieser Verträge. Außerdem wurde nach dem Zweiten Weltkrieg beschlossen, dass die Bürger*innen für die Verbrechen ihrer Regierung verantwortlich sind.

Diese rechtliche Entwicklung findet in spirituellen Wahrheiten desselben Auftrags, wie ich ihn bereits erwähnt habe, ihren Nachhall.

9. Ich möchte, dass Sie wissen, dass ich an die Goldene Regel glaube. Wenn nämlich jemand zu meinem Arbeitsplatz käme, um die Verantwortung für die Verbrechen zu überneh-

men, die in seinem Namen begangen wurden, und keine Waffen, keine Drohungen, keine Feindseligkeit mitbrächte, wenn jemand zu meinem Arbeitsplatz käme und genau das täte, was ich getan habe, und friedlich dasäße und die Verantwortung für seine Aktion übernähme, wäre ich sehr bewegt, bewegt zum Staunen, bewegt zu fragen, zuzuhören und vielleicht sogar zu lernen, worum es bei einer solchen Handlung geht.

10. Ich mag das Gefängnis nicht; ich mag es nicht, als weniger als ein Mensch behandelt zu werden, ich mag es nicht, den ganzen Tag angeschrien zu werden, ich mag es nicht, dass mir kalt ist, ich hungrig bin, müde und überarbeitet, ich mag es nicht, von meiner Familie getrennt zu sein, von der natürlichen Welt, die Erde unter meinen Füßen nicht zu spüren, die Sonne über meinem Kopf, den Wind auf meinem Gesicht. Ich mag die Gewalt nicht, mit anderen Frauen, die Heilung brauchen und nicht noch mehr Leid, weggesperrt zu werden.

Ich habe wirklich Angst davor, während Covid im Gefängnis zu sein. Ich kann mit Gewissheit sagen, dass ich noch nie ein Gefängnis gesehen habe, in dem man das *Social Distancing*, von dem uns gesagt wird, dass es in dieser Pandemie unser Leben retten könnte, eingehalten werden könnte. Es ist nur noch alarmierender, dass ich 62 Jahre alt bin, in den letzten drei Jahren zweimal ein Melanom hatte und mit den anhaltenden Auswirkungen einer Infektion, verursacht durch einen Zeckenstich, lebe. Mein Immunsystem ist nicht mehr das, was es einmal war.

11. Es hat sich jedoch herausgestellt, dass ich eine ganze Menge lerne, wenn ich Leid erlebe, vor allem Leid, dass in meinem Namen geschieht, wie zum Beispiel in Gefängnissen.

Ich habe im Gefängnis einige tiefgreifende Erkenntnisse gewonnen, eine, von der es mir wichtig erscheint, sie oft zu erzählen, ist folgende: In dem Ausmaß, wie diejenigen, die von diesem System privilegiert werden, Verantwortung für die großen Verbrechen des Tötens von Millionen und Stehlens von Billionen übernehmen, werden wir aufhören, jene zu Sündenböcken zu machen, die am anderen Ende dieser Verbrechen stehen, diejenigen, die das Erbe der Versklavung, der Armut und des Völkermordes tragen.

Es ist eine bittere Sache, von diesen Dingen betroffen zu sein oder auch nur einen winzigen Vorgeschmack davon zu haben Aber ich merke und ich glaube, dass wir größere Chancen für Gerechtigkeit haben werden, wenn wir die Stimmen und Erfahrungen derer miteinbeziehen, die die Leidtragenden dieser großen Verbrechen sind.

Was die Verbrechen der Nuklearwaffen betrifft ... Ich würde gern den Stimmen und Erfahrungen der *Hibakusha* Raum geben, der Überlebenden der Bombardierung von Hiroshima und Nagasaki. Hören Sie Setsuko Thurlow, eine bekannte Überlebende und führende Stimme der Internationalen Kampagne zur Abschaffung von Atomwaffen ICAN, zu. Setsuko hielt eine Dankesrede für ICAN, als sie 2017 mit dem Friedensnobelpreis ausgezeichnet wurde, dreieinhalb Monate, nachdem der Vertrag über das Verbot von Atomwaffen im Juli 2017 verabschiedet wurde.

Hören Sie sich die Stimmen der Frauen aus dem Globalen Süden an, die sich für dieses Abkommen eingesetzt haben, insbesondere Elayne Whyte Gómez, die costa-ricanische Botschafterin bei der UN, die den Vorsitz der Verhandlungskonferenz für den Vertrag über das Verbot von Atomwaffen geleitet hat.

Hören Sie sich die Stimmen der indigenen Frauen an, die sich für die Heilung ihres Landes und ihres Volkes von der Verseuchung durch die Nuklearindustrie einsetzen. Leona Morgan von den Navajo, die seit 2007 gegen den nuklearen Kolonialismus kämpft und Mitbegründerin von *Diné No Nukes* und der *Nuclear-Issues-Study*-Gruppe ist, ist auch Teil der internationalen Kampagne *Don't Nuke the Climate*. Sie können ihre Arbeit online finden, sie ist leicht zugänglich.

Hören Sie sich die Stimmen der Menschen auf den Marshallinseln an, die zwölf Jahre lang die Tests von fast 70 Atombomben aushielten, die auf, in und über den Inseln explodierten, ganze Inseln verdampften, Krater in die flachen Lagunen ritzten und hunderte von Menschen aus ihren Häusern vertrieben.

Hören Sie auch auf die Stimmen der Seneca-Frauen, Agnes Williams und Maria Maybe, die sich für die Reinigung ihres verseuchten Wassers und ihres Landes durch die nukleare Mülldeponie organisieren – dort, wo sie auf dem Seneca-Land im Westen des Haudenosaunee-Territoriums leben. Land, das als Opferzone gekennzeichnet ist.

Es gibt noch viele weitere Stimmen ... das ist nur ein Anfang.

Bevor ich zu Nr. 12 auf meiner Liste übergehe, merke ich an, dass es wichtig ist, auch auf das *Bulletin of Atomic Scientists* zu hören, das uns sagt, dass wir uns 100 Sekunden vor nuklearer Mitternacht befinden.

Hören Sie auf das Pentagon selbst. In seinen eigenen Worten spricht es in dem veröffentlichten Dokument *Vision for 2020* von einer Vision für den Planeten, auf dem die Kluft zwischen den Besitzenden und den Habenichtsen immer größer wird, und im Angesicht dessen die Vereinigten Staaten die Führung übernehmen müssen.

Um dieses Ziel zu erreichen, sieht das Pentagon seine Rolle darin, die globale Vorherrschaft aufrechtzuerhalten, indem es die Erde und den Weltraum militärisch dominiert.

Das ist für mich der Schlüssel, so wie ich die Riesendrillinge verstehe, die von Reverend Dr. Martin Luther King am 4. April 1967 identifiziert wurden. Genau ein Jahr, bevor er getötet wurde, hielt Dr. King seine *Beyond-Vietnam*-Rede, in der er die *Giant Triplets* Rassismus, Militarismus und extremen Materialismus identifiziert. Jedes davon für sich genommen hat eine tödliche Wirkung, und zusammen ist ihre Wirkung sogar noch tödlicher. Heute hören wir die Schreie im ganzen Land, frei zu werden von der Weißen Vorherrschaft, frei zu werden von der Wirtschaft der Gier, während so viele leer ausgehen, wir hören die Schreie, um unsere Polizei und unsere Welt zu entmilitarisieren.

Militarismus ist der Durchsetzungsmechanismus sowohl für die Weiße Vorherrschaft als auch für den globalen Kapitalismus. Es liegt an uns privilegierten Menschen der ersten Welt, jene zu entwaffnen, die diese Drillinge aufrechterhalten. Ich wähle die sakramentale, gewaltfreie, symbolische Abrüstung. In diesem Sinne, möchte ich Sie

12. wissen lassen, dass Ithaca, wo ich lebe, *Cayuga*-Land ist. Die *Cayuga* wurden 1779 gewaltsam von diesem Land vertrieben mit dem *Sullivan-Clinton*-Feldzug, einer der größten Militärkampagnen der Kontinentalarmee, bei der 4469 Soldaten hunderte von Meilen des *Haudenosaunee*-Territoriums einnahmen mit dem Befehl, Dörfer, Häuser, Ernten und Obstgärten zu zerstören und die *first nation people* aus ihrer Heimat zu vertreiben, um Platz zu schaffen für die Besiedlung dessen, was New York werden sollte, eine der ersten 13 Kolonien, die die Vereinigten Staaten bildeten. Diese militärische Großoffensive veränderte für die nächsten paar hundert Jahre die Landschaft, in der ich hier an den Finger Lakes lebe, und hinterließ nur Markierungen am Straßenrand als Erinnerung an die

Menschen, auf deren gestohlenem Land wir leben. In den letzten Jahren ist das Volk der *Cayuga* in seine Heimat zurückgekehrt. Sie sind immer noch ein souveränes Volk, sie sind immer noch *Haudenosaunee*, Volk des Langen Hauses, auch bekannt als Irokesen-Konföderation. Sie haben uns viel zu beizubringen über Demokratie, über das Matriarchat, über die richtige Beziehung zur Schöpferin und der Schöpfung, die zentrale Bedeutung des Dankens, die Notwendigkeit, das Wohlergehen der siebten Generation zu berücksichtigen, die Weisheit, dass wir, um menschlich zu sein, niemals unseren Kopf von unserem Herzen trennen sollten.

Ich bin vom *Haudenosaunee*-Glauben und dem Vertrauen, dass »nichts gegen den guten Geist gehen kann« tief überzeugt. Es schwingt in meinem Vertrauen mit, dass letztendlich nichts gegen den Willen Gottes gehen kann.

Unseren Willen zu erzwingen und gegen Gottes Willen vorzugehen, hat Konsequenzen, die jeder Mensch schon erfahren hat, wann immer wir unseren eigenen Willen über den Willen Gottes stellen. Die Konsequenz ist unterschiedlich … aber es ist für das Gemeinwohl immer besser, wenn wir nicht versuchen, gegen Gottes Willen zu handeln.

Ich sehe in den *Tridents* die ultimative Logik, den eigenen Willen über den Willen Gottes zu stellen, ich sehe sie als einen Verstoß gegen das Vertrauen in Gott, eine Verletzung der rechten Beziehung zu Gott und dem Nächsten und den Geringsten.

Die *Tridents* sind die ultimative Manifestation des Erzwingens unseres Willens über Gottes Willen, und, wie das Banner, das ich getragen habe, besagt: »The Ultimate Logic of Trident is Omnicide«, was den Tod allen Lebens bedeutet. Dies ist ein unhaltbarer Kurs …

Wir werden entweder weiterhin unser Bedürfnis nach Macht und Kontrolle umklammern, bis hin zum Tod und dem Tod alles Lebendigen, oder wir haben die Wahl, loszulassen und Gott zuzulassen, indem wir abrüsten und Beziehungen wiederherstellen. Ich bin hoffnungsvoll, dass wir Verantwortung übernehmen und uns durch viele liebevolle, wahrhaftige, gerechte und kreative Wege davon abwenden, den Tod alles Lebendigen zu riskieren.

Ich bin jetzt fertig.
Gott sei uns allen gnädig,
und gewähre uns Frieden.

STEVE IN HIS PRISON OVERALLS
AND COLLAR (ARTISTIC LICENCE)
HE GAVE NO TESTIMONY /
CAME FROM JAIL....
AND WENT BACK.

P. Steve Kelly SJ

Prozess am 15. Oktober 2020

Aussage verweigert.

Martha Henessy

Statement zur Urteilsverkündung am 13. November 2020

Sehr geehrte Richterin Wood, ich habe lange und intensiv darüber nachgedacht und gebetet, wie ich die Realität meiner gewaltfreien, sakramentalen Aktion gegen Atomwaffen auf dem Marinestützpunkt *Kings Bay* vermitteln kann. Ich stehe hier als Ergebnis meiner religiösen Überzeugung, die mich dazu auffordert, darauf hinzuweisen, dass Atomwaffen illegal sind, und die Rechtsstaatlichkeit in der Verfassung der Vereinigten Staaten, Artikel 6, Abschnitt 2, zu wahren:

»Diese Verfassung und die Gesetze der Vereinigten Staaten, die in Anwendung dieser Verfassung gemacht werden, und alle Verträge, die unter der Autorität der Vereinigten Staaten gemacht werden, sind das oberste Gesetz des Landes; und die Richter in jedem Staat sind daran gebunden, ungeachtet aller Dinge in der Verfassung oder den Gesetzen eines Staates, die im Widerspruch dazu stehen.«

Ich möchte darauf hinweisen, dass ich im Juli 1955 geboren wurde und dass das US-Militär von Februar bis April die *Operation Teapot*, einen Atombombentest unter freiem Himmel, durchführte. Vierzehn Bomben wurden gezündet, und so trage ich diese nukleare Wirkung in meinem Körper.

Ich versuche, zur Umwandlung der Grundwerte des öffentlichen Lebens beizutragen. Ich bin bereit, für das Gemeinwohl und für unsere Sünde, unsere Brüder und Schwestern nicht zu lieben, Leid auf mich zu nehmen – ein Zustand, der zum Krieg führt. Für unsere mangelnde Bereitschaft, einander so zu lieben, wie Christus uns geliebt hat. Das ist es, was die Bombe für mich darstellt. Und der große Skandal ist, dass sich die große Mehrheit dieser Waffen in den Händen Weißer Christen der Vereinigten Staaten und Russlands befindet. Es tut mir leid, dass mein Glaube mich zu solchen Maßnahmen veranlasst, die meine Familie und meine Gemeinde in den letzten Jahren in Not gebracht haben. Aber der Glaube erfordert Härte, wie wir es bei Christus am Kreuz sehen. In meiner Reue über das Missverständnis bezüglich unserer friedlichen Botschaft auf dem Marinestützpunkt denke ich weiterhin über die Bedeutung dieser Botschaft nach. Die Reflexion meiner Taten setze ich mit diesem Abschlussstatement fort. Ich habe Gewissensbisse, dass wir Atombomben entwickelt haben, und es war sehr schwierig für mich, diesen Militärstützpunkt zu betreten. Es tut mir leid, dass ich das Personal in Verlegenheit gebracht habe. Ich habe nicht vor, eine weitere Abrüstung durch eine Pflugscharaktion zu wiederholen, obwohl es eine solche Aktion war, die mich dazu gebracht hat, meine Liebe zur Menschlichkeit zu demonstrieren. Ich habe das Gefühl, dass ich meinen Beitrag nach besten Kräften gegeben habe; ich habe meine Beschwerde bei meiner Regierung vorgebracht. Unsere Zeugenaussage während des Prozesses hat einen tiefgreifenden Einfluss auf viele Katholik*innen gehabt, trotz der Tatsache, dass uns weder Sachverständige als Zeug*innen noch eine sinnvolle Verteidigung zugestanden wurden. Wir sollen mit gutem Beispiel vorangehen und uns über die Ablehnung der Liebe Gottes empören. Wir verschmähen Gottes Liebe und verraten sie, wenn wir uns auf Atomwaffen verlassen, um der Welt unseren Willen aufzuzwingen. Ich möchte nicht, dass unser Handeln verharmlost wird, indem wir es als »Einbruch« bezeichnen, wenn mein Plädoyer der Liebe und Vernunft gilt.

Jede Meinungsfreiheit, jedes Versammlungsrecht und jede Beschwerde, an der ich im Laufe der Jahre teilgenommen habe, war gewaltfrei und diente der Aufrechterhaltung der Rechtsstaatlichkeit. Zu den Themen, die ich angesprochen habe, gehören die Folter an Gefangenen in Guantánamo und die Tötung von Zivilist*innen mit Drohnen. Ich habe mich persönlich dafür eingesetzt, dass fragwürdige moralische Verhaltensweisen des US-Militärs im Rahmen meiner Möglichkeiten geändert werden. Der Verstoß gegen ein ungerechtes Gesetz wie das der Geheimhaltung und des Schutzes unseres Kernwaffensystems wurde von meinem Gewissen veranlasst. Ich habe meinen freien Willen und den Vorrang meines Gewissens dazu benutzt, mich für den Gehorsam gegenüber dem Schutz jedes Lebewesens zu entscheiden. Ich habe versucht, die evangelischen Räte zu praktizieren, das heißt, in Bezug auf die Lehren Christi mehr zu tun als ein Minimum, um christliche Vollkommenheit anzustreben, so viel, wie man hier auf Erden erreichen kann.

Meine Teilnahme an der Gemeinschaft, die Sorge um die Armen und mein katholischer Glaube führten zu einem Prozess der Einsicht, um die nukleare Abrüstung voranzutreiben. Es ist unsere Pflicht, unsere Stimme zu erheben, wenn wir das Gefühl haben, dass unser Glaube verletzt wird, wenn wir gezwungen sind, das Atomwaffenarsenal und seine beabsichtigte Verwendung gegen andere Nationen, Städte und Menschen trotz der Verträge, die einen solchen Holocaust[1] verhindern sollen, zu akzeptieren, zu verehren und dafür zu bezahlen. Im

---

1 Die Herausgeber*innen haben in der Übersetzung den originalen Begriff »Holocaust« beibehalten, schlagen aber als Alternative zu den in Anmerkung 1 auf Seite 8 angemerkten Vorbehalten den Begriff »Massenvernichtung« vor.

vergangenen Jahr besuchte Papst Franziskus die japanischen Städte Hiroshima und Nagasaki und forderte die Abschaffung der Atomwaffen. Er erklärte:

> »Der Einsatz von Atomwaffen ist unmoralisch, weshalb er in den Katechismus der katholischen Kirche aufgenommen werden muss. Nicht nur ihr Einsatz, sondern auch ihr Besitz: Weil ein Unfall oder der Wahnsinn eines Regierungschefs, der Wahnsinn eines Menschen die Menschheit zerstören kann.«

In diesem Jahr wird der 75. Jahrestag des Bombenabwurfs begangen. Wir sind nach wie vor nicht für unsere Kriegsverbrechen verantwortlich.

Sehr geehrte Richterin, ich hoffe, Sie können Ihre Meinung ändern und beginnen zu verstehen, was hier für diejenigen auf dem Spiel steht, die auf der Verliererseite unseres Wirtschaftssystems stehen. Ich habe versucht, ein moralisches und produktives Leben zu führen durch meine ehrenamtliche Arbeit, meine berufliche Laufbahn als Ergotherapeutin, das Studium der Heiligen Schrift und die Betreuung meiner Familie. Ich bin bereit, ins Gefängnis zu gehen, als Buße für unsere kollektiven Sünden, Gewalt auszuüben, Krieg zu führen und der großen Mehrheit der Menschen auf dieser Welt Entbehrungen aufzuzwingen. Gott freut sich über *jede* menschliche Geburt hier auf der Erde und erwartet, dass wir alles Leben schützen. Alle Menschen sind Mitglieder oder potenzielle Mitglieder des mystischen Leibes Christi.

Wir müssen auch den Vertrag über das Verbot von Kernwaffen in Betracht ziehen, der jetzt von 50 Ländern ratifiziert wurde und am 22. Januar 2021 in Kraft treten wird. Atomwaffen sind geächtet. Wird unser Land diese Rechtsstaatlichkeit missachten? Es gibt eigentlich kein Gesetz, das die Atombomben schützt. Während des Prozesses stellte einer unserer Juristen die Frage: »Gibt es Atomwaffen auf der Basis?« Der Sachverhalt dieser Frage blieb unbeantwortet.

Unsere gewaltfreie, sakramentale Aktion wurde vom Gericht als eine religiöse Übung eingestuft. Ich zitiere aus meiner Erklärung bezüglich meines auf dem Glauben beruhenden Handelns:

»Zum Atom-U-Boot- und Raketenstützpunkt der Tridents zu gehen, ist so ähnlich, wie wenn Jesus direkt gegen die Geldwechsler im Tempel vorgehen würde. ›Schafft dies raus hier! Macht das Haus Gottes nicht zu einem Kaufhaus!‹ (Joh 2,16). Unser Atomwaffenarsenal ist ein Diebstahl von den Hungrigen; es ruiniert wirtschaftlich und ökologisch und es ist rechtlich und moralisch nicht zu rechtfertigen. Jesus hat zu den Armen gepredigt, und der größte Teil der Weltbevölkerung bleibt arm. Mein christlicher Glaube lehrt mich, mich nicht auf diese tödlichen Waffen zu verlassen, sondern unsere Abhängigkeit von Gott und unsere Liebe zueinander sichtbar zu machen und zu praktizieren. Trotz meiner Angst betrat ich den Militärstützpunkt als einen Akt des Glaubens, der Hoffnung und der Liebe.«

Ich habe keine kriminelle Absicht; ich möchte helfen, einen weiteren nuklearen Holocaust[2] zu verhindern. Der Geist des Gesetzes, wie er in internationalen Abrüstungsverträgen enthalten ist, ist sehr klar darin, Massenmord in einem unverständlichen Ausmaß zu verhindern. Die Uhr des *Bulletin of Atomic Scientist's Doomsday* ist auf 100 Sekunden vor Mitternacht gestellt. Ich sehe die Gesichter meiner Enkelkinder in dieser Uhr. Wir alle müssen unseren Beitrag zur Aufrechterhaltung der

---

2   Siehe Anmerkung 1 auf Seite 8.

Rechtsstaatlichkeit leisten. Ich bin als Christin dazu berufen, anderen zu dienen. Die Werke der Barmherzigkeit zu praktizieren, indem man sich um die Armen kümmert, ist eine geistliche Disziplin. Meine Ablehnung des Krieges kommt aus dem Evangelium des Lebens, das besagt, dass Frieden ein Gut ist, das aus Achtung vor dem menschlichen Leben angestrebt werden muss. Heutige Kriege können das Leben von Zivilist*innen nicht schützen, und ein Atomkrieg kann keine Verhältnismäßigkeit praktizieren. In den 1980er Jahren blockierten deutsche Richter*innen die Straßen zu den Atomwaffenstandorten, die die USA dort angesiedelt haben. Sie versuchten damit zu sühnen, dass sie sich 40 Jahre zuvor nicht vehementer gegen Hitler gestellt hatten.

Ich bete um Gnade von diesem Gericht und von Ihnen, Richterin Wood. Ich bitte darum, dass die Seele des Christentums vor den imperialen Verführungen gerettet wird und dass unsere Glaubensverwandtschaft aufblühen kann. In diesen Zeiten schrecklicher wirtschaftlicher Bedingungen für Millionen von US-Bürger*innen können wir es uns nicht länger leisten, diese gewaltige Kriegsmaschine zu ernähren.

Hier teile ich die Worte japanischer Überlebender der Atombombe:

Ein sechsjähriger Junge erinnert sich an Hiroshima:

»In der Nähe der Brücke gab es eine ganze Menge Tote. Es gab einige, die schwarz verbrannt waren und starben, und es gab andere mit riesigen Verbrennungen, die mit zerplatzender Haut starben. Manchmal kamen einige zu uns und baten uns um einen Schluck Wasser. Sie bluteten aus ihren Gesichtern und aus ihren Mündern, und in ihren Körpern klebte Glas. Und die Brücke selbst brannte wie wild. Die Details und die Szenen waren wie in der Hölle.«

Ein Mädchen aus der fünften Klasse:
»Alle im Bunker schrien laut auf. Diese Stimmen … Es waren keine Schreie, es war Stöhnen, das bis ins Mark meiner Knochen drang und mir die Haare zu Berge stehen ließ … Ich weiß nicht, wie oft ich bettelnd anrief, dass sie mir meine verbrannten Arme und Beine abschneiden sollten.«
Und eine junge Frau:
»Wir sammelten die Leichen ein und machten aus den Toten große Berge und übergossen sie mit Öl und verbrannten sie. Und Menschen, die bewusstlos waren, erwachten in den Totenhaufen, als sie sich brennend wiederfanden und liefen hinaus.«

Als Christin kann ich es nicht ertragen, unschuldigen Menschen diese Art von Schmerz und Ungerechtigkeit zuzufügen. Wie der heilige Paulus in der Apostelgeschichte 22 sagt: »Ich stehe vor Gericht wegen der Hoffnung auf die Auferstehung der Toten.«

Wir müssen auf den Vorrang des Geistigen achten. Wir müssen den Geist des Gesetzes anerkennen. Unser Manifest ist die Bergpredigt, was bedeutet, dass wir versuchen werden, Friedensstifter zu sein. Danke.

Patrick O'Neill

Schlussplädoyer bei der Verhandlung am 24. Oktober 2019

Nun, wir nähern uns dem Ende einer langen, hoffentlich nicht allzu langweiligen Woche von Zeugenaussagen. Vielen Dank für Ihre Aufmerksamkeit und Geduld. Es war bis zu diesem Zeitpunkt ein ziemlich langer Prozess, und bald wird es für die zwölf von Ihnen Zeit sein, sich mit den Fakten dieses Falles zu befassen, den Sie in den letzten fünf Tagen angehört haben. Wie ich in meinem einleitenden Statement bereits sagte, es werde dies kein gewöhnlicher Prozess werden. Ich habe mein Wort gehalten.

Ich habe Ihnen gesagt, dass die in diesem Fall vorgelegten Beweise ungewöhnlich sein würden; dass die Aussagen in diesem Fall einzigartig sein würden. Ich habe mein Wort gehalten.

Für mich war mein Wort zu halten ein wichtiger Teil dieses Prozesses. Das Einzige, was Sie sozusagen auf die Bank bringen können, ist, dass wir sieben, die wir in diesem Gerichtssaal vor Gericht stehen, unser Wort gehalten haben. Wir sind gekommen, um eine unbequeme Wahrheit zu verkünden; eine Wahrheit, die nicht nur schwer zu glauben, sondern auch schwer zu verstehen ist.

Wir sind als Christ*innen gekommen, um eine Botschaft zu verkünden, von der wir wussten, dass sie von den meisten Menschen nicht akzeptiert werden würde. Natürlich wollten wir Ihnen die Wahrheit sagen – wir mussten es tun, wir wurden von Jesus, unserem Herrn und Erlöser, dazu verpflichtet – denn die Wahrheit ist das, was unser Glaube von uns verlangt.

Merkwürdigerweise fehlen selbst bei der Wahrheit noch viele Teile des Puzzles, wenn Sie sich auf die Beratung vorbereiten. Es liegt auf der Hand, dass wir Ihnen viel mehr über uns und unser Zeugnis sagen wollten, als die Regierung Ihnen sagen wollte.

Während Ihre Beratungszeit dem Verständnis des Gesetzes gewidmet sein muss, ist es auch eine Zeit, um die vielen Fakten eines sehr komplexen Falles zu diskutieren.

In den letzten vier Tagen des Prozesses haben Sie oft Worte wie Vandalismus und Graffiti gehört, die die Regierung benutzt hat, um zu beschreiben, was wir in *Kings Bay* getan haben. Sie haben auch Worte wie Zerstörung, Zerschlagung und Angriff benutzt, um unsere Handlungen in *Kings Bay* zu beschreiben. Diese Worte der Regierung werden benutzt, weil sie nicht wollen, dass Sie sich auf die Worte konzentrieren, die wir gesagt haben, die meisten davon aus der Bibel, wie Götzenbild, Gewaltfreiheit, Feindesliebe, Gebet und die Wahl des Lebens.

Aber bei der gesamten Wortwahl der Regierung in den letzten vier Tagen gab es gestern den einen Moment, als der stellvertretende US-Staatsanwalt Greg Gilluly es genau richtig machte. Tatsächlich benutzte er ein Wort, das vielleicht der beste Ausdruck dafür ist, um unsere Handlungen zu beschreiben. Als Mr. Greg Gilluly [den Mitangeklagten, Anm. d. Hrsg.] Mark Colville befragte, sagte er: »Etwa eine Stunde lang waren Sie alle mit der *Transformation* beschäftigt.« Mit der Wahl des Wortes *Transformation* hat Herr Gilluly den genau richtigen Ausdruck gewählt. Er beschrieb unsere Aktionen am Raketenschrein[1] und in den Bunkern perfekt.

---

1   Damit beziehen sich die Aktivist*innen auf eine Art Statue von Nachbildungen unterschiedlicher Raketen auf dem Militärgelände (Anm. d. Hrsg.).

Ja, liebe Geschworene, wir sind nur zum Zweck der *Transformation* nach *Kings Bay* gekommen. Wir kamen, um zu sagen, dass Atomwaffen und endloser Krieg Jesus, den wir den Friedensfürsten nennen, nicht ehren. Wir sind gekommen, um jene Waffen zu *transformieren*, die Gottes Kinder töten. Wir sind gekommen, um die nuklearen Schwerter der Marine in Pflugscharen umzuwandeln; wir sind gekommen, um die nuklearen Speere der Marine in Sicheln umzuwandeln. Ja, *Transformation* ist unser Leitprinzip.

Und, was am wichtigsten ist, wir alle wollen unsere Herzen *transformieren*. Wenn unsere Herzen transformiert sind, werden wir nicht länger die Angst erleben, die uns dazu bringt, Massenvernichtungswaffen als unsere einzige Hoffnung zu akzeptieren. Wenn wir die Erfahrung der *Transformation* machen, werden wir uns von Krieg und Gewalt abwenden und stattdessen unseren Glauben in den Gott der Liebe setzen, der uns verwandelt.

Meine Gebete gehen heute an Sie, und ich bitte Gott, Ihnen die Weisheit zu geben, die Sie brauchen, um Ihre eigenen Schlussfolgerungen zu ziehen. Um uns für schuldig zu befinden, müssen Sie über jeden vernünftigen Zweifel erhaben zustimmen, dass wir in Wirklichkeit in vier Anklagepunkten schuldig sind. Seien Sie also vernünftig. Stellen Sie sich und gegenseitig die harten Fragen, die unser Fall aufgeworfen hat. Scheuen Sie sich nicht, Fragen zu diesem Fall zu stellen – sich selbst, einander und, falls nötig, Richterin Wood. Wenn Sie in Ihrem Herzen Zweifel an unserer Schuld hegen, suchen Sie weiter nach der Wahrheit, auch wenn diese Wahrheit etwas ist, das Sie vor dieser Woche noch nie in Betracht gezogen haben. Sie sind heute beauftragt, die Wahrheit zu suchen, die ganze Wahrheit und nichts als die Wahrheit … so wahr Ihnen Gott helfe. Ja, selbst der Eid, den wir ablegen, endet mit den Worten, »so wahr Ihnen Gott helfe«. Mit anderen Worten: Bitten Sie Gott, Sie auf Ihrer Suche nach der Wahrheit heute zu leiten.

Die meisten Menschen, die sich ungesetzlich verhalten, tun dies zum Zweck der persönlichen Bereicherung und in der Erwartung, nicht erwischt zu werden. Die Beweise, die Sie im Fall der *Kings Bay Plowshares 7* gesehen haben, zeigen, dass wir sieben keine Anstrengungen unternommen haben, um sozusagen mit irgendetwas durchzukommen, und wir haben aus unseren gewaltfreien Handlungen gewiss keinen Profit gezogen (aber wir haben Gottes Gnade gewonnen).

Aus den Beweisen, die Sie gehört haben, und aus den Aussagen der sieben von uns wissen Sie, dass einige von uns mehr als eine Stunde *nach* der Beobachtung durch die Polizei auf ihre Verhaftung gewartet haben. In Wahrheit wollten wir hierher in den Gerichtssaal von Richterin Wood kommen, um eine Diskussion darüber zu führen, was die Wahrheit ist. Diese Diskussion dauerte vier Tage, jetzt liegt das Ende der Geschichte in Ihren Händen.

Es ist klar, dass die Marinepolizei, die Mark Colville, Clare Grady, Martha Hennessy und mich am Schrein für Atomraketen verhaftet hat, uns nicht als Bedrohung angesehen hat. Tatsächlich habe ich in meiner Aussage festgestellt, dass nach mehr als einer Stunde unseres Wartens auf unsere Verhaftung der Officer des Verteidigungsministeriums Lee Carter – seine Waffe sicher im Holster versteckt – langsam und freundlich auf uns vier zugegangen ist, das Atomwaffenheiligtum inspiziert und mit einem Augenzwinkern gesagt hat: »Jetzt wisst ihr, dass ihr in Schwierigkeiten seid, oder?«

Ja, wir wussten, dass wir in Schwierigkeiten steckten; deshalb sind wir heute alle hier vor dem Bundesgericht. Und in seiner Aussage sagte Officer Carter, wir stellten in keiner Weise eine Bedrohung für ihn oder seine Kollegen dar.

Die Beweise, die Sie gesehen haben – und die von uns sieben Personen vorgelegt wurden –, zeigen, dass dieser Fall alles andere als einfach ist. Die Beweise in diesem Fall gehören wahrscheinlich zu den ungewöhnlichsten Beweisen, die jemals in einem Bundesgerichtssaal vorgelegt wurden.

Sie haben ein Video – von der Kamera, die ich trug – meines Blutes, das auf das Logo des Raketenschreins spritze, gesehen. Das Video (mit meinem Audiokommentar) zeigt auch, dass ich mit einem Hammer, der aus dem Metall eingeschmolzener Pistolen hergestellt wurde, eine Zementstatue einer Trident-II-D-5-Rakete getroffen habe. Sie haben auch gesehen, dass der Hammerkopf nach ein oder zwei Schlägen abbrach. Sie haben auch gehört, dass ich die Statue der D-5-Rakete als Idol bezeichnet habe. Sie haben viele unserer gesprühten Botschaften gelesen: *Entwaffnen und leben*, *Atomwaffen jetzt abschaffen* und *Blasphemie*. Viele unserer Botschaften waren Bibelzitate: *Liebe deine Feinde* (ein Zitat von Jesus), *Schwerter zu Pflugscharen* (ein Zitat des Propheten Jesaja) und *Du sollst nicht töten* (ein Zitat von Gott). Auch hier handelt es sich nicht um die Botschaften, die üblicherweise an einem Ort zu finden sind, den die Regierung als Tatort bezeichnet.

Bei Ihren heutigen Beratungen müssen Sie alle Beweise berücksichtigen und zu verstehen versuchen, wie diese mit den Fakten dieses Falles und dem Gesetz, über das Richterin Wood Ihnen berichten wird, zusammenhängen.

Die Beweise zeigen in der Tat, dass die Worte Idol und Götzendienst häufig erwähnt werden. Sie haben Fotos der Worte, die auf die verschiedenen Götzen im Raketenschrein gesprüht wurden. Wir haben diese Aussagen nicht leichtfertig gemacht.

Wir haben den Raketenschrein bearbeitet, weil wir uns gegen die Herstellung von Götzen – das was die Bibel als Götzenbilder bezeichnet – durch unsere Regierung wehren, die anstelle des Wahren Gottes verwendet werden. Ich bitte Sie, Mitglieder der Jury, stellen Sie sich diese Frage: »Unterstützt Jesus Atomwaffen?« Atomwaffen, deren Einsatz das Leben, wie wir es auf dem Planeten Erde kennen, beenden könnte? Darüber hinaus wird das Wort Götzendienst auf vielen Fotos des Raketenschreins und des *Swift-Atlantic*-Verwaltungsgebäudes gezeigt.

Wie bei der Götzenanbetung, die am ehesten als biblischer Begriff bekannt ist, gibt es auch hier viele Beweise, die das übergeordnete religiöse Thema unseres Handelns aufzeigen. Die Beweise legten offen, dass wir eine Bibel, einen katholischen Rosenkranz, Babyflaschen mit Blut und eine Erklärung mit uns führten, die unsere religiösen Gründe für den Besuch der Marinestation *Kings Bay* darlegt.

In meiner Eröffnungsrede sagte ich Ihnen, dass unsere Aktionen am 4. April 2018 absichtlich dramatisch waren. Tatsächlich verglich ich unsere Aktionen in *Kings Bay* mit der biblischen Geschichte im Neuen Testament, in der Jesus den Tempel von den Geldwechslern reinigte. Wie Jesus haben wir sieben uns in ein mächtiges Drama verwickelt, um ein mächtiges Übel auf den Punkt zu bringen. Der Einsatz des Dramas kann uns unterhalten, aber es ist auch ein wichtiger Weg, die Menschen über Ungerechtigkeit aufzuklären, über die Kämpfe, die wir zwischen Gut und Böse, Wahrheit und Lüge, Liebe und Hass austragen. Wir hoffen, dass unser Einsatz des Dramas in *Kings Bay* für jeden von Ihnen – um Mr. Gillulys Begriff zu verwenden – *transformativ* war.

In meiner Aussage sagte ich: Mein Glaube hat mich dazu gebracht, die Sündhaftigkeit von Atomwaffen anzusprechen.

Wir leben in einer Welt, in der Atomwaffen in ständiger und reizbarer Alarmstufe normal geworden sind.

Man hat Ihnen auch gesagt, dass unsere Welt noch nie so sehr von der Aussicht auf einen Atomkrieg bedroht war wie heute. Die Weltuntergangsuhr des *Bulletin of the Atomic Scientists*, steht bei zwei Minuten vor Mitternacht.[2] Sie haben auch die Aussage gehört, dass Präsident Donald Trump die Ausweitung der Atomwaffen unterstützt und geschworen hat, die USA aus dem 1987 von Ronald Reagan und Michail Gorbatschow unterzeichneten Vertrag über die Mittelstreckenraketen (INF) herauszuziehen.

In meiner Aussage gab ich zu Protokoll, dass im Juli 2017 eine überwältigende Mehrheit der Nationen der Welt – aber nicht die Vereinigten Staaten – für die Annahme des Vertrags über das Verbot von Kernwaffen stimmte; ein bahnbrechendes internationales Abkommen, das einen Weg zur nuklearen Abrüstung eröffnet. Dieser Vertrag ist ein Zeichen der Hoffnung für die Welt, aber die Vereinigten Staaten haben sich nicht den anderen 122 Nationen angeschlossen, die den Vertrag unterzeichnet haben. In meiner Aussage habe ich eine Kopie dieses Vertrags hochgehalten, die in diesem Fall als Beweismittel verwendet wurde.

In meinem Zeugnis sprach ich auch von der langen Tradition in unserem Land, dass Menschen im Bewusstsein der schrecklichen Ungerechtigkeiten, die zur jeweiligen Zeit vor sich gingen, Gesetze brachen, um wichtige Veränderungen herbeizuführen.

---

2   100 Sekunden vor Mitternacht (Stand Januar 2021), Anmerkung der Hrsg.

Ich erwähnte Rosa Parks, eine afroamerikanische Frau, die auf dem Vordersitz eines Buses mit getrennter Fahrgastbeförderung saß, was gegen das Gesetz verstieß. Ich sprach von Pastor Dr. Martin Luther King Jr., der viele Male ins Gefängnis ging, um die Bürgerrechte für alle Menschen zu verteidigen. Dr. Kings Botschaft beinhaltet die Realität, dass es manchmal notwendig ist, das Gesetz zu brechen, wenn das Gesetz zur Unterdrückung anderer missbraucht wird. Wie Sie sich vielleicht erinnern, gingen wir sieben am 50. Jahrestag von Dr. Kings Ermordung nach *Kings Bay*.

Unser Zweck war es, King zu ehren, der von seiner Opposition gegen die Drillinge des Rassismus, extremen Materialismus und Militarismus sprach. Die *Kings Bay Plowshares* nahmen Dr. Kings Botschaft der transformativen Liebe und Gleichheit für alle an, als wir zur U-Boot-Basis gingen.

Abschließend möchte ich sagen, dass unsere gemeinsame Zeit für mich eine menschliche Erfahrung war – eine heilige, sakrale, prophetische und sakramentale Erfahrung. Ich danke Ihnen nochmals sehr, dass Sie der Jury der *Kings Bay Plowshares* angehören. Ich denke, die meisten von uns in diesem Gerichtssaal werden unsere gemeinsame Zeit nie vergessen. Ich hoffe, sie verändert uns alle zum Besseren. Ich wünsche Ihnen viel Glück bei Ihren Beratungen. Möge Gott jede*n von Ihnen segnen.

JAKOB FRÜHMANN, CRISTINA YURENA ZERR

Zur Aktion in Büchel

Am 15. Juni 2018 drangen 18 Personen in das Gelände des NATO-Flugplatzes Büchel in der Eifel ein, um gegen die dort stationierten US-Atomwaffen zu protestieren. Die symbolische Aktion zur Aneignung des Militärgeländes für zivile Zwecke reiht sich in eine Vielzahl von Widerstandsaktionen gegen die am Fliegerhorst stationierten Atomwaffen, die von unterschiedlichsten zivilen wie politischen Zusammenschlüssen und Gruppen ausgehen. Der hier beschriebene Protest fand im Rahmen der zwanzigwöchigen Aktionspräsenz der Kampagne »Büchel ist überall! atomwaffenfrei.jetzt« statt, die 2019 den Aachener Friedenspreis erhielt.

Die in Büchel gelagerten zwanzig Wasserstoffbomben des Typs B61 wurden nach dem NATO-Beitritt Deutschlands 1955 in Büchel stationiert und sollen in naher Zukunft ersetzt werden. Zur internationalen Aktionswoche waren Friedensaktivist*innen aus ganz Deutschland, den Niederlanden, Großbritannien und den USA angereist. Eine Woche lang wurde die Aktion geplant, Trainings in gewaltfreier Aktion gegeben und über den Gewaltbegriff diskutiert. Am Tag der Aktion teilte sich die Gruppe nach einer gemeinsamen Gedenkveranstaltung vor den Toren der Militärbasis in fünf Untergruppen, die jeweils ein Loch in den Zaun schnitten und von dort aus in die Militärbasis eindrangen. Das Ganze geschah am Tag; abgesehen von den 18 Personen, die das Militärgelände betraten, war eine große Gruppe von Unterstützer*innen anwesend, die von außen die Aktion begleiteten, Friedenslieder sangen und auf dem Weg Spuren in Form von Graffitis hinterließen.

Einer der Kleingruppen gelang es, bis zu den Bunkern, in denen die Bomben gelagert werden, vorzudringen und dort eine Peace-Flagge zu platzieren. Anschließend wurden alle Aktivist*innen innerhalb einer Stunde vom Militär aufgegriffen und daraufhin von der Polizei durchsucht und verhört. Nach einigen Stunden der Dokumentierung wurden alle freigelassen, lediglich mit einem 24 Stunden gültigen Platzverweis, der für den Umkreis von hundert Metern rund um das Militärgelände galt. Erst einige Monate später wurde den in Europa lebenden Aktivist*innen ein Strafbefehl zugesendet. Die in den USA lebenden Teilnehmer*innen bekamen nie eine Vorladung vom Gericht.

In diesem Buch sind die Reden vor Gericht von acht Teilnehmer*innen der Aktion abgedruckt. Der Großteil engagiert sich schon seit Jahrzehnten gegen Aufrüstung und Nuklearwaffen. Obwohl europäische wie auch einige der US-amerikanischen Aktivist*innen Teil der Catholic-Worker-Bewegung sind und auch an Pflugscharaktionen teilgenommen haben, hat die Gruppe ihre Aktion nie als solche betitelt, da diese zumeist in einem ganz anderen organisatorischen Rahmen stattfinden und einer viel intensiveren Vorbereitung bedürfen. Das Go-in in Büchel war in dieser Hinsicht niederschwelliger und auch für nicht so erfahrene Menschen zugänglich.

Im Gegensatz zur Aktion der *Kingsbay Plowshares 7* handelt es sich hierbei außerdem um einen Zusammenschluss von christlichen und nichtreligiösen Menschen, was in der Pflugscharbewegung jedoch generell kein Einzelfall ist.

Trotz allem waren tägliche Gebete und Gottesdienste vor der Militärbasis, die sich oft zu Blockaden der Eingangstore entwickelten, Teil des Protests.

Wegen der Go-in-Aktion, die von manchen der Aktivist*innen als »Five Holes« betitelt wird, wurde gegen 12 der 18 Personen, die durch die fünf Löcher im Zaun auf das Fliegerhorstgelände gelangt waren, Strafbefehle verhängt, gegen die alle zwölf Einsprüche einlegten.

Im Januar, Mai und Juni 2020 liefen drei Gerichtsprozesse, alle Angeklagten wurden wegen Hausfriedensbruch zu 30 Tagessätzen oder einem entsprechenden Bußgeld verurteilt. Acht entschieden sich, gegen das Urteil in Berufung zu gehen, zwei von ihnen haben keine Berufung eingelegt und werden somit die Ersatzfreiheitsstrafen antreten. Bis zum Januar 2020 haben die rechtskräftig Verurteilten ihre Strafe jedoch aufgrund der Coronapandemie noch nicht antreten müssen.

Aufgrund von weiteren Go-in-Aktionen 2018 und 2019, bei denen in einer weiteren Protestaktion das Militärgelände betreten oder der Versuch dazu unternommen wurde, haben sich die Tagessätze für Margriet Bos auf 85 Tagessätze und für Susan van der Hijden auf 130 Tagessätze summiert.

Biographien der Aktivist*innen

Johanna Adickes (*1942) ist Religionspädagogin, Lehrerin im Ruhestand und lebt in Emden. Seit 1979 ist sie in der Friedensbewegung aktiv. Neben vielem anderen engagierte sie sich in der Erinnerungsarbeit in der KZ-Gedenkstätte Engerhafe und ist seit 1990 in der Flüchtlingsarbeit tätig, wobei sie Kirchenasyle begleitet und organisiert. Seit 40 Jahren ist sie aktiv bei amnesty international.

Stefanie Augustin (*1970) lebt in Dortmund. Neben verschiedenen Jobs hat sie Kinderbücher verfasst, Puppentheater gespielt und betreibt seit 2010 einen kleinen Nachbarschaftstreff. Außerdem engagiert sie sich für Geflüchtete, politische Gefangene auf den Philippinen und hilft seit 2017 bei der Organisation vor Ort beim Internationalen Friedenscamp in Büchel.

Margriet Bos (*1986) lebt seit 2012 im Jeannette-Noel-Haus, einer Catholic-Worker-Gemeinschaft in Amsterdam. Dort wird das Leben mit undokumentierten Migrant*innen in einer Mischung aus Gemeinschaftsarbeit, gewaltfreier direkter Aktion, Gebet und der Suche nach Einfachheit, Solidarität und Frieden geteilt. Margriet liebt es zu singen, im Freien zu schwimmen und Bücher zu lesen. Aufgrund ihrer Liebe zur Natur und Schöpfung engagiert sich für *Christian Climate Action* und *Extinction Rebellion*.

Christiane Danowski (*1968), Mutter eines 16-jährigen Sohnes, war parallel zum Studium der Germanistik und Theologie Gründungsmitglied der *Kana*-Suppenküche in Dortmund und bald darauf Gründungsmitglied von *Brot & Rosen* in Hamburg, einer christlichen Lebensgemeinschaft der Gastfreundschaft für geflüchtete Menschen. Beide Gruppen stehen in der Tradition der Catholic-Worker-Bewegung, aus welcher heraus auch die Motivation zu widerständigem Leben genährt wird. Dies hat sie immer wieder zu zahlreichen Aktionen zivilen Ungehorsams gegen Atomenergie und -müll (Gorleben) sowie Atomwaffenlagerung (Büchel) geführt.

Sigrid Eckert-Hoßbach (*1965) ist verheiratet und hat zwei erwachsene Kinder. Gemeinsam mit ihrem Mann Jürgen Hoßbach arbeitet sie im Albert-Schweitzer-Kinderdorf Wetzlar und lebt mit Jugendlichen gemeinsam in einem Haus. Seit 1988 nehmen beide an Widerstandsaktionen gegen Nukleare Bewaffnung teil. Zuerst in Mittenaar/Bellersdorf, später beim Europäischen Friedens-Pilgerweg (EPP); 1992 durch den Süden der USA, EUCOMmunity in Stuttgart, Herausgabe der Zeitschrift der GAAA *atomwaffenfrei* mit anderen. Sie begleitet und unterstützt Geflüchtete in ihrem Alltag.

Susan van der Hijden (*1969) lebt in der Catholic-Worker-Gemeinschaft Jeannette-Noel-Haus in Amsterdam. Im Jahr 2000 gehörte sie zu den *Jubilee 2000 Ploughshares*, die einen Lastwagen, der Atomwaffen vom Süden Englands zum Trident-Stützpunkt in Schottland transportierten, lahmlegten. Susan saß dafür sieben Monate im Gefängnis. Außer ihrer Arbeit in der Gemeinschaft und ihrem Einsatz für Bleiberechte von Geflüchteten, spielt sie in der Samba Gruppe *Rhythm of Resistance* und war Teil mehrerer Aktionen von *Extinction Rebellion*. Sie macht sehr gute vegane Pfannkuchen und spielt gerne mit den Kindern aus ihrer Gemeinschaft.

Jürgen Hoßbach (1966) ist verheiratet und hat zwei erwachsene Kinder. Gemeinsam mit seiner Frau Sigrid Eckert-Hoßbach arbeitet er im Albert-Schweitzer-Kinderdorf Wetzlar und lebt mit Jugendlichen gemeinsam in einem Haus. Seit 1988 nehmen beide an Widerstandsaktionen gegen Nukleare Bewaffnung teil. Zuerst in Mittenaar/Bellersdorf, später beim Europäischen-Friedens-Pilgerweg (EPP); 1992 durch den Süden der USA, EUCOMmunity in Stuttgart, Herausgabe der Zeitschrift der GAAA *atomwaffenfrei* mit anderen. Er begleitet und unterstützt Geflüchtete, außerdem ist er im Betriebsrat und als Dozent in Altenpflegeschulen tätig.

Frits ter Kuile (1962) ist verheiratet und hat zwei Kinder. Er lebt seit 1996 in einer Catholic-Worker-Gemeinschaft in Amsterdam. In den Jahren 1984/85 saß er für neun Monate im Gefängnis, weil er sich weigerte, der Armee beizutreten. Danach lebte er einige Jahre lang in einem Friedenslager, wo er gegen die geplante Stationierung von Marschflugkörpern demonstrierte. Er durchquerte in einem Protestmarsch die USA, um gegen Atomtests aufzutreten, und engagierte sich gegen den Kosovokrieg. Er liebt www.noelhuis.nl, pflanzt gerne Apfelbäume, macht Feuer und isst Müsli.

Frits ter Kuile

Einlassung vor dem Amtsgericht Cochem am 22. Januar 2020

Richter Zimmermann, Herr Staatsanwalt, ich schließe mich dem, was meine Freund*innen hier zu unserer Verteidigung sagen, an.

Ein bisschen zu mir: Meine Mutter ist 1923 geboren. Sie und meine Oma haben tief in uns Kinder eingepflanzt, dass man nicht mitmachen, sondern vielmehr gewaltfreien Widerstand leisten soll gegen Verbrechen, welche durch uniformierten und allgemeinen Gehorsam stattfinden.

Ich habe ein Semester Genetik studiert und dann aufgehört, um die Welt vor dem atomaren Untergang zu retten. 1983 habe ich in einem Friedenslager an einer Militärbasis für atomare Lenkflugkörper gewohnt. Später habe ich mich in der UdSSR und vor allem in den USA für ein Ende der Atomtests engagiert.

Seit 1996 lebe ich in einer Gemeinschaft, wo wir Gastfreundschaft für etwa zwölf illegalisierte Menschen bieten. Jetzt drohen neue Atomwaffen nach Europa zu kommen – da ist es Zeit, mich wieder für atomare Abrüstung zu engagieren.

Ich habe nicht die Kraft, um das allein zu tun. In Deutschland gibt es eine gute Kampagne. Frau Küpker[1] hat mich davon überzeugt, dass, wenn Deutschland die neuen Atombomben ablehnte, andere Länder wie die Niederlande folgen würden. Außerdem habe ich mir gedacht, dass vielleicht in den Nie-

---

1   Marion Küpker ist Mitorganisatorin der 20-wöchigen Aktionspräsenz vor der Militärbasis in Büchel.

derlanden etwas Aufmerksamkeit auf das drohende Eintreffen von neuen Atomwaffen gelenkt wird, wenn ein Holländer im deutschen Knast sitzt.

Und die Kinder sind jetzt so groß, dass ich Jesus, falls er mich fragen wird, nicht mehr sagen kann: »Ich musste erst die Kinder, die Gott mir anvertraute, großziehen.«

So ist meine Aktion ein kleines Opfer an Jesus und an Gott, die große Quelle des Seins und der Liebe, und ein Geschenk an die Gesellschaft, um aufzuwachen und mitzumachen – für eine atomwaffenfreie Welt. Gerade auch Staatsanwält*innen und Richter*innen mit einem nuklearen Flughafen in ihrem Zuständigkeitsbereich können sich noch viel besser als die meisten Menschen für oder gegen eine atomwaffenfreie Welt engagieren.

Wenn Sie, Richter Zimmermann, Herr Staatsanwalt, schweigen über Atomwaffen, in einem Moment, in dem Sie die Gelegenheit bekommen, sich zu äußern, ist das Schweigen ungeheuerlich, weil es einen Teil der Bevölkerung dazu bringt, zu meinen, die atomare Vernichtung, welche am Fliegerhorst eingeübt wird, sei legal und legitim.

Gerade Richter*innen und Staatsanwält*innen haben eine große Verantwortung für die Gesellschaft, für ihre eigenen Kinder wie für deren Kinder, und ich glaube, auch gegenüber Gott.

Ich habe große Bewunderung für die hunderte von Richter*innen und Staatsanwält*innen, welche Anfang der 1980er Jahre mithilfe von großen Einschaltungen in den deutschen Zeitungen warnten, dass atomare Massenvernichtungswaffen illegal, unmoralisch und nicht verfassungsgemäß sind und gegen das internationale Recht verstoßen.

Sie versuchten, ihre Position als Staatsanwält*innen und Richter*innen zu nutzen, um die Gesellschaft über die kriegsverbrecherische Seite dieser Massenvernichtungswaffen aufzuklären.

Ich habe noch größere Bewunderung für die zwanzig Richter*innen, welche am 12. Januar 1987 einen Konvoi von Pershing II Raketen blockierten. Einer von ihnen ist Ulf Panzer, damals Richter in Hamburg, jetzt in Ruhestand.

Zwischen Weihnachten und Silvester war ich in Hamburg und hoffte, ihn zu treffen. Er war aber bei seinen Enkeln in Wien, doch lässt er Ihnen einen kollegialen Gruß ausrichten.

Ich möchte gern seine persönliche Stellungnahme aus 1987 teilen, in der er erklärt, weshalb er an diesem 12. Januar 1987 in seinem Amt als Richter den Konvoi blockierte:

»Persönliche Stellungnahme zur Richterblockade in Mutlangen am 12. Januar 1987

Vor fünfzig Jahren – während des Hitlerfaschismus – haben wir, Richter und Staatsanwälte, aber auch andere Angehörige der Justiz angeblich nichts gewusst. Wir haben Augen und Ohren verschlossen, sind zu einem willfährigen Instrument einer Terrorherrschaft geworden, indem wir geschwiegen haben zu dem Unrecht und pflichtgemäß die ›ordentlichen‹ Gesetze der Faschisten angewendet haben. Die Justiz hat sich dazu missbrauchen lassen, Unrecht zu legitimieren, wenn nicht gar Angehörige unseres Berufsstandes als Mörder in schwarzer Robe direkt an den grausamsten Verbrechen beteiligt waren.
Wir sind schuldig geworden.
Heute sind wir dabei, uns wieder missbrauchen zu lassen, wieder schuldig zu werden, indem wir durch unsere Passivität und in Anwendung demokratischer Gesetze den nuklearen Terror legitimieren. Heute haben wir nicht einmal die Entschuldigung, wir hätten nichts gewusst. Wir wissen. Wir wissen, dass es nur einen Knopfdruck braucht,

um nicht nur Deutschland oder Europa, sondern die gesamte Erde in eine verstrahlte Wüste ohne menschliches Leben zu verwandeln. Oder auch nur die Fehlfunktion eines russischen oder amerikanischen Computers. Weil wir das wissen, müssen wir handeln.

Wir sind betroffen, nicht nur als ›normale‹ Bürger, als Mütter und Väter, die sich um die Zukunft ihrer Kinder sorgen, sondern gerade als Richter in einem demokratischen Rechtsstaat. In dieser Funktion ergibt sich für uns eine gesteigerte Verantwortung angesichts der Vernichtungskraft der Atomwaffen in Ost und West, deren verheerende Wirkung das menschliche Vorstellungsvermögen überschreitet, nicht länger zu schweigen. Denn gerade aufgrund des Richteramtes fühlen wir uns in besonderer Weise der Gerechtigkeit und dem Frieden verpflichtet. Atomwaffen dienen weder der Gerechtigkeit noch dem Frieden. Sie haben die gesamte Menschheit als Geiseln genommen.

Wir haben uns deswegen in der Initiative ›Richter und Staatsanwälte für den Frieden‹ organisiert. Wir haben gemahnt und gewarnt, durch unsere Mitarbeit in lokalen Friedensgruppen, durch Zeitungsanzeigen, durch Demonstrationen und Resolutionen, durch unsere Friedensforen in Bonn im Sommer 1983 und in Kassel im November 1985. Unsere Warnungen sind, soweit sie überhaupt gehört wurden, verhallt.

Deswegen blockieren wir heute in Mutlangen. Wir meinen, dass so eine Tat besser gehört wird als all unsere Worte bisher. Wir wissen, dass wir nach herrschender Meinung unserer Berufskollegen als Gewalttäter gelten. Wenn das friedliche Sitzen vor dem Militärstützpunkt hier in Mutlangen Gewalt ist, was ist dann eine Pershing-II-Mittelstreckenrakete mit der Vernichtungskraft etwa der Bombe von Hiroshima?

Aber wir nehmen das Risiko, von unseren Berufskollegen als kriminelle Gewalttäter verurteilt zu werden, in Kauf. Wir müssen es in Kauf nehmen um des Friedens willen. Denn wir sind verantwortlich. Wir sind der Überzeugung, dass es Dinge gibt, die in der menschlichen Zivilisation ebenso wenig einen Platz haben dürfen, wie die Verbrennungsöfen von Auschwitz: Atomwaffen!

Durch unsere heutige begrenzte Regelverletzung, durch unseren Akt des zivilen Ungehorsams, wollen wir deutlich machen, dass Angehörige eines Berufsstandes, dem vom Grundgesetz politische Macht und damit auch politische Verantwortung übertragen worden ist, sich dem menschenverachtenden Wahnsinn der Atomrüstung versagen. Darüber hinaus ist unsere Blockade auch ein Akt der Solidarität. Solidarität mit den hunderten von Mitbürgern, die eben wegen einer solchen Blockade von Staatsanwälten angeklagt und von Richtern verurteilt worden sind. Solidarität auch mit den friedensbewegten Menschen im Ostblock, die wegen ihres Eintretens für Frieden und Abrüstung mit härtesten Strafen belegt worden sind, genauso wie ungezählte Bürger der Vereinigten Staaten, die wegen ihrer Friedensaktivitäten zu Gefängnisstrafen bis zu achtzehn Jahren verurteilt wurden.

Ihnen gilt unsere Verbundenheit. Und mit ihnen sagen wir so laut, wie wir es können: NEIN!

Ulf Panzer«

Richter Panzer bezieht sich vor allem auf seine Kollegen im Dritten Reich. Aber auch das Unrecht unter Stalin und Mao war zum größten Teil juristisch legitimiert, wie auch die Apartheid in Südafrika oder die Rassentrennung im Süden der USA.

Holländische Staatsanwälte und Richter missbrauchten demokratische Wehrpflichtgesetze, welche das Ziel hätten, Holland zu verteidigen um holländische Jungs direkt nach dem Zweiten Weltkrieg dazu zu zwingen, an einem kolonialen Krieg in Indonesien teilzunehmen – einem Krieg, welcher jetzt allgemein als verbrecherisch, unmoralisch und illegitim angesehen wird.

Die Gesetze, welche den Hausfrieden und Dinge wie Zäune um Wiesen und Garten schützen sollen, sind an sich gute Gesetze.

Meiner Meinung nach missbraucht Frau Oberstaatsanwältin Maier diese Gesetze in diesem Fall aber, um die Vorbereitung von Massenvernichtung zu ermöglichen.

Denn der Fliegerhorst Büchel ist kein Haus. Es ist ein Massenvernichtungslager, dessen Zäune genauso wenig Existenzrecht haben wie die Zäune, die die ungestörte Wirkung der Gasöfen in Auschwitz schützen sollten.

Ich hoffe, dass Sie Ihre Position als Staatsanwalt für eine atomwaffenfreie Welt nutzen, in dem Sie, Herr Staatsanwalt, den Missbrauch des Rechts von Ihrer Kollegin Maier nicht fortsetzen und uns nicht weiterverfolgen.

Falls Sie uns doch weiterverfolgen, dann hoffe ich, dass Sie, Herr Richter Zimmermann, uns freisprechen oder für schuldig befinden, ohne uns eine Strafe aufzuerlegen, und ich hoffe immerhin doch, dass Sie, Herr Staatsanwalt, dagegen nicht in Berufung gehen.

Sie, Herr Richter Zimmermann, könnten auch überlegen, ob Sie, wie Ihr Stuttgarter Kollege, Amtsrichter Wolf 1998, bevor er ein Urteil sprechen wollte, eine Richtervorlage an das

Bundesverfassungsgericht in Karlsruhe richtete, mit der Frage, ob Atomwaffen völkerrechtswidrig sind.

So hoffe ich, dass Sie beide diese Gelegenheit dazu nutzen, zu zeigen, dass das Recht sich diesmal nicht missbrauchen lässt, sondern die Seite wählt, welche im deutschen und internationalen Recht, im Urteil der Geschichte, im Urteil unserer Kinder und deren Kinder und in den Augen Gottes die richtige ist.

Ich gebe zu, dass ich leicht reden kann. Der Fliegerhorst hat große wirtschaftliche Bedeutung für die Gegend. Ich wohne hier nicht. Ich gehe hier nicht zur Kirche. Ich bin hier in keine Vereine und Verbände einbezogen. Meine Kinder gehen hier nicht zur Schule. Ich werde nicht darauf angesprochen, wenn ich als Richter oder Staatsanwalt Massenvernichtungswaffen nicht länger legitimiere.

In meinem Umfeld daheim in Amsterdam, betrachten wir freiwillige Armut als etwas Gutes. Früher, als unverheirateter Aktivist, habe ich immer voll Stolz vor Gericht ausgesagt, dass ich kein Haus und kein Einkommen habe. Auf Ihre Fragen nach Einkommensverhältnissen habe ich Ihnen am Anfang des Prozesses geantwortet, dass ich das irrelevant finde. Einerseits, weil ich auf Freispruch hoffe oder sonst die Tagessätze absitze, aber andererseits auch Scheu habe, mich dazu zu äußern und ich mich schäme. Obwohl meine Frau beruflich noch immer Häuser putzt, sind wir nicht mehr arm. Wenn ich mich schon schäme, eine Aussage über so etwas relativ Geringes wie das Einkommen zu machen, habe ich wohl kaum das Recht, von Ihnen zu hoffen, dass Sie hier in Cochem klare Stellung hinsichtlich der Atomwaffen beziehen.

Wenn Sie also, Herr Staatsanwalt, mich weiter verfolgen, oder wenn Sie, Herr Richter Zimmermann, mich verurteilen, oder wenn Sie, Herr Staatsanwalt, gegen einen Freispruch oder eine Schulderklärung ohne Bestrafung in Berufung gehen, werde ich es verstehen und es Ihnen nicht übel nehmen und hoffen, dass mein eventueller Knastaufenthalt dazu beiträgt, das drohende Kommen einer neuen Generation von Atombomben zu verhindern.

Aber ich hoffe, dass Sie gesegnet werden mit der Zivilcourage, welche Ihre Kolleg*innen in den 1980er Jahren zeigten. Ich hoffe für Ihre Kinder und deren Kinder und all unsere Kinder, dass Sie mitmachen für eine atomwaffenfreie Welt.

Johanna Adickes

Einlassung vor dem Amtsgericht Cochem am 22. Januar 2020

Sehr geehrter Herr Richter Zimmermann, sehr geehrte Staatsanwält*innen, liebe Prozessbeobachter*innen!

Zunächst einmal danke ich Ihnen, dass uns rechtliches Gehör gegeben wird und wir unsere Beweggründe und Argumente zum Tatvorwurf darstellen können.

Da wir der Überzeugung sind, dass durch die Lagerung von Atomwaffen auf deutschem Boden und die täglichen Einsatzübungen nationales und internationales Recht verletzt beziehungsweise gebrochen wird, werde ich in meiner Einlassung schwerpunktmäßig darauf eingehen.

Vorweg aber möchte ich begründen, wie es zu meinem friedenspolitischen Engagement gegen Atomwaffen und Atomenergie kam. Ich werde das historisch einbetten, um zu zeigen, wie lange wir alle schon gegen Nuklearwaffen kämpfen, und zwar auf internationaler Ebene.

Anschließend werde ich auf unseren Protest gegen Atomwaffen eingehen, insbesondere auf die Gefahren und die Verletzung des humanitären Völkerrechts und anderer Verträge.

Ich wurde während des Zweiten Weltkrieges geboren und habe als Kind die Auswirkungen des Krieges erlebt, habe dennoch das Glück einer gewaltfreien Erziehung gehabt. Ich hörte von den vielen Toten vom Krieg, aber niemand von denen, die aus dem Krieg zurückkamen, hatte einen Menschen getötet. Ich begann an der Wahrheit der Geschichten zu zweifeln.

Bis heute kenne ich nur drei Menschen, die gestanden, damals einen Menschen getötet zu haben.

Später im Studium beschäftigte ich mich mit Friedens- und Konfliktforschung und wurde in meinem Denken von Personen wie Martin Luther King, Mahatma Gandhi, Johann Galtung, Carl von Ossietzky und anderen Theoretiker*innen und Praktiker*innen der Friedensarbeit beeinflusst. In Göttingen, wo ich studierte, war in den 70er Jahren natürlich die *Erklärung der Achtzehn* (Atomwissenschaftler) bekannt, die sie am 12. April 1957 formulierten:

> »Für ein kleines Land wie die Bundesrepublik glauben wir, dass es sich heute noch am besten schützt und den Weltfrieden noch am besten fördert, wenn es ausdrücklich und freiwillig auf den Besitz von Atomwaffen verzichtet. Jedenfalls wäre keiner der Unterzeichnenden bereit, sich an der Herstellung, der Erprobung oder dem Einsatz von Atomwaffen in irgendeiner Weise zu beteiligen.«
> (Unterzeichnet von Max Born, Otto Hahn, Werner Heisenberg und Carl Friedrich von Weizsäcker, um nur einige bekannte Namen zu nennen.)

Sieben Jahre vorher hatte bereits der Weltfriedensrat im Stockholmer Appell (19. März 1950) »das absolute Verbot der Atomwaffe als Waffe des Schreckens und der Massenvernichtung der Bevölkerung« gefordert und vertrat die Ansicht, »dass die Regierung, die als erste Atomwaffen gegen irgendein Land benutzt, ein Verbrechen gegen die Menschheit begeht und als Kriegsverbrecher zu behandeln ist.«

Diese und andere Appelle verhallten. Die Bundesrepublik durfte selbst zwar keine Atomwaffen besitzen, erlangte aber durch die nukleare Teilhabe die Verfügungsgewalt über die US-Atomwaffen in Deutschland. Die Protestbewegung *Kampf dem Atomtod* und später die Ostermärsche, an denen ich mich grenzüberschreitend mit den Niederländer*innen beteiligte, haben das nicht verhindern können. Der Kalte Krieg begann und fand seinen Höhepunkt am 12. Dezember 1979 mit dem NATO-Doppelbeschluss, wonach 572 neue amerikanische Mittelstreckenraketen in Europa stationiert wurden.

Die UdSSR erneuerte ihre SS-/SS-5-Mittelstreckenraketen durch die SS-20. Die Gefahr eines Atomkrieges in Europa war allen bewusst und führte wiederholt zu Massenprotesten.

Die Bundesregierung und ebenso die Regierung der DDR spielten die Gefahr herunter und behaupteten, es gebe wirksame Schutzmaßnahmen bei einem Atomkrieg. In der DDR wurden in Betrieben, Schulen und Kindergärten vorsorglich Gasmasken verteilt und der Bevölkerung geraten, sich hinter Mauern zu werfen und eine Tasche schützend über den Kopf zu halten. In der Bundesrepublik wurde der öffentliche und private Katastrophenschutz vorangetrieben. Jeder sollte Vorsorge treffen durch entsprechende Vorratshaltung, Notgepäck und Dokumentensicherung. In den Schulen wurden Selbstschutzübungen durchgeführt und den Schüler*innen hatte man erklärt, sie sollten sich im Notfall unter Tischen und Bänken verstecken, die Schultasche über den Kopf halten oder sich mit Alufolie zudecken.

Auch diese »Wahrheit« musste bezweifelt werden, denn sie war eine dreiste Lüge. Es gibt keinen wirksamen Schutz bei einer atomaren Explosion.

Ich hatte mein Studium abgeschlossen und arbeitete zu der Zeit in einer Förderschule in Emden. Entsprechend der Präambel des Grundgesetzes und des Niedersächsischen Schulgesetzes thematisierte ich im Unterricht in den 80er Jahren unter anderem die Gefahren eines Atomkrieges. Die Schüler*innen wussten, dass im Zweiten Weltkrieg die zahlreichen Bunker in der Stadt den Menschen das Leben gerettet hatten. Drei dieser Bunker waren jetzt »atombombensicher« gemacht worden. Die Vorwarnzeit bei einem Atomangriff betrug nur wenige Minuten, sodass niemand von ihnen einen der Bunker hätte erreichen können.

Auf den Vorschlag einer Schülerin, doch ähnlich wie in Hamburg einen Bunker gleich neben einer Schule zu bauen, antwortete ein Schüler: »Das werden die nie machen! Die sind doch froh, wenn wir nicht mehr da sind!«

Welche Erfahrungen hatte dieser zwölfjährige Junge in seinem Leben gemacht, dass er sein Leben als wertlos empfand? Welche Diskriminierung hatte er als am normalen Schulsystem Gescheiterter erfahren? Und was sollte ich ihm antworten, wo ein Gesundheitssicherstellungsgesetz den Ärzten vorschrieb, die Menschen zu sortieren und nur die zu retten, bei denen es sich lohnte?

Behinderte, Alte und Kranke hatten sowieso keine Chance.

Meine Antwort konnte nur sein, mich noch entschiedener für die Ächtung und Abschaffung aller Atomwaffen gewaltfrei einzusetzen, damit niemand in seiner Würde verletzt und niemandem das Grundrecht auf Leben genommen wird. Dafür arbeite ich im Rahmen der Friedensbewegung seit nunmehr vierzig Jahren.

Mein/unser Protest gegen Atomwaffen

Zum Demonstrationsgrundrecht

Wenn ich zusammen mit anderen am 15. Juli 2018 das Gelände des Fliegerhorstes Büchel betreten habe – was ich nicht bestreite –, dann geschah dies im vollen Bewusstsein unter In-

anspruchnahme meines Grundrechts auf Meinungs- und Versammlungsfreiheit nach Art. 8 GG in Verbindung mit Art. 5 GG, um am Ort des Geschehens
– auf die riesige Gefahr, die von den dort lagernden Atombomben ausgeht, und
– auf die Gesetzwidrigkeit der Lagerung von Nuklearwaffen auf deutschem Boden und die täglichen Einsatzübungen durch deutsche Soldaten aufmerksam zu machen.

»Das Recht, sich ungehindert und ohne besondere Erlaubnis mit anderen zu versammeln«, hat das Bundesverfassungsgericht am 14. Mai 1985 in seiner Brockdorf-Entscheidung »als Zeichen der Freiheit, Unabhängigkeit und Mündigkeit des Bürgers« gewertet. Die Versammlungsfreiheit verstanden als Freiheit zur kollektiven Meinungskundgabe ist als »unmittelbarster Ausdruck der menschlichen Persönlichkeit eins der vornehmsten Menschenrechte überhaupt, welches für eine freiheitlich demokratische Grundordnung konstituierend ist.«

Und weiter heißt es:

»Namentlich in Demokratien mit parlamentarischem Repräsentativsystem und geringen plebiszitären Mitwirkungsrechten hat die Versammlungsfreiheit die Bedeutung eines grundlegenden und unentbehrlichen Funktionselements. Demonstrativer Protest kann insbesondere notwendig werden, wenn die Repräsentativorgane mögliche Missstände und Fehlentwicklungen nicht oder nicht rechtzeitig erkennen oder aus Rücksichtnahme auf andere Interessen hinnehmen.« (BVerfG 14.5.1985, Bd. 69, S. 315ff. und 343ff.)

Gefährdung durch Atomwaffen

– Hiroshima und Nagasaki mahnen

Die Toten von Hiroshima und Nagasaki (200 000 Zivilist*innen) haben der Welt das Ausmaß der Zerstörung durch Atomwaffen vor Augen geführt. Seitdem existiert ein Vielfaches an taktischen und strategischen Atomwaffen (ca. 14 000), davon 1800 in ständiger Alarmbereitschaft, die im Falle ihres Einsatzes einen nuklearen Winter bewirken und alles Leben auf diesem Planeten auslöschen würden. Daher haben die Atomwissenschaftler am 25. Januar 2018 die Doomsday-Uhr auf zwei Minuten[1] vor Mitternacht gestellt und jeden Menschen aufgefordert, alle Anstrengungen zu unternehmen, eine nukleare Katastrophe zu verhindern.

– Atomwaffen in Büchel

Die in Büchel lagernden Atomwaffen sollen 2027 durch neue, zielgenau und flexibel einsetzbare Atomwaffen ersetzt werden. Das erhöht weiter die Gefahr eines Einsatzes, weil die Verantwortlichen davon ausgehen, dass sie durch diese steuerbaren Waffen den Schaden begrenzen könnten.

– Pentagon-Papier: »Nukleare Operationen«/Manöver

Wie groß aktuell die Gefahr eines nuklearen Infernos ist, belegt ein Dokument des Pentagon vom 11.6.2019 mit dem Titel »Nukleare Operationen«, in dem die »Grundprinzipien und Leitlinien für die Planung, Durchführung und Bewertung atomarer Operationen« dargestellt werden. Die Planer gehen

---

1   Seit Januar 2020 steht sie auf 100 Sekunden vor Mitternacht [Stand Januar 2021].

davon aus, dass ein Atomkrieg gewonnen werden kann, und halten weiter an der atomaren Erstschlagsdoktrin fest, denn in dem Papier heißt es:

> »Der Einsatz von Atomwaffen könnte die Voraussetzungen für entscheidende Ergebnisse und die Wiederherstellung der strategischen Stabilität schaffen. Insbesondere wird der Einsatz einer Atomwaffe den Umfang einer Schlacht grundlegend verändern und Bedingungen schaffen, die beeinflussen, wie sich Kommandeure in einem Konfliktfall durchsetzen werden.« (Zit. in Hartmann 2019/14)

Folglich wurde vier Monate später während des NATO-Manövers *Steadfast Noon* (standhafter Mittag) vom 14. bis zum 18. Oktober 2019 nicht nur der Einsatz der Jagdbomber trainiert, sondern auch geprobt, die Atomwaffen aus unterirdischen Magazinen zu den Flugzeugen zu transportieren und dort zu montieren. Daran beteiligt war unter anderem das Luftwaffengeschwader 33 »der Bundeswehr mit den Tornado-Jets aus Büchel«. (Junge Welt 2019)

Hinzu kommt, dass bereits 2017 im Manuskript der Jahrestagung des *Joint Air Power Competence Centre* (JAPCC) in Essen vorgeschlagen wurde, »die Schwelle zum Nuklearkrieg abzusenken und eine Renaissance atomarer Mittelstreckenkräfte in Erwägung zu ziehen« (Zit. in Trautvetter 2019/4). Vertreter der Bundesregierung, Führungskräfte aus Militär und Wirtschaft setzten dem nichts entgegen.

– Atomwaffen töten bereits vor ihrem Einsatz

Durch die Produktion der Atomwaffen wurden und werden schon jetzt Gesundheit und Leben tausender Menschen gefährdet oder sogar vernichtet. Die Vertreibung von Menschen und die Zerstörung ihrer Lebensgrundlagen durch verseuchtes Wasser in Uranabbaugebieten, die Schädigung der Arbeiter in den Atomwaffenfabriken durch giftige Substanzen, die Verstrahlung von Mensch und Natur bei Atomtests und nicht zuletzt die Verschleuderung von Ressourcen und Geldern, die anderswo fehlen, bedeuten, dass Atomwaffen bereits töten, bevor sie eingesetzt werden.

– Atomwaffenunfälle

Atomwaffenunfälle können nicht ausgeschlossen werden, ebenso wenig Flugzeugabstürze. Vor allem aber gefährden Fehler im Frühwarnsystem das Leben unzähliger Zivilisten durch einen Atomkrieg aus Versehen. Erinnert sei nur an den 26. September 1983, als das sowjetische Frühwarnsystem den Start einer US-amerikanischen Interkontinentalrakete meldete, den Oberstleutnant Petrow glücklicherweise als Fehlalarm wertete und nicht weiterleitete, wodurch er einen Atomkrieg verhinderte. Gegenwärtig ist die Gefahr eines versehentlichen Atomkrieges durch die komplexen Computersysteme, den Klimawandel und zunehmende Krisen drastisch gestiegen.

– Jahrzehntelanges Bemühen um Ächtung

Auf all diese Gefahren wollte ich am 15. Juli 2018 mit meinem Protest aufmerksam machen. Die vielen Demonstrationen, Blockaden, Appelle, Petitionen und Gespräche mit Bundestagsabgeordneten, sogar die Gespräche in Brüssel im NATO-Hauptquartier (2012), wohin ich mit dem Fahrrad über 1000 Kilometer gefahren bin, mit Vertreter*innen aus Deutschland, den Niederlanden und Belgien führten nicht zum Umdenken und zur Abkehr von der Nuklearstrategie. Selbst der Bundestagsbeschluss vom 26. März 2010, die Stationierung amerikanischer Atombomben auf deutschem Boden zu beenden, wurde bis heute nicht umgesetzt. Die Mehrheit der Deutschen sieht sich durch Atomwaffen bedroht und will ihre Ächtung und ihren Abzug aus Deutschland (Greenpeace: 2019).

Diesen ganz speziellen Notstand, besser: diese irrsinnigen Gefahren, kann ich mit meinem Gewissen nicht vereinbaren, wissend um das Leid der Menschen, das tägliche Sterben an verschiedenen Orten der Welt, weiterhin zuzusehen, wie die Todesmaschinerie aufrechterhalten wird, die ich mit meinen Steuern zwangsweise mitfinanziere. (Die Bundesregierung hat es bisher unterlassen, ein Gesetz zur Militärsteuerverweigerung aus Gewissensgründen im Sinne einer Friedenssteuer – ähnlich der Möglichkeit zum Zivildienst – zu erlassen.)

Daher habe ich mich zu diesem gewaltfreien Weg entschieden und das Militärgelände betreten. Ich habe *am Ort der Tat* demonstriert, also nicht irgendwo fernab des Geschehens, wo man nicht wahrgenommen wird – so wie es das Grundrecht auf Demonstration gewährleistet. Dem Rad in die Speichen zu greifen und das Notwendige tun – das hatte ich schon in jungen Jahren von Dietrich Bonhoeffer gelernt. Das angewandte Mittel war angemessen, weil es niemanden gefährdet hat, aber zukünftiges Leid verhindern kann, wenn unserem Anliegen Gehör geschenkt wird, die Atombomben abgezogen und die Bundesregierung den Atomwaffenverbotsvertrag ratifiziert. Die Geschichte der gewaltfreien Bewegungen zeigt, dass sie langfristig fast doppelt so erfolgreich sind wie militärisches Eingreifen, weil sie lösungsorientiert arbeiten (Chenoweth & Stephan 2011).

Völkerrechtswidrigkeit von Atomwaffen/Verletzung von Verträgen

– Internationaler Gerichtshof Den Haag

Die Frage, ob der Einsatz von Atomwaffen mit dem humanitären Völkerrecht in Einklang steht, hat der Internationale Gerichtshof in Den Haag in seinem Gutachten vom 8. Juli 1996 geklärt und eindeutig festgestellt, dass sowohl die Androhung als auch der Einsatz von Atomwaffen »generell« und »grundsätzlich« völkerrechtswidrig sind, weil nicht zwischen Kombattanten und Zivilisten unterschieden wird, unnötiges Leid nicht vermieden werden kann und Auswirkungen auf neutrale Staaten nicht auszuschließen sind.

Die Bundesrepublik ist an den Vorrang des Völkerrechts gebunden. (GG Art. 25, Abs. 1) Verbunden werden muss dies mit dem Zusatzprotokoll I Art. 36, Abs. 3, und Art. 55 der Genfer Konvention, die langanhaltende und weitreichende Umweltschäden verbieten. Strahlenschäden sind nicht nur langanhaltend, sondern verändern sogar das Erbgut. Der IGH (Internationale Gerichtshof) bejaht die Anwendung des Umweltrechts parallel zum humanitären Völkerrecht und stützt sich dabei auf das Prinzip 24 der Rio-Deklaration, in der die Achtung des Völkerrechts auch in bewaffneten Konflikten gefordert wird.

– Verstoß gegen den Nichtverbreitungsvertrag

Die Bundesregierung hat den 1970 in Kraft getretenen NPT-Vertrag (Nichtverbreitungsvertrag) unterschrieben und sich als Nichtatomwaffenstaat verpflichtet, keine Atomwaffen oder die Verfügungsgewalt darüber unmittelbar oder mittelbar anzunehmen, sie selbst herzustellen oder anderswie zu erwerben (NPT Art. II). Durch die Bereitstellung des Militärgeländes in Büchel an die USA zur Stationierung von Atomwaffen verstößt die Bundesregierung (ebenso wie die USA) bereits gegen den NPT-Vertrag (Art. I und II).

– Verstoß gegen den Zwei-plus-Vier-Vertrag

Darüber hinaus trainieren deutsche Piloten der Luftwaffe im Rahmen der nuklearen Teilhabe den Einsatz von Atomwaffen. Sie sind eingebunden in die Planung der NATO einschließlich der Zielfestlegung. Im Falle eines Krieges würde die Verfügungsgewalt auf die deutschen Piloten übertragen werden. Damit verstößt die Bundesrepublik nicht nur gegen den NPT-Vertrag, sondern auch gegen den Zwei-plus-Vier-Vertrag, Art. 3, in welchem sie ausdrücklich auf Herstellung, Besitz und Verfügungsgewalt über Atomwaffen verzichtet und den Fortbestand des NPT-Vertrages für das vereinte Deutschland betont hat.

– Dienstvorschrift für Soldaten (Taschenkarte)

Würden die Piloten den Einsatzbefehl ausführen, machten sie sich strafbar, denn: Es ist ihnen verboten, atomare Waffen als Kampfmittel einzusetzen. Jeder einzelne von ihnen ist laut Grundgesetz Art. 25 Abs. 1 und laut Dienstvorschrift (Taschenkarte S. 3 und S. 5) »persönlich für die Einhaltung der Regeln des humanitären Völkerrechts verantwortlich«. »Seine Vorgesetzten dürfen Befehle nur unter Beachtung der Regeln des Völkerrechts erteilen.« Der Pilot müsste sich also weigern, den Befehl auszuführen.

– Verstoß gegen Art. 26, Abs. 1 Grundgesetz

Das tägliche systematische Training des Atombombenabwurfs kommt vor dem Hintergrund der NATO-Doktrin einer Drohung, sie einzusetzen, gleich, welches völkerrechtswidrig ist und zudem gegen die deutsche Verfassung verstößt (GG Art. 26, Abs. 1), die es untersagt, »das friedliche Zusammenleben der Völker zu stören, insbesondere die Führung eines Angriffskrieges vorzubereiten«.

Mein demonstrativer Protest war – auch wegen dieser Völkerrechtswidrigkeit – notwendig und durch das oben zitierte Brockdorf-Urteil gerechtfertigt, denn sowohl die Regierung als auch die Gerichte haben bisher nichts unternommen, um das völkerrechtswidrige Handeln im Rahmen der nuklearen Teilhabe zu stoppen.

Abgesehen vom Demonstrationsgrundrecht garantiert unsere Verfassung in Art. 20, Abs. 4 jedem Deutschen das Recht auf Widerstand gegen die, die es unternehmen, die verfassungsmäßige Grundordnung zu beseitigen, wenn andere Abhilfe nicht möglich ist. Die Missachtung der dort und im Zwei-plus-Vier-Vertrag verankerten Grundsätze sowie die Negierung des übergeordneten Völkerrechts und der Genfer Konvention höhlen die Verfassungsgrundsätze aus und tragen so letztlich zu ihrer Beseitigung bei. Dem sich zu widersetzen, verlangen auch die Nürnberger Prinzipien (Art. 1 und 7), denn auch die Mittäterschaft an »Verbrechen gegen den Frieden« und »gegen die Menschlichkeit« ist ein Völkerrechtsbruch und somit strafbar.

Zum strafrechtlichen Vorwurf

– Keine schwerwiegenden Straftaten
Vorgeworfen werden mir/uns Hausfriedensbruch und Sachbeschädigung. Beides sind keine schwerwiegenden Straftaten

und – was wichtig ist – es wurden diese ohne eine sozialschädliche Folge begangen.

– Abwägung mit dem Demonstrationsgrundrecht

Nicht umsonst habe ich ausführlich vorgetragen, warum diese Straftaten begangen wurden. Dadurch soll deutlich werden, dass bei einer Abwägung dieser Straftaten mit den Atombombengefahren und in Abwägung der Völkerrechtswidrigkeit dem Demonstrationsgrundrecht eindeutig der Vorrang zu geben ist.

– Einstellung des Verfahrens, besser: Freispruch

Ich beantrage daher Freispruch, zumindest aber, das Verfahren einzustellen. Es besteht kein öffentliches Interesse an einer Verurteilung, was sich daraus herleiten lässt, dass die Mehrheit der Deutschen für die Ächtung und den Abzug der Atomwaffen ist (s. o.). Mein Vergehen (meine »Schuld«) ist gering, denn ich habe, nachdem ich mich sorgfältig und umfassend über die Atombombengefahren informiert habe, die Gewissensentscheidung getroffen, mein Demonstrationsrecht vor Ort und deutlich wahrzunehmen.

Ich habe Angst. Ich habe Angst zu verbrennen. Zu viele Menschen sind schon durch menschliches Tun und Nichtstun verbrannt!

Ich fühle mich durch die Atomwaffen in meinem Recht auf Leben (GG Art. 2, Abs. 2) und in meiner Würde (GG Art. 1, Abs. 1) verletzt. Mein individuelles Recht auf Frieden, wie es die Generalversammlung der UN am 19. Dezember 2016 festgelegt hat, wird missachtet.

In Anbetracht dessen, dass die Bomberpiloten von Hiroshima und Nagasaki, General Paul Tibbets und Major Claude

Eatherly straffrei blieben und General Tibbets noch 2000 überzeugt war, »es wieder zu tun«, so in der *Emder Zeitung* vom 4. November 2000, appelliere ich auf Freispruch für mein Betreten des Militärgeländes.

Meine Kindheit ist geprägt von den Auswirkungen des Zweiten Weltkrieges. Die Frage, »Warum habt ihr nicht eingegriffen, als es noch Zeit war?«, quält mich und viele meiner Generation bis heute. Und so schließe ich mit einem Gedicht von Erich Fried (2006/1983).

> Was hast du damals getan
> was du nicht hättest tun sollen?
> »Nichts«
>
> Was hast du *nicht* getan
> was du hättest tun sollen?
> »Das und das
> dieses und jenes:
> Einiges«
>
> Warum hast du es nicht getan?
> »Weil ich Angst hatte«
> Warum hattest du Angst?
> »Weil ich nicht sterben wollte«
>
> Sind andere gestorben
> weil du nicht sterben wolltest?
> »Ich glaube
> ja«

Hast du noch etwas zu sagen
Zu dem was du nicht getan hast?
»Ja: Dich zu fragen
Was hättest du an meiner Stelle getan?«

Das weiß ich nicht
und ich kann über dich nicht richten.
Nur eines weiß ich:
Morgen wird keiner von uns
leben bleiben
wenn wir heute
wieder nichts tun

Literatur

Bebenroth, Marc (2019): NATO probt für Atomkrieg. In: Junge Welt. 19./20.10.2019.

Chenoweth, Erica; Stephan, Maria J. (2011): Why civil resistance works. The strategic logic of nonviolent conflict. New York.

Fried, Erich (2006) (Orig. 1983): Gespräch mit einem Überlebenden. In: Erich Fried. Gesammelte Werke (3). Verlag Klaus Wagenbach: Berlin.

Greenpeace (2019): Klare Haltung gegen Atomwaffen. www.greenpeace.de/themen/umwelt-gesellschaft/klare-haltung-gegen-atomwaffen [23.7.2020].

Trautvetter, Bernhard (2019): Friedensordnung statt atomarer Katastrophe. In: Ossietzky. Zweiwochenschrift für Politik, Kultur, Wirtschaft. Nr. 4/2019.

Hartmann, Ralph (2019): Manöveritis. In: Ossietzky. Zweiwochenschrift für Politik, Kultur, Wirtschaft (2019). Nr. 14/2019.

Jürgen Hoßbach

Einlassung vor dem Amtsgericht Cochem am 22. Januar 2020

Sehr geehrter Herr Zimmermann, sehr geehrter Herr Staatsanwalt, liebe Unterstützerinnen und Unterstützer!

Im Sommer vor zwei Jahren haben wir mit anderen das Gelände des Atomwaffenstandorts nahe Büchel betreten. Hier lagern zwanzig Atombomben der Vereinigten Staaten von Amerika. Zwanzig Atombomben, deren Lagerung und deren Einsatzpläne allein schon gegen deutsche Gesetze und gegen internationales Recht verstoßen. Zwanzig Atombomben, die das Potential haben, Millionen von Menschen zu töten. In einem Atomkrieg eingesetzt, um die Welt, wie wir sie kennen, in ein nukleares Todesland zu verwandeln.

Doch nicht die Politik mit ihren nuklearen Vernichtungsstrategien steht wegen ihrer anhaltenden Rechtsbeugung vor Gericht, es sind wir vier hier, weil uns zur Last gelegt wird, dass wir durch unser Go-in gegen geltendes Recht verstoßen hätten.

Wir sagen, dass wir allerdings ein Recht dazu hatten, dies zu tun, weil wir eine größere Gefahr für Leib und Leben abwenden wollen und weil den Atomwaffen offensichtlich anders nicht beizukommen ist.

Ich plädiere auf Freispruch für uns, in Anwendung des Paragrafen 34 StGB »Rechtfertigender Notstand«.

Das möchte ich erläutern: Um die Anwendung dieses Paragrafen zu verdeutlichen, wird manchmal das Beispiel vom brennenden Haus genutzt, bei dem die Tür ohne Zustimmung des Eigentümers aufgebrochen wird, um das Feuer zu löschen oder um ein Kind zu retten.

Gerne wird auch von Richtern in diesem Zusammenhang angeführt, dass mit einem Go-in die atomare Gefahr nicht beseitigt werden kann und deshalb der Paragraf 34 nicht angewendet werden könne.

Im Paragrafen 34 werden Bedingungen zu seiner Anwendung genannt. Auf zwei davon werde ich näher eingehen. Eine benennt, dass eine »gegenwärtige Gefahr« bestehen müsse. Die zweite spricht von »angemessenen Mitteln« zur Abwendung dieser Gefahr.

Zunächst zur gegenwärtigen Gefahr: Regelmäßig wird darauf hingewiesen, dass die Gefahr eines Atomkrieges nicht sehr groß sei. Dass die Abschreckung mit Atomwaffen uns seit 70 Jahren Frieden bringe.

Wir sehen das anders. Ein Atomkrieg ist eher wahrscheinlich. Die Wissenschaftler des *Bulletin of the Atomic Scientists* haben 2018 die Doomsday-Clock, die die Wahrscheinlichkeit eines Atomkriegs bewertet, auf zwei Minuten[1] vor Mitternacht gestellt. Der Sachverhalt der gegenwärtigen Gefahr ist aus wissenschaftlicher Sicht gegeben. Unseres Erachtens liegen die Gründe auf der Hand: Technisches und menschliches Versagen haben die Welt nicht erst einmal an den Rand eines nuklearen Abgrundes geführt. Charakterliche Schwächen staatlicher Führungspersonen und Konflikte zwischen regionalen Atommächten stellen eine permanente nukleare Gefahr für die gesamte Menschheit dar. Im letzten Jahr waren wir beispielsweise zum wiederholten Mal mit dem Auf-

---

[1] Seit Januar 2020 steht sie auf 100 Sekunden vor Mitternacht [Stand Januar 2021].

flackern des Dauerkonflikts der Atommächte Pakistan und Indien konfrontiert.

Präsident Trump schwadroniert öffentlich darüber, dass man die Atomwaffen auch einsetzen könne, wenn man sie schon mal hat. Er hat den Atomdeal mit dem Iran platzen lassen und der Iran intensiviert nun seine nuklearen Anstrengungen. Die Produktion und die Entwicklung von Atomwaffen hat seit 1945 unzählige Todesopfer weltweit gekostet. Vielleicht erinnern Sie sich noch an Michel Beleites, der in der DDR aufdeckte, welche Auswirkungen der Uranabbau für die sowjetische Atombombe mit sich brachte? Wir haben damals gesehen und gehört, wie der Uranabbau die Menschen in der DDR krank gemacht hat.

Auf unserem Friedensweg quer durch die USA haben wir Menschen kennengelernt, die unter dem Uranabbau in New Mexiko leiden, krank werden und sterben. In Büchel lernten wir von Mitstreiterinnen aus den USA, welche Folgen die Tritiumherstellung der Atomwaffenindustrie für die Menschen im Bundesstaat Georgia hat. Sie sind nicht selten tödlich.

Schon Ende 1996 haben 53 ehemalige Generäle und Admiräle aus verschiedenen Ländern eine gemeinsame Erklärung veröffentlicht, in der es heißt:

»Wir wissen, dass Kernwaffen – obwohl sie seit Hiroshima und Nagasaki nie mehr zum Einsatz kamen – eine offensichtliche und *stets gegenwärtige* Bedrohung des Überlebens der Menschheit darstellen.«

Die Gegenwärtigkeit ist also gegeben.

Nun zum Begriff des »angemessenen Mittels«: Im Paragraf 34 StGB heißt es auch, die aus rechtfertigendem Notstand heraus begangene Tat müsse ein »angemessenes Mittel« sein, um eine gegenwärtige Gefahr abzuwenden.

Wir stellen uns vor der Aktion die Frage, ob diese Aktion geeignet ist, die Gefahr einer nuklearen Auslöschung des Lebens auf der Erde abzuwehren. Wir sagen: »Nein, diese Aktion allein betrachtet nicht.« Denn im System der nuklearen Abschreckung und Gegenabschreckung stellen die B61-Atomwaffen, die in Büchel stationiert sind, nur einen kleinen Teil davon dar. Zurzeit sind zigtausende Atomwaffen unterschiedlicher Länder in Alarmbereitschaft.[2] Das System der nuklearen Abschreckung ist ein extrem vielschichtiger, aus vielen Aspekten gewachsener Komplex. Er wird bestimmt von den politischen Ausgangslagen, den Bündnissen und der technologischen Entwicklung. Seine Aspekte müssen an verschiedenen Orten durch unterschiedliche Mittel bedacht werden. Erst in der Gesamtschau des kompletten Systems und in der Gesamtschau der Reaktion darauf kann unsere Handlung beurteilt werden.

Ich möchte das am üblichen, oben schon angerissenen Beispiel des brennenden Hauses aufzeigen. Ich kann mit einem Wassereimer bewaffnet in ein Haus hineingehen, um ohne Rücksprache mit dem Eigentümer einen Brand zu löschen, weil der Zusammenhang übersichtlich und nicht komplex ist. Er ist in seinen zeitlichen und räumlichen Koordinaten überschaubar. Deshalb kann ich zeitlich und räumlich kongruent darauf reagieren. Er muss auch in seiner Intensität bewältigbar sein. Ist der Brand zu stark, muss ich ein anderes Mittel als einen Eimer Wasser wählen, um ihn zu bekämpfen. Ich muss mir Verbündete suchen, eventuell jemanden, der bereit ist, mehr Wassereimer zu besorgen. – Vielleicht auf illegalem Wege.

---

[2] Laut ICAN befinden sich derzeit 1800 Atomwaffen derzeit in Alarmbereitschaft.

Je größer und komplexer der Notstand sich darstellt, das heißt je größer die Ausdehnung in Zeit und Raum, je größer die Intensität der Gefahr und je mehr Beteiligte es gibt, desto komplexer muss eine Reaktion auf den Notstand ausfallen. Es reicht eben nicht aus, nur in ein Militärgelände zu gehen, Bilder mit Kreide zu malen, Lieder zu singen oder sich auf einen Bunker zu setzen. Aber: Es reicht genauso wenig, sich auf Gespräche, Eingaben und Demonstrationen zu beschränken.

Ein Beispiel: Würde ich bei den anhaltenden Busch- und Waldbränden in Australien[3] mit einem Eimer Wasser und einer Feuerpatsche anrücken, könnte ich die Feuer nicht löschen. Erst eine konzertierte Aktion von sehr unterschiedlichen Löschmethoden kann hoffentlich zum Erfolg führen. Aber obwohl der Ausgang offen ist, das heißt, niemand weiß, ob die Löschversuche, angefangen bei der Feuerpatsche bis hin zum Löschflugzeug, erfolgreich sein werden, würde niemand darauf verzichten wollen.

Ja, es wäre unverantwortlich, darauf zu verzichten.

Im konkreten Beispiel Australien hatte zwischenzeitlich eine Feuerwehr ein Gegenfeuer gelegt, um einen Brand einzudämmen, der Versuch scheiterte und ein neues Feuer entstand. Aber auch dieses Unterfangen hatte seine Berechtigung, und die Feuerwehrmänner, die dieses aus der Kontrolle geratene Gegenfeuer gelegt hatten, wurden nicht wegen Brandstiftung angeklagt, sondern ihr Löschversuch wurde als das bewertet, was er war: Eine Möglichkeit, Leben zu retten und Schaden einzudämmen.

Die Situation, die wir vorfinden, ist maximal komplex. Sie dehnt sich zeitlich seit siebzig Jahren und räumlich über den

---

3 Jürgen Hoßbach bezieht sich damit auf die Buschbrände in Australien im Sommer 2019, Anm. d. Hrsg.

ganzen Globus aus. Der eintretende Schaden für die Menschheit ist nicht kalkulierbar und hat bis jetzt schon Millionen von Menschenleben gekostet. Die Anzahl der beteiligten Personen und Institutionen ist unüberschaubar. Wenn in diesem Fall nicht alle Möglichkeiten des gewaltfreien Widerstands ausgeschöpft werden, wird der Notstand mit Sicherheit eintreten. Um dies zu verhindern, arbeiten wir mit vielen Verbündeten weltweit zusammen und erhielten dabei einerseits einen Friedensnobelpreis[4] (2017), den Aachener Friedenspreis (2019), und auf der anderen Seite und jenseits des Atlantiks langjährige Gefängnisstrafen. Wir alle vier, die wir heute hier in Cochem vor Gericht stehen, arbeiten schon seit vielen Jahren an der Abschaffung der Atomwaffen. Wir nutzen alle Mittel, von der Petition bis zum Go-in, *solange sie gewaltfrei sind.*

Es ist unsere Überzeugung,
– dass, wenn die Menschheit diese Waffen nicht abschafft, diese Waffen uns abschaffen werden;
– dass wir es mehr dem Glück als professionellem Verhalten zu verdanken haben, dass unsere Zivilisation noch nicht durch Atomwaffen ausgelöscht wurde;
– dass unsere Kinder nur eine Zukunft haben, wenn diese Massenvernichtungswaffen ausgerottet werden.

Ein Ort der Auseinandersetzung zur Frage, ob es gelingt, die Erde vor dem völligen Kollaps durch Atomwaffen zu bewahren, sind die politischen Institutionen, aber auch die Straße und dieser Gerichtssaal. Es ist nun an Ihnen, Herr Zimmermann, in dieser Auseinandersetzung Stellung zu beziehen.

---

4   Die Internationale Kampagne zur Abschaffung von Atomwaffen (ICAN – International Campaign to Abolish Nuclear Weapons) erhielt 2017 den Friedensnobelpreis, Anm. d. Hrsg.

Wir haben lange genug gewartet.

Wir vier engagieren uns seit vielen Jahren für die atomare Abrüstung. Wir wollen nicht resignieren und die Zukunft unserer Erde in die Hände anderer legen, denen wir hierbei nicht vertrauen können.

Wir haben das Reden und Warten satt. Das Demonstrieren und Warten. Das Wählen und Warten. Das Unterschriftensammeln und Warten.

Seit vielen Jahren setzen wir uns für eine atomwaffenfreie Welt ein.

Wir haben demonstriert und gewartet.

Wir haben gewählt und gewartet.

Wir haben Petitionen unterschrieben und verbreitet und gewartet.

Wir haben mit Politikern gesprochen und gewartet.

Wir haben im Außenministerium gesessen, gesprochen und gewartet.

Wir haben vor den Botschaften fast aller Nuklearmächte gesessen, blockiert und gewartet.

Wir sind gegen Atomtests quer durch die USA gelaufen und haben gewartet.

Wir haben Treffen besucht, Aktionen geplant und für Aktivist*innen gekocht und gespült und gewartet.

Wir haben Briefe geschrieben, Plakate gelayoutet und eine Zeitschrift redigiert.

Wir waren in Genf, in Bonn und Berlin und haben gewartet.

Wir waren in Bellersdorf, in Büchel und in Las Vegas und haben gewartet.

Wir haben mit Friedensfreundinnen das EUCOM geschlossen, den Zaun geöffnet, das Gelände umgepflügt und haben gewartet.

Wir waren in Polizeigewahrsam, im Holding Pen[5] und vor verschiedenen Gerichten und haben gewartet.
Wir sind über Zäune, unter Zäunen hindurch und durch Zäune geklettert. Wir haben Infoveranstaltungen besucht, geplant und dazu eingeladen.
Zwischenzeitlich wurden unsere Kinder geboren, eines ist gestorben, die anderen sind erwachsen geworden und immer noch warten wir auf eine atomwaffenfreie Welt. Eine Welt ohne Angst vor einem nuklearen Holocaust[6]. Eine Welt, in der auch unsere Kinder noch leben können.
Wir haben es satt zu warten und mit der Angst zu leben, dass die angehäuften Massenvernichtungswaffen unsere Zukunft und die Zukunft unserer Kinder aufs Spiel setzen.
Wir haben es satt zu warten und mit der Angst vor einem nuklearen Winter zu leben, einer Vernichtung unserer Zivilisation, ausgelöst durch radikale Politiker, die eine vermeintliche Nationalehre über das Wohlergehen der Weltbevölkerung stellen, durch das Ende einer Glückssträhne, die uns bisher vor einem nuklearen Krieg nicht wegen der Atombomben sondern trotz der Atombomben bewahrt hat, durch Cyberattacken, durch Staaten oder Terroristen, die einen Atomkrieg auslösen, um ihre schrägen Verschwörungstheorien endlich wahr werden lassen zu können.
Wir haben es satt, darauf zu warten, dass die Produktion und Erneuerung von Atomwaffen täglich neue Todesopfer fordert.

---

5   Holding Pen (to hold/festhalten, pen/Pferch) ist eine Art von Menschenkäfig im Atomtestgelände in Nevada, wohin Demonstrant*innen vom Sicherheitspersonal gesperrt werden, die die Grenzlinie ins Atomtestgebiet überschreiten, bis sie der Polizei überstellt werden.
6   Siehe zur Problematik des Begriffs Anmerkung 1 auf Seite 8.

Menschen, die mit ihrem Leben für unsere vermeintliche Sicherheit bezahlen.
Heute ist wieder eine Gelegenheit mit dem Warten aufzuhören. Einen Schritt in die richtige Richtung zu gehen. Hin zu einer atomwaffenfreien Welt. Herr Zimmermann, Sie können uns weiter warten lassen. Sie können heute auch diesen Schritt tun. Indem Sie anerkennen, dass die Lagerung von und die Drohung mit Atomwaffen gegen das Völkerrecht verstoßen und dass dieser unhaltbare Rechtszustand vor höheren Rechtsinstanzen geklärt werden muss.

Margriet Bos

Statement vor dem Amtsgericht Cochem am 10. Juni 2020

Ich habe Ihnen bereits ein wenig über mich selbst erzählt.
Ich bin keine besondere Person.
Ich bin nur ein Mensch.
Mir gehört die Wahrheit nicht.
Ich kann nicht sagen, ob ich in ein paar Jahren wieder dasselbe tun würde.
Ich bereue es nicht, den Luftwaffenstützpunkt betreten zu haben, weil ich gehofft hatte, ein Hindernis für einen Ort zu sein, an dem Tod und Zerstörung vorbereitet werden.
Das war der richtige Schritt für mich.
Ich handelte nach meinem Gewissen und meiner Überzeugung und hatte die Absicht, das Richtige zu tun, und ich handelte gewaltfrei.

In den letzten Jahren bin ich immer mehr davon überzeugt, dass alles Leben auf der Erde miteinander verbunden ist. Alle Menschen bilden nicht nur eine große Menschenfamilie, sondern wir sind mit der Natur auf die gleiche intime Weise verbunden. Auch wenn die Lebenswelt gut ohne Menschen auskommt, ist es umgekehrt sicher nicht möglich. (Obwohl die menschliche Spezies die einzige ist, die sich dessen kaum bewusst zu sein scheint.) In der Tat wären die Wälder, Ozeane und Flüsse ohne uns wahrscheinlich nicht in einem so schrecklichen Zustand.

Der Zusammenhang ergibt sich meiner Meinung nach aus der Tatsache, dass wir alle die gleiche Schöpferin haben, welche Schönheit und Freude aus einer unendlichen Liebe heraus erschafft und genießt.

Ich kann mir vorstellen, dass ich an diesem Punkt anders bin als viele andere Menschen. Für mich ist dies ein zentraler Punkt in meinem Leben und in meinem Handeln, deshalb spreche ich darüber.

Daraus ergibt sich auch, dass mir scheint, dass nur die Liebe uns vorwärtsbringen kann.

Liebe gibt Raum. Liebe zelebriert Vielfalt. Und daraus folgt, dass kein Mensch das Recht hat, einen anderen Menschen, seine Schwester oder seinen Bruder, wer auch immer dieser Mensch sein mag, zu töten oder zu bedrohen.

Und die Planung, Menschen zu töten, ist genau das, was auf dem Luftwaffenstützpunkt Büchel passiert, und deshalb habe ich versucht, den normalen Ablauf der Ereignisse dort zu stören und auf diesen aufmerksam zu machen. Die Herstellung, Vorbereitung, Drohung oder der Einsatz von Atomwaffen widerspricht in jeder Hinsicht der Macht der Liebe, aus der und für die wir als Menschen geschaffen wurden.

Erlauben Sie mir, das Problem mit den Atomwaffen kurz zu erläutern. Bei der Herstellung von Atomwaffen wird über Leichen gegangen, um Rohstoffe zu gewinnen. Menschen wird ihr Land enteignet und ihre heiligen Stätten werden entehrt, Trinkwasser wird stark verschmutzt, was die Menschen krank macht und die Ökosysteme stört. Bereits in der ersten Phase des Baus dieser unmoralischen Waffen werden Tod und Zerstörung gesät. In den Fabriken, in denen Atombomben gebaut werden, ist die Zahl der kranken Arbeiter außerordentlich hoch. Die Arbeit mit den Rohstoffen und deren Verarbeitung verdirbt

Natur *und* Menschheit, noch bevor die Waffen fertig sind und als Waffen eingesetzt werden. Die Bedrohung, die als wichtigstes Mittel der Atomwaffen genannt wird, sät Angst und Misstrauen und baut Mauern zwischen den Menschen auf. Sie ist ein Haupthindernis für die Lösung von Konflikten ohne Gewalt oder ohne die Androhung von Gewalt. Sie übt ständigen Druck auf die internationalen Beziehungen aus. Schließlich ist da noch der tatsächliche Einsatz von Atombomben. Atombomben sind eine Waffe, die keinen Unterschied zwischen Militär und Zivilist*innen macht. Jede*r und alles wird mit einem Schlag getroffen. Und danach folgen für Jahrzehnte kleinere große Wellen der Zerstörung.

Am 6. August 1945 sah die Welt die Zerstörungskraft der Atombomben. Hilfe ist praktisch unmöglich, obwohl sie wegen des Ausmaßes der Zerstörung unverzichtbar wäre. In Hiroshima und Nagasaki sind auch heute noch, 75 Jahre später, die Auswirkungen der Atomangriffe zu spüren. Nach Angaben des Roten Kreuzes kämpfen noch immer 390 000 Menschen täglich mit den Folgen der nuklearen Angriffe auf Japan.

Die Atombomben, die in Büchel lagern, übertreffen die Sprengkraft der Bomben, die auf Japan fielen, um ein Vielfaches. Ganz zu schweigen von den unzähligen Versuchen und Atomtests, bei denen auch Strahlung mit ihrer krankmachenden Wirkung und Zerstörung entstand und Menschen starben. Darüber hinaus beeinträchtigt jede freigesetzte Strahlung Ökosysteme und Menschen für lange Zeit.

Eine Kette des Todes. Nichts als der Tod.

Die unglaubliche Menge an Geld, die in die Entwicklung, Herstellung und Unterhaltung von Atomwaffen investiert wird, wird von Dingen genommen, die uns Menschen zugute kommen.

Wie viel einfacher wäre der Weg zu einem nachhaltigen, gewaltfreien Frieden, wenn wir all diese Ressourcen der Diplomatie, der Pflege um Beziehungen und Frieden, der Lehre von gewaltfreier Kommunikation und einer gerechteren Verteilung der Güter, die wir von dieser Erde erhalten, widmen würden?

Diese Massenvernichtungswaffen sind zu groß für uns Menschen. Sie passen nicht zu uns. Wir können die katastrophalen Folgen nicht übersehen. Keine*r von uns, auch nicht die führenden Politiker*innen der Welt, die sie derzeit kontrollieren. Sie sind unmenschlich, unkontrollierbar, unmoralisch und illegal, nach menschlichem und göttlichem Recht.

Obwohl Sie, Richter Zimmermann, es schon mehrmals gehört haben und dies nicht das letzte Mal sein wird, möchte ich hier der Vollständigkeit halber erwähnen, dass der Internationale Atomwaffensperrvertrag von 1968 durch die Anwesenheit von Atombomben auf dem Luftwaffenstützpunkt Büchel verletzt wird. Nach diesem Vertrag dürfen die USA keine Atomwaffen an Deutschland weitergeben (Art. II) und Deutschland darf keine Atomwaffen von den USA stationieren (Art. I).

Die Genfer Konventionen verbieten wahllose Angriffe auf Nicht-Kombattanten, Angriffe auf neutrale Staaten und Schäden an der Umwelt, die länger als der Konflikt andauern. Das Haager Friedensabkommen verbietet jegliche Verwendung von Gift oder Giftwaffen. Sowohl Deutschland als auch die USA sind Teil all dieser Verträge.

Schließlich wird das humanitäre Kriegsrecht in vielerlei Hinsicht verletzt, wenn der Einsatz von Atomwaffen in Betracht gezogen wird. Denken Sie nur an das Prinzip der militärischen Notwendigkeit und Menschlichkeit, an das Prinzip der Zweckdifferenzierung, der Verhältnismäßigkeit, des humanitären Zugangs und der weitreichenden, langfristigen und schwerwiegenden Schädigung der natürlichen Umwelt.

Weil Atomwaffen nicht eingesetzt werden können, ohne diese verbindlichen Internationalen Verträge zu verletzen, und, was noch wichtiger ist, *weil* sie das tiefste Wesen von uns als Menschheit verletzen; und *weil* Deutschland und die USA auf dem Luftwaffenstützpunkt Büchel einen Krieg mit Atomwaffen vorbereiten und planen, der gegen internationale Verträge verstoßen würde; und *weil* die Charta und die Grundsätze von Nürnberg dies verbieten und jede*n dafür verantwortlich machen, einzugreifen, wenn Kriegsverbrechen geplant werden, auch wenn dies von Regierungen geschieht, *deshalb* glaube ich, dass bei diesem illegalen Verhalten auf dem Flugplatz Büchel meine Handlungen kein ziviler Ungehorsam waren, sondern meine bürgerliche Pflicht, eine gesetzliche Verpflichtung und ein Versuch, Verbrechen zu verhindern.

Ich möchte zu der Liebe zurückkehren, von der ich vorhin gesprochen habe und die für mich führend ist.

Diese Liebe führte auch dazu, dass ich am 15. Juli 2018 so handelte, dass niemand verletzt wurde.

Jemand, der mir in der Macht und Reichweite der Liebe ein Vorbild ist, ist Jesus Christus. Ein Mensch, der für seine Worte und Taten gewaltfreier Liebe von den staatlichen und religiösen Autoritäten seiner Zeit verurteilt und hingerichtet wurde. Was er tat, tat er nicht, um zivilen Ungehorsam zu üben, sondern weil er dem Gott der gewaltfreien Liebe, der Gerechtigkeit und des Friedens gehorsam blieb. – Ungeachtet der Konsequenzen für ihn persönlich.

Er inspirierte Millionen von Menschen, darunter zum Beispiel Dorothy Day, Mahatma Gandhi und Martin Luther King Jr.; Menschen, die – wie ich – keine klare Patentlösung, aber eine Vision davon haben, welchen Weg es geben kann, wenn wir einer Welt näher kommen wollen, in der Mensch und Natur in Frieden leben können. Ich wage es nicht, mich mit ihnen zu vergleichen, aber ich versuche, ihren Beispielen gerecht zu werden.

Es ist einfach (aber nicht unbedingt leicht!): ob wir uns für mehr Liebe, Frieden und Gerechtigkeit entscheiden oder nicht. Jeder Schritt, den wir unternehmen, führt uns in eine bestimmte Richtung.

Wenn sich später herausstellt, dass ich diesen Schritt nicht hätte tun sollen, hoffe ich, dass ich den Mut habe, meinen Kurs zu ändern. Auf die gleiche Weise muss jeder Mensch diese Entscheidung treffen. Wir alle haben unsere Rollen zu spielen. Und Sie werden nachher über mich, über uns entscheiden.

Ich habe nicht viel Macht und Einfluss. Aber ich habe mehr Privilegien und Freiheiten als viele andere, und ich versuche, sie zu nutzen, zum Beispiel für die Natur, die keinen rechtlichen Status hat, sondern ein gnadenloses Opfer der Existenz von Atomwaffen ist.

Macht ist sehr heikel. Sie verändert einen, bevor man es merkt. Es ist schwer, ihr zu widerstehen.

Und der Verzicht auf Macht ist noch schwieriger. Das ist sehr verständlich. Das Machtgleichgewicht in der Welt ist verzerrt. Auf jeder Ebene, auf der wir Menschen miteinander in Beziehung stehen. Aber ich bin mit dem Status quo nicht einverstanden und weigere mich, ihn zu akzeptieren.

Kein Staat hat das Recht, den Rest der Welt mit einer so großen Bedrohung einzuschüchtern wie mit einer Atombombe, Supermacht hin oder her. Und niemand hat das Recht zur Zusammenarbeit mit solchen Staaten.

Ich bin nur ein Mensch, und ich habe nicht viel Macht. Aber ich glaube, dass meine Handlungen und die Handlungen eines jeden Menschen große Auswirkungen haben können. Das ist ein weiterer Grund, warum ich den Flugplatz Büchel betreten habe. In der Hoffnung, die Aufmerksamkeit auf das Leid zu lenken, das dort vorbereitet wird. Und ich kann nicht schweigen, solange ich glaube, dass die Dinge anders gemacht werden können. Deshalb war ich auf dem Flugplatz Büchel, und deshalb habe ich Sie gebeten, mich heute zu hören. Weil ich hoffe, dass wir es als Menschen anders machen können. Dass eine Welt ohne Atomwaffen und ohne Gewalt möglich ist.

Und wenn ich, aus welchen Gründen auch immer, keinen Erfolg habe, werden andere meinen Platz einnehmen. Denn wir sind dazu geschaffen, in Frieden zusammenzuleben. Ohne die Androhung von Gewalt. Um gemeinsam all das Gute zu genießen, das es auf dieser Erde gibt.

Ich habe nicht die Absicht, gegen Ihre Entscheidung Berufung einzulegen. Obwohl ich sehr froh bin, dass andere ihr Bestes tun, um alle rechtlichen Wege zur Gerechtigkeit zu beschreiten. Sollten Sie sich entschließen, mich zu verurteilen, werde ich es vorziehen, die Geldstrafe nicht zu zahlen. Mir ist klar, dass es einfach ist, meinen Fall nur aus der regionalen Perspektive zu betrachten. Nur mit den Fakten vor Augen. Dass Sie sagen werden: »Was auf dieser Grundlage geschieht oder nicht geschieht, spielt keine Rolle, Sie hatten kein Recht, dort zu sein.«

Was mich betrifft, ist die Perspektive global und universell. Was ich tun darf – versuchen, Böses zu verhindern, ohne jemand anderen zu verletzen –, sollte jede*r tun dürfen, und was ich nicht tun darf – ein Menschenleben bedrohen –, sollte niemand tun dürfen.

Ich bin dankbar, dass Sie mir heute zugehört haben.
Und ich wünsche Ihnen Frieden und alles Gute.

Christiane Danowski

Einlassung vor dem Amtsgericht Cochem am 11. Mai 2020

Verehrtes Gericht, sehr geehrter Richter Zimmermann, sehr geehrter Herr Staatsanwalt, mir wird nach dem von der Staatsanwaltschaft ermittelten Sachverhalt Hausfriedensbruch zur Last gelegt, da ich am 15. Juli 2018 in ein befriedetes Besitztum widerrechtlich eingedrungen bin.

Ich bestreite nicht, auf das Gelände des NATO-Flugplatzes Büchel am genannten Tag eingedrungen zu sein. Ich bestreite aber den Tatvorwurf, dies widerrechtlich getan zu haben und berufe mich dabei auf den Paragraf 34 StGB »Rechtfertigender Notstand«:

»(1) Wer in einer gegenwärtigen, nicht anders abwendbaren Gefahr für Leben, Leib, Freiheit, Ehre, Eigentum oder ein anderes Rechtsgut eine Tat begeht, um die Gefahr von sich oder einem anderen abzuwenden, handelt nicht rechtswidrig, wenn bei Abwägung der widerstreitenden Interessen, namentlich der betroffenen Rechtsgüter und des Grades der ihnen drohenden Gefahren, das geschützte Interesse das beeinträchtigte wesentlich überwiegt.

(2) Dies gilt jedoch nur, soweit die Tat ein angemessenes Mittel ist, die Gefahr abzuwenden.«

Ich denke, es ist eine unbestreitbare Tatsache, dass dort auf besagtem Gelände US-amerikanische Atomwaffen des Typ B61 lagern. Ich denke, es ist eine unbestreitbare Tatsache, dass diese Lagerung solcher Atomwaffen gegen internationales Recht verstößt. Die Fakten dazu sind dem Gericht in mehreren Verfahren aufgezeigt worden, aber ich werde sie hier noch einmal in Auszügen aufzählen:

– Non-Proliferation Treaty 1968 (Artikel 2)
»Jeder Nichtkernwaffenstaat, der Vertragspartei ist, verpflichtet sich, Kernwaffen oder sonstige Kernsprengkörper oder die Verfügungsgewalt darüber von niemandem unmittelbar oder mittelbar anzunehmen, Kernwaffen oder sonstige Kernsprengkörper weder herzustellen noch sonst wie zu erwerben und keine Unterstützung zur Herstellung von Kernwaffen oder sonstigen Kernsprengkörpern zu suchen oder anzunehmen.«

Deutschland gehört zu den Nichtkernwaffenstaaten, lagert aber US-amerikanische Atomwaffen auf bundesdeutschem Gebiet. Die Bundesrepublik handelt rechtswidrig.

– Zwei-plus-Vier-Vertrag 1990:
Am 12. September 1990 schlossen die beiden deutschen Staaten mit Russland, England, Frankreich und den USA den Zwei-plus-Vier-Vertrag, der in Artikel 3 wie folgt lautet:
»(1) Die Regierungen der Bundesrepublik Deutschland und der Deutschen Demokratischen Republik bekräftigen ihren Verzicht auf Herstellung und Besitz von und auf Verfügungsgewalt über atomare, biologische und chemische Waffen. Sie erklären, daß auch das vereinte Deutschland sich an diese Verpflichtungen halten wird. Insbesondere gelten die Rechte und Verpflichtungen aus dem Vertrag über die Nichtverbreitung von Kernwaffen vom 1. Juli 1968 für das vereinte Deutschland fort.«

Auf dem NATO-Stützpunkt in Büchel übt die Deutsche Bundeswehr Verfügungsgewalt über die dort gelagerten Atombomben aus. Die Bundesrepublik handelt rechtswidrig.

– Urteil des Internationalen Gerichtshofes Den Haag 1996
In seinem Richterspruch im Juli 1996 hat der Internationale Gerichtshof in Den Haag festgestellt, dass die Androhung und der Gebrauch von Atomwaffen generell gegen die Regeln des für bewaffnete Konflikte geltenden Völkerrechts verstoßen würden, im Besonderen gegen die Prinzipien und Regeln des sogenannten humanitären Völkerrechts. Denn bei einem Einsatz von Atomwaffen würden die folgenden Regeln des sogenannten humanitären (Kriegs-)Völkerrechts gelten und zu beachten sein, die aber aufgrund der spezifischen Eigenschaften von Nuklearwaffen nicht eingehalten werden könnten: 1.) Jeder Einsatz von Waffen muss zwischen kämpfender Truppe (Kombattanten) und der Zivilbevölkerung unterscheiden; 2.) unnötiges Leid muss vermieden werden; 3.) unbeteiligte und neutrale Staaten dürfen nicht in Mitleidenschaft gezogen werden.

Anzuwenden ist der Richterspruch auf die Bundesrepublik Deutschland durch Artikel 25 Grundgesetz:
»1. Die allgemeinen Regeln des Völkerrechtes sind Bestandteil des Bundesrechtes. 2. Sie gehen den Gesetzen vor und erzeugen Rechte und Pflichten unmittelbar für die Bewohner des Bundesgebietes.«

Die Stationierung von Atomwaffen auf deutschem Gebiet ist eine Androhung, die Verfügungsgewalt bundesdeutscher Soldaten ein möglicher Gebrauch. Die Bundesrepublik handelt rechtswidrig.

Ich sage noch einmal: Nicht ich, nicht wir, die wir hier angeklagt sind, habe/n widerrechtlich gehandelt. Die Bundesrepublik handelt täglich rechtswidrig!

Wenn ich nun für meine Tat den Paragrafen 34 StGB heranziehe, dann muss ich hier auch gestehen: Das war mir zum Zeitpunkt meiner Tat nicht bewusst. Vielmehr war mir bewusst: Die Tatsache, dass auf bundesdeutschem Gebiet atomare Waffen nicht nur lagern, sondern auch für einen möglichen Einsatz aktiv gehalten werden, schockiert und ängstigt mich. Als Bürgerin dieses Landes und als Mensch fühle ich mich durch diese Atomwaffen bedroht. Sie sind eine Gefahr für Leib und Leben. Das gewaltfreie Eindringen in dieses Gebiet ist ein Versuch meinerseits, meinen Anteil zum Abschaffen dieser Waffen und damit zur Beseitigung der angstauslösenden Bedrohung zu leisten. Ich bin durchaus der Ansicht, dass mein gewaltfreies Handeln und die damit verbundene Sachbeschädigung ein im Sinne des Paragrafen 34 GG angemessenes Mittel ist, die Gefahr abzuwenden.

Ich bin Christin und Mutter. Und ich bin Bürgerin der Bundesrepublik Deutschland. Als Christin bin ich aufgerufen, zu lieben und zu handeln in der Liebe und in der Bewahrung der Schöpfung. Als Mitglied der gewaltfreien Catholic-Worker-Bewegung lebe ich meinen christlichen Glauben aus, indem ich mich seit langer Zeit für den Frieden einsetze. Als Mutter habe ich Verantwortung für meinen Sohn und dafür, eine Welt zu gestalten, in welcher auch mein Sohn als nachfolgende Generation leben kann. Viele Tränen habe ich schon geweint aus Verzweiflung und Angst darüber, was anderen Menschen gewaltvoll angetan wird.

Im Mai letzten Jahres habe ich gemeinsam mit Susan van der Hijden, die hier neben mir sitzt, eine Reise in die USA unternommen, um vor Ort gegen die Aufrüstung eben jener Atombomben zu demonstrieren, die hier auf dem NATO-Flugplatz Büchel lagern. In Kansas City, Missouri habe ich am 27. Mai 2019 ebenfalls in einer gewaltfreien Aktion zivilen Ungehorsams gemeinsam mit vielen anderen Menschen versucht, auf die tödlichen Auswirkungen bei der Herstellung und Lagerung dieser Waffen aufmerksam zu machen. Auch dort bin ich verhaftet worden.

Mir ist natürlich bewusst, dass ich als einzelner Mensch keine Macht habe, diese in Büchel lagernden US-amerikanischen Atomwaffen wirklich abzuschaffen. Mit ist natürlich auch bewusst, dass es – falsche – Gesetze gibt, die mich davon abhalten wollen, dies wirklich zu tun.

Und trotzdem möchte ich mit meinem Eindringen auf das NATO-Gelände in Büchel, auf welchem die Atomwaffen immer noch widerrechtlich gelagert werden, meinen Anteil zum Abschaffen der Atomwaffen leisten. Gemeinsam, nicht allein, friedvoll, ohne Gewalt trete ich für die Abschaffung aller Atomwaffen und ein friedliches Miteinander der Völker ein.

Weil dies meine Überzeugung ist als Christin und Mutter.

Sigrid Eckert-Hoßbach

Einlassung vor dem Amtsgericht Cochem am 22. Januar 2020

Sehr geehrter Herr Richter Zimmermann, sehr geehrter Herr Staatsanwalt, liebe Zuhörerinnen und Zuhörer!

Ja, ich habe gemeinsam mit anderen Menschen am 15. Juli 2018 den »Militärischen Sicherheitsbereich« in Büchel betreten. Unserem Verständnis nach ist das Geländes des Fliegerhorstes in Büchel kein Sicherheitsbereich, sondern ein Gelände, das die gesamte Umgebung in der Gemarkung Ulmen in sehr große Gefahr bringt.

Das Bundesland Rheinland-Pfalz, die Bundesrepublik Deutschland, Europa und unsere gesamte Erde sind durch die nukleare Bewaffnung der Vereinigten Staaten und der weiteren Atommächte bedroht, von einem Atomkrieg bis zur Unkenntlichkeit zerstört zu werden. Auch der schnelle und qualvolle Tod unserer Familien, unserer Kinder, unserer Partner, unserer Freundinnen, Freunde und Mitbürgerinnen sind nicht auszuschließen.

Die ca. zwanzig US-Atombomben im Fliegerhorst Büchel sind – jede einzelne – um ein Vielfaches verheerender als die beiden Atombomben, die 1945 über Hiroshima und Nagasaki abgeworfen wurden. Ganz zu schweigen von den 13 900 amerikanischen, russischen, chinesischen, britischen, französischen, indischen, pakistanischen, nordkoreanischen und israelischen Atombomben (SIPRI 2019). Die US-Atombomben in Büchel sollen nach der militärischen Planung bis 2027 modernisiert werden, das heißt, sie sollen zielgenauer werden, um bei einem Abschuss direkt steuerbar in das gewünschte Ziel geschickt werden zu können.

Wie Sie sicher wissen, haben die Bomben in Büchel eine Erstschlagsoption, die zurückschlagenden Flugkörper sind allerdings – auch heute – bereits vorprogrammiert.

Bevor eine der Bomben aus Büchel ihr Ziel erreichen könnte, wäre die Antwort schon auf dem Weg – nach Rheinland-Pfalz, nach Deutschland, nach Europa … die gesamte Erde betreffend.

Deutschland hat sich im Atomwaffensperrvertrag vom 8. Juli 1970 verpflichtet, Atomwaffen und auch die Verfügungsgewalt darüber von niemandem anzunehmen (Auswärtiges Amt 2000). Der Internationale Gerichtshof in Den Haag hat am 8. Juli 1996 die Androhung des Einsatzes und den Einsatz von Atomwaffen für völkerrechtswidrig erklärt (Atomwaffen A–Z 2012). Alle Fraktionen des Bundestages haben am 26. März 2010 für die baldige Abrüstung der Atomwaffen auf deutschem Boden gestimmt (Deutscher Bundestag 2010). Das ist inzwischen beinahe zehn Jahre her. Mit der nuklearen Teilhabe Deutschlands werden diese Verpflichtungen gebrochen. Am 7. Juli 2017 stimmten 122 Staaten einem UN-Atomwaffen-Verbotsvertrag zu – Deutschland als Mitglied der NATO gehört bis heute nicht dazu.

Genau diese modernisierten Atombomben sind es, die einen Atomkrieg führbarer machen.

Milliarden sind dafür veranschlagt und wurden bereits ausgegeben, während überall auf der Erde die Mittel fehlen, für Menschen in der Region, im Land, auf unserem Kontinent und in vielen anderen Teilen unserer Welt.

Bis zum 2. August 2019 galt der INF-Vertrag als einer der bedeutendsten Abrüstungsverträge weltweit. Nach dem Willen der USA und Russlands wurde er im Herbst 2019 gekündigt. Nun steht der Welt und uns allen ein weiteres Wettrüsten bevor.

In Deutschland leben wir in einem reichen Land, trotz eines hohen Prozentsatzes an Kinderarmut und großer Armut der Alten. Aktuell schreitet die Zerstörung der Biosphäre ungebremst voran. Alle reichen Staaten müssen endlich erkennen, dass ihre Lebensweise das Leben aller Menschen, Pflanzen und Tiere auf unserer Mutter Erde massiv gefährdet!

Wir bewegen uns an einem Wendepunkt der Menschheitsgeschichte. Die Ökosysteme werden zerstört, das Klimasystem droht zusammenzubrechen. Schützen wir in dieser Zeit nicht die Rechte anderer Menschen, Tiere und Pflanzen, gefährden wir unsere eigenen.

Feuer brennen in Portugal, Spanien, Frankreich, Italien, Griechenland, Schweden, in der Arktis, in Sibirien, Kanada, Kalifornien, am Amazonas, in Brasilien, Indonesien und in Australien. Gletscher und Permafrostböden tauen auf, der Meeresspiegel steigt an. Millionen von Tieren und Pflanzen sterben.

Menschen versuchen, ihren Ökologischen Fußabdruck geringer ausfallen zu lassen, Wissenschaft und sogar die Industrie versuchen, die Grenzen unserer Zivilisation an den Grenzen der Erdatmosphäre zu orientieren. Kinder haben begonnen, auf die Straßen zu gehen und zu demonstrieren, um als eine der letzten Generationen ihren Lebensraum noch erhalten zu können. Das Europäische Parlament hat Ende November 2019 den Klimanotstand ausgerufen und die EU-Kommission kündigt Billionen-Ausgaben an (BR24 2020), um das Klima noch retten zu können.

Gleichzeitig jagt ein einzelner Tornado 25 Tonnen CO_2 (Cüppers 2020: 24) in die Luft, während er eine Stunde lang eingesetzt ist, um zu trainieren, US-Atombomben aus Büchel auf Menschen, Pflanzen, Tiere und die Erde abzuwerfen. Wie sollen oder wollen wir verantworten, dass die Klimaerwärmung nicht beherrscht werden wird, dass Heimat von Menschen, Tieren und Pflanzen verloren geht, im Meer versinkt, dass der Boden keine Ernte mehr bringen kann? Das Ende unserer Zivilisation ist zu einer Möglichkeit geworden. Wir setzen heute die Zukunft unserer Nachkommen aufs Spiel. Wie wollen wir verantworten, dass tausende Menschen den Hungertod sterben müssen, dass andere in Not auf der Flucht nicht von uns aufgenommen werden wie Schwestern und Brüder?

Warum soll kein Geld da sein, um die großen Probleme unserer Zeit anzupacken, was wollen wir unseren Nachkommen erzählen, wenn sie uns danach fragen? Von nichts gewusst? Nicht gekonnt? Nicht gewollt? Weswegen denn? Wegen Donald Trumps Machtgehabe um den großen Knopf, den er jederzeit drücken kann, weil die *anderen* so böse waren, weil wir nicht den Mut hatten, unseren Mund aufzumachen?

Ein paar Sprühkreidemalereien werden zur Sachbeschädigung. Der nächste Regenschauer kommt und unsere Kunst löst sich von selbst wieder auf.

Ich finde es tatsächlich lächerlich, dass wir der Sachbeschädigung bezichtigt werden, während im Boden ca. zwanzig Atombomben darauf warten, die Welt radioaktiv zu verseuchen und unser aller Lebensraum für sehr lange Zeit lebensunwert zu machen, ungezählte Leben zu töten, einer Qual bis zu ihrem Tod zu unterziehen.

Von unseren Steuergeldern wird hier in Büchel Krieg vorbereitet. Hunderttausendfacher Tod wird hier gelagert. Der Tod von kleinen Kindern und Menschen jeden Alters, von Gesunden und Kranken. Es geht hier um das Leben und Überleben vieler, vielleicht sogar aller!

Das Dorf meiner Vorfahren Beilstein im ehemaligen Dillkreis wurde in der Nacht des 15. Juli 1933 von der SA umstellt, Türen und Fenster wurden eingeschlagen. Weil Beilstein ein SPD-Dorf war, wurden möglicherweise versteckte Waffen gegen die nationalsozialistische Regierung gesucht. In dieser Nacht wurden die Männer aufs Feld geführt, um sie mit Scheinerschießungen einzuschüchtern. Einer schwangere Frau wurde so in den Bauch getreten, dass sie zwei Wochen später mit ihrem ungeborenen Kind qualvoll daran starb.

In dieser Nacht wurden der Bürgermeister und zwei Männer aus dem Gemeinderat mitgenommen und nach Wetzlar gebracht. Auf dem Weg dorthin wurden die Männer mehrfach an Bäumen aufgeknüpft. Kaum noch am Leben, wurden sie abgehängt und weiter gezwungen zu gehen und danach wochenlang eingesperrt.

Mein Urgroßvater Bruno Hüser wurde im KZ Mauthausen in Österreich umgebracht. Ernst Eckert, der Bruder meines Großvaters, weigerte sich als Herborner Krankenpfleger, sich nach Hadamar versetzen zu lassen, um dort bei der Euthanasie mitzuwirken. Er musste deshalb seinen Tod an der Front des Zweiten Weltkriegs sterben. Angesichts dessen will ich kein Recht haben stillzuschweigen, nicht zu widerstehen, während hier in Deutschland der Massenmord eingeübt, vorbereitet und bezahlt werden soll. Es kann nicht sein, dass gebildete, denkende Menschen das zulassen können, aus Deutschland heraus.

Noch einmal?

Natürlich ist es verständlich, dass Menschen einen Arbeitsplatz brauchen, eine Region braucht Infrastruktur, allerdings hat Deutschland derzeit Geld und sogar Verstand genug, es auch vernünftig einzusetzen. Allerdings nicht für die Vorbereitung und Planung des Todes von Massen, die wir niemals vorher getroffen haben und nicht für die Verseuchung des gesamten Planeten, der uns Nahrung, Schutz und Schönheit schenkt.

Wer hat heute ein Interesse daran, oder verdient daran, dass dringend benötigtes Geld zum Fenster hinausgeschmissen wird? Wer hat Interesse, dass tausende Menschen sterben? Wer hat Profit davon, dass die Biodiversität sich zunehmend verändert und auf diesem Weg zum Erliegen kommen wird? Gibt es eine oder einen, die oder der Verantwortung übernimmt für Verhungernde, Verdurstende, Ertrunkene und für das Ende unseres Lebensraums Erde?

Es geht hier um das Leben und Überleben vieler, vielleicht sogar aller.

Ich bin eine Erzieherin mit 60 Prozent Stellenanteil in der Gruppenleitung unserer Familiengruppe. Was nehme ich mir denn heraus, über solch große Fragen und Entscheidungen unserer Zeit zu urteilen, eine Meinung mit meiner Macht als körperbehinderte Frau und MS-Erkrankte zu vertreten?

1992 sind wir mit einer Gruppe der Europäischen Friedensbewegung, die von Florida bis nach Nevada zum Atombombentestgelände gewandert ist, auf dem Weg gewesen. Wir sahen Orte an denen Uran abgebaut, Uran verarbeitet, Atombomben gebaut, getestet und Orte, auf denen radioaktiver Müll gelagert wurde. Überall begegneten wir armen Menschen in großer Not, die krank waren, die verstrahlt wurden. Wir trafen Kinder, die behindert geboren worden waren, Menschen, die starben. Wir hörten sehr viele Unwahrheiten, von Ungefährlichkeit, Unbedenklichkeit, von unterhalb sogenannter Grenzwerte. Wir sprachen mit Menschen, die absichtlich dem radioaktiven Fallout der Atombombentests ausgesetzt worden waren.

Atombomben töten bereits während ihrer Herstellung, sie verschwenden das Geld der Armen. 1992 lernten wir von indigenen Menschen in den USA, dass wir auf unserer Welt ein Wasser, eine Erde und eine Luft teilen müssen. Diese kulturell anders geprägten Menschen sagten uns, dass wir nie die siebte Generation nach uns vergessen dürften und planen müssten, dass sie auch in Zukunft noch ein gutes Leben haben können! Es geht hier um das Leben und Überleben vieler, vielleicht sogar aller.

Für mich stellt sich die Frage nach Menschen, die sich der großen Dringlichkeit dieser Themen annehmen, um die es hierbei geht. Warum werden Bundestag, Bundesregierung oder die Bundesstaatsanwaltschaft nicht aktiv, um den Zustand anhaltender Rechtsverletzungen zu beenden? Mehr als 50 Gruppen sind engagiert und haben Anteil am Friedensnobelpreis 2017 von ICAN. Es gibt den Atomwaffenverbotsvertrag, in dem sich schon 122 Nationen zusammengeschlossen haben. Warum werden die verantwortlichen Institutionen nicht aktiv?

Es stellt sich die Frage nach dem Bundesverfassungsgericht, das sich seit Jahren für nicht zuständig hält. Wahrscheinlich wird Ihr Richterspruch gegen uns alle »schuldig« lauten. In diesem Fall bitte ich Sie dringend darum, uns Vorschläge an die Hand zu geben, wie Sie sich einen weiteren Weg in die sichere Zukunft der Generationen nach uns vorstellen. Was können oder sollen wir tun, um uns nicht so verhalten zu müssen, wie die Kaninchen vor der Schlange?

Nach dem Grundgesetz Artikel 26 darf die Bundesrepublik Deutschland keinen Angriffskrieg vorbereiten. Die Stationierung von nuklearen Erstschlagswaffen stellt eine Kriegsvorbereitung dar und verstößt damit gegen das Grundgesetz.[1] Nukleare Teilhabe wird es genannt, wenn Deutschland, das keine

---

1 Grundgesetz, Artikel 26, Abs. 1: »Handlungen, die geeignet sind und in der Absicht vorgenommen werden, das friedliche Zusammenleben der

Atombomben besitzen darf, sie aber mit deutschen Tornados und deutschen Piloten zu ihrem geplanten Ziel bringen soll, wenn der US-amerikanische Präsident seine Entscheidung für einen Atomwaffenschlag getroffen haben wird.

Der weltweite Ausstoß von CO_2 hat einer Studie zufolge auch 2019 weiter zugenommen. Laut UN-Umweltprogramm müssen die weltweiten Treibhausgasemissionen zwischen 2020 und 2030 jährlich um 7,6 Prozent fallen, um das Pariser Klimaziel noch zu erreichen (Stand 2019).

Kann das Militär möglicherweise CO_2 einsparen? Dürfen 2020 Tornados, die im Tiefflug Massenvernichtung einüben, in kürzesten Zeiträumen Ressourcen so sinnlos verschwenden?

Bürgerinnen und Bürger anderer Nationen setzen sich für die atomare Abrüstung in ihren Herkunftsländern ein. Gemeinsam mit ihnen fordern wir das Gleiche in Deutschland, den Niederlanden, Großbritannien, Belgien, Italien und den USA. Als internationale Aktivist*innen fordern wir unsere Regierungen und Gerichte auf, bei uns anzufangen, bevor wir das von anderen fordern. Wir fordern von unseren Regierungen, auch den weltweiten CO_2-Ausstoß zu reduzieren, auf null zu setzen, um die endlichen Kapazitäten unseres Lebensraumes zu beachten!

Es kann nicht sein, dass das Militär, dazu gedacht, die Bevölkerung im eigenen Land zu schützen, Ressourcen, Geld und die Erde selbst in dieser Weise überstrapaziert und damit das Leben aller permanent gefährdet.

Die Verantwortung aus unserer Geschichte und für die Zukunft liegt bei uns. Bis heute sind die Folgen des Nationalsozialismus zu spüren, die noch viele Generationen lang weiter

> Völker zu stören, insbesondere die Führung eines Angriffskrieges vorzubereiten, sind verfassungswidrig. Sie sind unter Strafe zu stellen.«

ertragen und erlitten werden müssen. Die Verantwortung für unser Leben und unseren Lebensraum haben wir heute und in der Zukunft. Egal ob Stürme, Feuer, Erderwärmung um drei, vier, fünf, sechs Grad Celsius oder eine radioaktive Katastrophe – all das bedroht unser aller Leben. Wir können und müssen darauf hinarbeiten, dass unsere Leben und das Leben anderer besser werden wird.

Ich fordere die Politikerinnen, Politiker, die Judikative und Legislative auf, ihre Arbeit zu tun, ich fordere alle religiösen Menschen und auch nichtreligiösen Menschen auf, sich für das Wohl aller einzusetzen!

Für das Wohl der Kinder und Kindeskinder, der Erwachsenen und der Alten, der Gesunden und der Kranken. Für das Leben der Pflanzen und Tiere. Wir alle sind den Generationen nach uns gegenüber verantwortlich, ihnen eine lebenswerte Erde zu hinterlassen. Wir haben keine Entschuldigung, uns weiterhin so zu verhalten, wie die drei Affen, die ihre Augen, Ohren und Münder zuhalten.

Soll ich mich nun schuldig bekennen oder nicht?

Natürlich nicht schuldig, ich habe keinen Fehler gemacht, sondern die Wirtschaft, die Politik und das Militär. Es sind Menschen krank geworden und zu Tode gekommen, das wird leider weiterhin geschehen. Menschen haben es verpasst, zu lernen aus den Fehlern ihrer Vorfahren.

Ja, ich habe den Zaun nicht beachtet, auch nicht die Schilder. Ich verstehe es als meine moralische Verpflichtung – als Frau aus Deutschland und meiner Familie gegenüber! Auch prangere ich an, dass Militärs nicht ausreichend geschult sind, für die Verantwortung, die sie immer noch tragen müssen.

Wie kann sein, dass es ein Leichtes war für eine Gruppe bunt gekleideter Friedensaktivistinnen am Sonntagmorgen um elf Uhr, mit einer Rollstuhlfahrerin und mehreren Menschen im Rentenalter, singend, im Sonnenschein einen Fahrradweg zu bemalen oder mit Sprühkreide zu verzieren, um danach an fünf Stellen einen »Sicherheitsbereich« mit Schusswaffenankündigung zu öffnen und zu betreten? Daraufhin dauerte es auch noch mehr als eine Stunde, bis alle Protestierenden vom Militär gefunden wurden.

Neuerdings sollen auch noch ein 14 Millionen Euro teurer Zaun und ein 11 Millionen Euro teures Rollfeld dazukommen, um die Abschreckung stärker zu machen, um zu üben für den Atombombenabwurf und als Schutz vor uns Demonstrantinnen und Demonstranten.

Niemand fragt oder wird bestraft wegen der Aufkündigung des INF Vertrages[2]. Gibt es denn keine Instanz, die ein neuerliches Wettrüsten verhindert oder verbietet? Gibt es kein Verbot, das Geld der Armen und Hungernden zu verzocken? Darf es Menschen geben, die so mit dem Feuer spielen? Hat die Bundesregierung keine Fürsorgepflicht für ihre Bürgerinnen und Bürger? Warum schaltet sich weder der Europäische noch der Internationale Gerichtshof ein?

Ganz sicher will ich das Eigentum anderer Menschen respektieren, natürlich nicht in ihre Häuser und Grundstücke eindringen. Aber ich reagiere auch auf das, was ich von meinen Eltern und Vorfahren gelernt habe. Auf das, was ich in der Schule von meinen Lehrerinnen, Lehrern und in der Kirche erfahren habe.

Ich will und werde aufstehen und Unrecht Unrecht nennen.

---

2   Der INF-Vertrag bezeichnet ein Bündel bilateraler Verträge zwischen der Sowjetunion/Russland und den USA über die Vernichtung aller boden-/landgestützten Flugkörper mit kürzerer und mittlerer Reichweite.

Ich werde Mord und Totschlag benennen, wenn er vorkommt und Vorbereitung zu Massenmord anprangern, bis solche Vorbereitungen endlich beendet werden, für immer! – Das alles erinnert mich an den Prozess gegen Adolf Eichmann und die Aussagen von Hannah Arendt dazu.

Solange hier weiterhin über Zäune gesprochen wird, über Grundstücke und Schilder, während Liebe und Unterstützung für das Leben, unseres Planeten, für Kinder, Erwachsene und die Armen fehlen, sehe ich uns alle als verloren an!

Was sollen wir nun tun angesichts der großen atomaren Bedrohung, angesichts der Klimaerwärmung, angesichts von Hungernden, im Mittelmeer Ertrinkenden, in den Wüsten Verdurstenden und von vielen sterbenden Arten, verursacht von reichen Menschen und dem selbst erzeugten Klimawandel?

Was sollen wir tun, um unseren Nachkommen und uns selbst noch ins Gesicht schauen zu können?

Sehr geehrter Herr Richter Zimmermann, sehr geehrter Herr Staatsanwalt, wissen Sie, wohin Sie mit Ihrer Verantwortung gehen können oder wohin Sie sich wenden wollen? Wissen Sie, ob es eine andere, stärkere, mutigere Stelle gibt, die dieses große Desaster beenden kann und wird?

Egal, ob während der Bombenproduktion, bei Manövern zur Vorbereitung oder für ihren Einsatz. Kennen Sie irgendjemanden, zu dem Sie gehen könnten, der Rat weiß, die oder der noch eine Idee hat, wie wir Menschen heute noch zu retten sind und unsere Nachkommen in Zukunft auch?

Wissen Sie, was Sie sagen wollen, wenn Ihre Kinder oder Enkel sie fragen, warum Sie als zuständiger Richter für den Fliegerhorst Büchel großes Unheil nicht aufhalten konnten?

Ich weiß es nicht und werde trotzdem nicht aufhören, mich für das Leben und die Liebe einzusetzen. Ich hoffe, dass sich noch eine Möglichkeit auftut, diesen Irrsinn früh genug zu beenden.

Wir alle würden uns sehr freuen, von Ihrem Gericht Unterstützung zu erhalten.

Herzlichen Dank!

Literatur

Atomwaffen A–Z (2012): www.atomwaffena-z.info/glossar/r/r-texte/artikel/1a6a5d5723/rechtsgutachten-des-internationalen-gerichtshofs.html [24. 7. 2020].

Auswärtiges Amt 2000: Vertrag über die Nichtverbreitung von Kernwaffen – NVV – (Art. 1) www.auswaertiges-amt.de/blob/207392/b38bbdba4ef59ede2fec9e91f2a8179b/nvv-data.pdf [24. 7. 2020].

BR24 (2020): EU-Kommission legt Billionen-Euro-Plan gegen den Klimawandel vor. www.br.de/nachrichten/deutschland-welt/eu-kommission-legt-billionen-euro-plan-gegen-den-klimawandel-vor,RnZ1g2T [24. 7. 2020].

Cüppers, Ralf (2020): Klimakiller Militär und Krieg. In: Zivilcourage. Magazin der Deutschen Friedensgesellschaft – Vereinigte KriegsdienstgegnerInnen e. V. 01/2020.

Deutscher Bundestag (2010): Vereint gegen Atomwaffen. www.bundestag.de/dokumente/textarchiv/2010/29155758_kw12_de_abrustung-201446 [24. 7. 2020].

Rackete, Carola (2019): Handeln statt hoffen: Aufruf an die letzte Generation. Droemer: München.

SIPRI (2019): Stockholm International Peace Research Institute. Yearbook 2019. Armaments, Disarmament and International Security. Oxford University Press.

Zeit (2019): Weltweite CO2-Emission steigt langsamer. www.zeit.de/wissen/umwelt/2019-12/studie-wachstum-co2-emission-weltweit-2019 [24. 7. 2020].

Stefanie Augustin

Einspruch gegen das Strafverfahren in Büchel am 10. Juni 2020

Auf folgende Verträge möchte ich als Beweggründe für mein Handeln hinweisen:

– Zwei-plus-Vier-Vertrag von 1990:
Am 12. September 1990 schlossen die beiden deutschen Staaten mit Russland, England und den USA den Zwei-plus-Vier-Vertrag, der in Artikel 3 wie folgt lautet:

»Die Regierungen der Bundesrepublik Deutschland und der Deutschen Demokratischen Republik bekräftigen ihren Verzicht auf Herstellung und Besitz von und auf Verfügungsgewalt über atomare, biologische und chemische Waffen. Sie erklären, dass auch das vereinte Deutschland sich an diese Verpflichtungen halten wird. Insbesondere gelten die Rechte und Verpflichtungen aus dem Vertrag über die Nichtverbreitung von Kernwaffen vom 1. Juli 1968 für das vereinte Deutschland fort.«

Was heißt das?

Die Bundesregierung handelt dauerhaft rechtswidrig, indem sie der nuklearen Teilhabe zustimmt und Verfügungsgewalt über die in Büchel stationierten Atombomben ausübt. Denn jeder Pilot könnte souverän den Einsatz verweigern. Das bedeutet, Deutschland oder konkret deutsche Piloten haben Verfügungsgewalt. Die Bundesregierung bricht den Zwei-plus-Vier-Vertrag.

- Der NPT-Vertrag von 1968
 »Artikel 2: Jeder Nichtkernwaffenstaat, der Vertragspartei ist, verpflichtet sich, Kernwaffen oder sonstige Kernsprengkörper oder die Verfügungsgewalt darüber von niemandem unmittelbar oder mittelbar anzunehmen, Kernwaffen oder sonstige Kernsprengkörper weder herzustellen noch sonst wie zu erwerben und keine Unterstützung zur Herstellung von Kernwaffen oder sonstigen Kernsprengkörpern zu suchen oder anzunehmen.«

Was heißt das?

Deutschland gehört zu den Nichtkernwaffenstaaten. Damit verstößt die Stationierung von Atomwaffen in Deutschland gegen diesen Nichtverbreitungsvertrag. Die Bundesregierung verletzt ihre Verpflichtungen aus dem NPT-Vertrag.

Ich komme zu meinem persönlichen Hintergrund:

Anfang der 1980er Jahre existierte eine große Friedensbewegung, an der auch mein verstorbener Mann beteiligt war. Ich war froh, dass es 1987 zum Abrüstungsvertrag und anschließend zur Vernichtung der Atomwaffen der beiden Großmächte USA und UdSSR kam. Dies war ein guter Anfang. Letztendlich wäre es noch schöner gewesen, wenn generell alle Waffen, auch nichtatomare, weltweit und für alle Zeiten abgeschafft worden wären. Leider besteht heutzutage wieder die Gefahr des Einsatzes von Atomwaffen, insbesondere durch den unberechenbaren US-Präsidenten Donald Trump, der kürzlich den INF-Vertrag von 1987 kündigte, wobei Russland folgte.

Die Friedensbewegung ist heutzutage leider erheblich kleiner als in den 80er Jahren, sodass meiner Ansicht nach Aktionen durchgeführt werden müssen, die über Demonstrationen und Mahnwachen hinausgehen, um politisch etwas zu erreichen.

Ich begrüße es, dass im Jahr 2017 der internationalen, friedenspolitischen Organisation ICAN der Friedensnobelpreis verliehen wurde, bin aber der Ansicht, dass die Forderungen der Friedensnobelpreisträger auch in die Tat umgesetzt werden sollten. Dazu gehört die weltweite Ächtung von Atomwaffen und deren Abschaffung. Deutschland sollte endlich den Vertrag zur Ächtung von Atomwaffen unterschreiben und die in Büchel gelagerten Atomwaffen sollten endlich abgezogen und NICHT durch neue ersetzt werden.

Weltweit verhungern täglich etwa 40 000 Menschen. Da kann es nicht sein, dass so viel Geld in unsinnige Rüstungsprojekte investiert wird. Außerdem fehlen hierzulande Gelder im Pflegebereich und in anderen sozialen Bereichen. Abgesehen davon sollten wegen der fatalen ökologischen Situation dieser Welt weitaus mehr Gelder im Umweltbereich investiert werden.

2017 und 2018 habe ich beim internationalen Friedenscamp in Büchel zudem von den verheerenden gesundheitlichen Folgen für die indigene Bevölkerung in den USA durch den Uranabbau und die Folgen für Beschäftigte in der atomaren Rüstungsindustrie erfahren.

Abschließend denke ich, es kann in niemandes Interesse sein, dass es jemals zu einem Einsatz der Atomwaffen kommt. Die Folgen wären unvorstellbar, und letztendlich wäre das gesamte Leben auf diesem Planeten in Gefahr, ausgelöscht zu werden. Was ist da schon der durch mich entstandene Schaden im Vergleich zu dem Schaden, der bei einem Einsatz der Atomwaffen entstehen würde?

Ich habe zwei Patenkinder und durch ein Ehrenamt in der Flüchtlingshilfe viel mit Kindern zu tun. Deshalb mache ich mir Sorgen um die Zukunft der heutigen Kinder und nachfolgender Generationen.

Solch ein Inferno würde aber nicht nur mein soziales Umfeld, sondern auch die auf dem Militärgelände tätigen Soldaten, die Polizisten, die mich angezeigt haben, sowie das Gerichtspersonal und deren jeweilige Angehörige betreffen. Insofern möchte ich auch Sie und Ihre Angehörigen schützen. Also, sprechen Sie mich frei und setzen Sie sich mit dafür ein, dass die Atomwaffen endlich abgezogen werden!

Susan van der Hijden

Einlassung vor dem Amtsgericht Cochem am 11. Mai 2020

Sehr geehrter Herr Richter, meine Damen und Herren, ich möchte damit beginnen, mich bei den Menschen zu bedanken, die es mir ermöglicht haben, heute hier zu stehen. Ich gehörte zu einer Gruppe von 18 Personen, die gemeinsam die Zäune des Nuklearflugplatzes Büchel durchschnitten und betreten haben. Die Gerichte entschieden, nur zehn von uns zu verfolgen. Die Personen, die den größten Teil der Durchtrennung vorgenommen haben, sind nicht aufgerufen, vor dieses Gericht zu kommen, sondern sie sind im Geiste hier.[1]

Ich habe nicht viel Vertrauen in das Gesetz. Das Gesetz soll seine Bürgerinnen und Bürger schützen, aber es schützt weiterhin die Waffen, die Gewalt gegen die Armen und die Zäune um die Nuklearstützpunkte, wie sie auf dem Luftwaffenstützpunkt Büchel stehen.

Ich möchte Ihnen Gründe nennen, mich freizusprechen, aber wahrscheinlich können Sie es nicht tun. Vielleicht haben Sie Verständnis für unsere Gründe, aber Sie können sich nicht dem Gesetz entziehen, das besagt, dass Zäune wichtiger sind als Menschenleben.

Ich könnte Ihnen über den Internationalen Gerichtshof berichten, der sagt, dass Atomwaffen illegal sind, weil diese Waffen nicht zwischen Soldaten und Zivilisten oder zwischen

---

[1] Die in den USA lebenden Aktivist*innen bekamen bis zum Zeitpunkt des Erscheinens des Buches keinen Strafbefehl vom Gericht.

zivilen und militärischen Zielen unterscheiden können. Dass Atomwaffen illegal sind, weil sie unnötiges Leid verursachen; über den Grundsatz der Verhältnismäßigkeit. Oder über den *Non Proliferation Treaty*, der besagt, dass Länder ihre Atomwaffen nicht mit anderen Ländern teilen dürfen, was hier in Büchel ganz klar geschieht.

Ich kann noch mehr Gesetze und Verträge nennen, aber am Ende sind die Zäune wichtiger als Menschenleben. Dass Sie uns bitten, hierherzukommen, obwohl eine Pandemie im Gange ist, ist auch ein Beweis dafür.

Ich kann über den Schaden sprechen, der den Menschen und der Umwelt durch den Uranabbau zugefügt wird, oder über die Familien, mit denen ich in Kansas City in den USA gesprochen habe, die Angehörige durch Krebs verloren haben, die an der Herstellung von Atomwaffen arbeiteten. Oder ich könnte den Geldbetrag erwähnen, der für diese Waffen (und die Zäune!) ausgegeben wird – die neuen B61-Bomben sind teurer als ihr Gewicht in Gold! – und der für das Gesundheits- und Bildungswesen verwendet werden könnte.

Sie werden mir sagen, dass Sie Verständnis dafür haben, aber dass dies nicht der richtige Weg ist. Dass der Zaun heilig ist und nicht angerührt werden darf. Es gibt andere Wege, die Atomwaffen loszuwerden. Aber welche sind das? Wir haben alles versucht, wie meine Freundin Chris[2] erklären wird. Ich wünschte, ich könnte andere Dinge tun, aber ich weiß nicht, was die Machthaber zum Zuhören bewegen wird. Es scheint an der Zeit, die von uns gewünschten Veränderungen selbst vorzunehmen. Den Zaun zu durchschneiden ist der erste Schritt.

---

2   Die Mitangeklagte Christiane Danowski, siehe Seite 254.

Ich habe Berufung eingelegt, weil ich mich gegen Atomwaffen aussprechen möchte. Nicht, weil ich nicht schuldig bin. Ich habe getan, was mir vorgeworfen wurde, und bin stolz darauf und wünschte, ich hätte mehr gewagt oder könnte mehr tun. Und ich wünschte, Sie alle würden mehr tun.

Ich habe nicht viel Vertrauen in das Gesetz, aber ich habe Hoffnung. Und ich glaube, dass es gut ist, Gesetze zu haben. Deshalb bin ich trotz all des Corona-Wahnsinns hierhergekommen, damit Sie meine Handlungen beurteilen können. Wenn Sie wirklich glauben, dass die Zäune wichtiger sind als Menschenleben, sollten Sie mich bestrafen, und ich werde ohne Widerstand ins Gefängnis gehen. Aber ich habe die Hoffnung, dass diese kleinen Aktionen von uns Samen für die Zukunft pflanzen, dass sie die Aufmerksamkeit der Menschen auf diese Massenvernichtungswaffen lenken und ebendiese ihren Weg auf die Tagesordnung der Politiker*innen finden.

Epilog

Erster Brief aus dem Gefängnis in Danbury (USA) von Martha Hennessy, 31. Dezember 2020

Der letzte Tag des Jahres ist relativ ruhig hinter Stacheldraht und Maschendrahtzaun, welche diese Metallgebäude auf einem schönen Hügel umgeben. Drei Orangen liegen auf dem Tisch, als wir den 17. Tag der Quarantäne hier im Bundesgefängnis Danbury hinter uns bringen. Gott sei Dank gibt es frisches Obst und gelegentlich Gemüse, und das Trinkwasser ist gar nicht so schlecht. Wir sind darauf angewiesen, uns auf die kleinen Dinge zu konzentrieren, die in einer solch kontrollierten Umgebung lebensspendend werden. Die ersten neun Tage verbrachten wir eingesperrt in einer 3×3 Meter großen Zelle mit der Toilette außerhalb der Gitter- und Ziegelsteinwände. Es kamen Insassinnen vorbei, die gerade entlassen wurden. Eine Frau tanzte aus der Tür und rannte zum Parkplatz in die Arme von ihrer Familie oder Freund*innen. Das Erwachen am ersten Morgen war am schwierigsten, die Morgensonne glitzerte auf dem Stacheldraht außerhalb des kleinen Fensters. Völlige Trostlosigkeit überspült das Herz, wenn ich an die kommenden Tage, Wochen, Monate denke. Eines der ersten Bücher, die ich erhielt, war Alfred Delps Aufzeichnungen aus dem Gefängnis. Die Hände in kaltes Eisen gelegt, beschreibt er seine beengende Zelle und erzählt von seinen letzten Tagen. Er schreibt von der verzweifelten Mission der Kirche (1944), uns zur Menschlichkeit zurückzuführen. Im nationalsozialistischen Deutschland

»verblendet die Unehrlichkeit und Ungerechtigkeit unsere Spiritualität«, sagt dieser verurteilte Priester seinen unbekannten Leser*innen und auch zukünftigen Gefangenen.

Meine lieben Leser*innen, Unterstützer*innen, Freund*innen, Familie und Gemeinde, ein großes Dankeschön an euch für eure Liebe, Unterstützung, Gebete und Gedanken. Es ist gut, in diesen Zeiten der Pandemie, der wirtschaftlichen Dysfunktion und des Lebens in einer gottlosen Kultur, in einem Zustand der Buße zu sein. Die Weihnachtslesung bei Jesaja verkündet: »Deine Rettung kommt ... Und sie werden genannt werden: ›Heiliges Volk, Befreite Gottes.‹ Du aber wirst genannt werden: ›Vielbesuchte‹, ›Stadt, die nicht verlassen wird.‹«

Dieser Advent habe ich in einem Geist der Hingabe und des Verzichts verbracht, in dem Versuch, wachsam zu bleiben für die Botschaft des Sohnes Marias, dem neuen Gesetz, das denen gebracht wird, die hören und sehen können und die auf das Wort der Liebe als Wiederverbindung hören. Delps Überlegungen bringen einen Lichtstrahl in diese Jahreszeit, trotz der Realität seiner und unserer Zeit. Mögen wir fähig sein, einander in diesem kommenden Jahr vollständiger zu lieben, während das Imperium weiter zerbröckelt.

Die COVID-Situation hier hat in allen Programmen für Unordnung gesorgt; sowohl Insassinnen als auch Mitarbeiter*innen sind mit der Unsicherheit und dem Chaos konfrontiert, das sie in dieses in sich geschlossene System gebracht hat. Die drei von uns, die ungefähr zur gleichen Zeit gekommen sind, haben keinen Zugang zu Telefon, Briefmarken und Briefumschlägen, und wir machen uns Sorgen, dass unsere Familien nichts von uns hören. Zwei von uns haben sich selbst gestellt und eine wurde aus Maine überstellt. Die Geschichten, warum die Frauen hierherkommen, sind voll von Absurdität und Ungerechtigkeit. Es ist eine furchterregende Sache, in dieser Maschinerie von Gerichten, Richtern, Anklagen und Haftstrafen gefangen zu sein. Vergeltung für die »Fehler« von Armut, Sucht, Affekt (*impulse*) oder schlichter Unfähigkeit, sich dem Diktat unseres Kapitalismus der individuellen Aneignung von Reichtum anzupassen.

Ein Freund schickte mir das Buch *Jackson Rising*, in dem die Vision von Ökosozialismus und echten demokratischen Prozessen einen solch frischen Wind verströmt wie Peter Maurins Gedanken eines »Aufbaus einer neuen Welt in der Schale der alten«. Die Lösungen sind in greifbarer Nähe, um die herrschende Klasse von einem Prozent daran zu hindern, uns allen eine globale Dystopie aufzuzwingen. Im Buch wird gesprochen von einer »regenerativen Ökonomie, einer Selbstbestimmung durch demokratische Übergänge von fossil abhängigen Monopolen« zu einem Modell von Kooperativen, Kreditgenossenschaften, kleinbäuerlicher Landwirtschaft, öffentlichen Versorgungsbetrieben, Kindertagesstätten und Kompostierungssystemen. Alles so einfach und erstaunlich, dass wir uns fragen, wie wir so lange eine so rassistische, verschwenderische und gewalttätige Lebensweise tolerieren konnten. Möge sich das, was in Mississippi blüht, im ganzen Land ausbreiten, auch wenn wir wissen, dass diesen so notwendigen Bemühungen um Veränderung, die von der Schwarzen Arbeiterklasse ausgehen, juristische Barrieren in den Weg gelegt werden. Die mir zugeschickten Dutzend Bücher werden in den nächsten Wochen Lektüre sein.

In der Zwischenzeit wurden drei Insassinnen, die COVID-positiv sind, in unsere Abteilung verlegt, und wir sind gezwungen, ein Badezimmer zu teilen.

Die Gerichte, die Polizei, die Richter*innen, die Staatsanwält*innen füttern weiterhin die Gefängnis-Pipeline und schaffen so ein »optimales Spreading.« Alle Gefangenen von Federal Satellite haben sich inzwischen mit dem Virus infiziert, was Anfang des Jahres zu einer Klage führte. Es hieß, wir sollen ins »Camp«, wo die Zahl geringer ist. Die Justizvollzugsbeamt*innen sind ebenfalls gefährdet, viele haben sich im Laufe der Monate mit COVID infiziert. Ihr Outfit erinnert an militärische bzw. private Sicherheitsmaßnahmen, alles schwarz: Kevlar-Westen, Funkgeräte, Schlüsselbunde, Strickmützen, schwere Stiefel. Die meisten sind recht professionell im Umgang mit den Insassinnen. Lagerhaltung und erzwungene Bettruhe sind seltsame Wege, um die Wegwerfbaren und Geringsten unter uns zu bestrafen und zu »rehabilitieren«.

Umerziehungsprogramme könnten sehr kreativ sein. Der Verbrauch von Plastik, Wasser, Strom und Lebensmitteln in diesem Komplex geht über jeden Verstand. Was ist das Endprodukt dieser Unternehmung, in wessen Taschen fließt irgendein Gewinn?

Währenddessen bewahren wir einen Anschein von Ordnung durch Mahlzeiten, Bewegung, Schreiben, Lesen, Beten. Alles in Gottes Zeit.

Biographien der Beitragenden

Dan Burgevin ist Vater, Großvater und Urgroßvater, der versucht, seinen Teil dazu beizutragen, seiner Familie eine friedliche, lebenswerte Welt zu hinterlassen. Er ist Künstler, malt Wandbilder und Antikriegsbilder. Für den Prozess der *Kings Bay Plowshares 7* hat er Gerichtszeichnungen angefertigt.

Jakob Frühmann lebt in Wien und im Südburgenland. Nach dem Studium der Theologie, Germanistik und der Internationalen Entwicklung arbeitet er als Lehrer und Autor. Er ist aktiv in der antifaschistischen Gedenkarbeit und bei Sea-Watch. 2018 erschienen bei lex liszt 12: *Verschleppt, verdrängt, vergessen. Zur Erinnerung an die Romnija und Roma aus Jabing.*

Sebastian Kalicha lebt in Wien, schreibt für unterschiedliche Online- und Printmedien, publiziert zu Themenbereichen rund um die gewaltfreie Aktionstheorie sowie zur Geschichte und Theorie des Anarchismus und beschäftigt sich insbesondere mit der gewaltfrei-anarchistischen/ anarchopazifistischen Tradition.

Rosalie Riegle ist emeritierte Professorin für Englisch an der Saginaw Valley State University. Sie arbeitet mit Methoden der *oral history* und hat vier Bücher veröffentlicht: *Voices from the Catholic Worker* (1993); *Dorothy Day: Portraits by Those Who Knew Her* (2003); *Doing Time: Resistance, Family, and Community* (2012); und *Crossing the Line: Nonviolent Resisters Speak Out for Peace* (2013). Die letzten beiden erzählen die Geschichten von Friedensaktivist*innen, die durch ihren gewaltfreien zivilen Ungehorsam gegen Krieg und insbesondere Atomwaffen, Haftstrafen riskieren. Rosalie verließ 2004 die von ihr gegründete Catholic-Worker-Gemeinschaft in Saginaw, Michigan, um in Evanston, Illinois, zu leben, wo ihre Enkelkinder zu Hause sind.

Cristina Yurena Zerr lebt zwischen Wien und Gran Canaria. Sie arbeitet als freischaffende Filmemacherin, zuletzt an einem Dokumentarfilm zum Verhältnis von Glaube und gewaltfreiem Widerstand. Gelegentliche Publikationen zum Thema Gewaltfreiheit und antimilitaristischer Widerstand in unterschiedlichen Zeitschriften.

Dank und editorische Notiz

Die porträtieren Aktivist*innen haben der Veröffentlichung ihrer Verteidigungsreden zugestimmt – weshalb wir uns zunächst bei ihnen bedanken wollen.

Gleichzeitig darf nicht unerwähnt bleiben, dass rund um die Aktionen selbst eine Vielzahl von Unterstützer*innen aktiv ist. Sie setzen sich in breiten Solidaritätskampagnen und Antirepressionsarbeit dafür ein, dass gewaltfreien Aktivist*innen und antimilitaristischen Anliegen zu ihrem Recht verholfen wird. Diesen unsichtbaren Held*innen gilt unsere Anerkennung.

Wir danken Pete Hämmerle und Valentin Czamler für die aufmerksame Lektüre und die inhaltlichen Rückmeldungen und Elvira M. Gross für das Lektorat, Martin Birkner vom Mandelbaum Verlag für das Aufnehmen dieses unkonventionellen Buchbeitrags, dem Versöhnungsbund für die Unterstützung und allen Beitragenden – Bruder David Steindl-Rast, Nadja Schmidt, Rosalie Riegle und Sebastian Kalicha – für die engagierte Textarbeit.

Dankend erwähnt seien auch der Bé-Ruys-Fonds und der Otto-Mauer-Fonds, die das Buch finanziell mit Förderungen unterstützen.